MBA
リーダーシップ
LEADERSHIP

大中忠夫【監修】
グロービス・マネジメント・インスティテュート【編】
ダイヤモンド社

まえがき

　21世紀は、20世紀に生じた科学技術の進歩による人類史上比類なき変化の**反作用**に直面せざるをえない時代の様相を見せ始めている。世界的な富の偏在、資源の乱用と消費、社会・企業・個人の倫理観の弱体化などへの対応を求められる時代となりつつある。一方で日本社会は、世界とどのように連帯するのか、と同時に、急速に損なわれ始めているかに見える社会内部の絆をどのように再構築するのか、この**2つの内外両面の課題**に直面しつつある。

　このような時代に立ち向かうには、リーダー人材とそれ以外の人々という2つのグループによる協働では決して十分とは思えない。社会を構成するすべての人々が、**それぞれの持ち場においてそれぞれのリーダーシップを発揮して社会と組織を導いていくことが求められている**。いま我々は、そのような時代に直面しているのではないだろうか。

　本書は、以上のような思いに基づいて、日本社会を構成するすべての人々が、リーダーシップを強化したいと感じた時に、最も本質的かつ現実的にその支援を実現できる情報ソースであることを目指して作成されている。

　したがって、本書は、本来のビジネススクールＭＢＡコースの教科書という位置づけにとどまらず、ビジネス社会を志す学生の方々をはじめとして、すべてのビジネス関係者の方々が、それぞれの立場でリーダーシップ行動を志した時にその意欲と行動の支えになることを意図している。

　そのために、まず、リーダーシップを曖昧模糊とした哲学的な概念などでとらえるのではなく、より具体的な行動技術に分解している。リーダーシップを理論としてのみとらえるのではなく、「**外部環境の要求に応えうる具体的な行動再現力**」として考察している。

　また、数千年の人類の歴史のなかできわめて多種多様な観点から議論されているリーダーシップという行動の本質を、「**現代人の常識で納得できる明快で本質的な行動モデル**」として抽出することを試みている。この試みは最新理論や個人的な思いつきや直感で実現しているわけではない。20世紀前半からのリーダーシップ分析と構築に関する科学的なアプローチに、現代の多くのビジネス関係者に提供いただいた常識感覚とをつき合わせることによって初めて可能になっている。

　最後に、リーダーシップ行動を実行しようとするすべての人々が直面する「**リーダーシップ行動の相反矛盾**」にも着眼している。このリーダーシップ行動の相反矛盾性を理解することが、リーダーシップの本質を把握するカギにもなっている。

第1章の概要

　以上の目論みを実現するために、まず第1章で、リーダーシップは、**価値創造、目標達成、戦略実行、人材育成の4つの相反する行動群の再現力**であるという行動モデルを定義している。また、第1章のみならず本書全体を通じて、このリーダーシップの4領域行動モデルがすべての考察や議論の基盤となっている。これは前世紀からのリーダーシップの「**行動理論**」研究からの賜物でもある。

　さらに、外部環境条件に適合する領域を選択し、その領域に該当する行動を実行することでより高打率なリーダーシップ効果が実現できると提唱する、最近のエモーショナル・リーダーシップ研究から、上記の4領域に、**自己制御**の5番目の行動領域を加えている。外部環境からの要求に合致させるために、自己の感情を把握しコントロールする具体的な意識と行動が、4領域の行動群を実現するために不可欠と指摘するエモーショナル・リーダーシップ理論は、行動理論研究に続いて前世紀後半で確立された「**条件適合理論**」研究の最新モデルでもある。

　この条件適合理論は、リーダーシップとは、価値創造、目標達成、戦略実行、人材育成の**4領域行動を、社会環境、市場環境、経営環境、組織環境からの要求に応じて「選択する行動再現力」**であることを示唆してくれている。

　たとえば、20世紀初頭のF.W.テイラーによるアメリカの生産管理革命から、20世紀後半の日米欧の高度成長期にかけての時代環境は、マネジメント人材に戦略実行型であることを要求していた。この時代には、「戦略実行型」行動に優れた管理者および管理型のリーダーシップ行動が重視され、貢献した。

　そして、工業製品とドル資本が世界的に供給過剰となっている現代のグローバル競争時代には、これらの管理行動に加えて、「価値創造型」「目標達成型」「人材育成型」行動に優れた変革者および変革型のリーダーシップ行動が求められている。あるいは、むしろ管理行動を変革行動で意識的に抑制することが求められている。

　また、急速な人口増加と自然破壊に対応する地球資源の保護と確保のためには、これらの4つの行動が不可欠である。

　ここで、しかしながら、何のために外部環境要件に適合する行動を選択するのかについても明確にしておく必要があるだろう。外部環境適合は周囲に対する迎合や一体化、人気取りなどを目的としていない。むしろ、逆に、周囲が見つけていない「ポジティブな情報」を発信するために最適な行動を選択する。周囲がリーダーに期待する、**ネガティブな状況を打開するポジティブ情報を発信することがリーダーシップの最大、最重要な目的であり、それを可能にする行動を選択することが外部環境への適合**である。

　このネガティブ状況において、ポジティブな情報を発信する直接の行動技術には、お

もに変革ビジョン設計と変革共有コミュニケーションが該当する。この2つの行動技術に関しては第2章で特に意識的に詳細考察している。

第2章の概要

　第1章で考察したリーダーシップ行動モデルは、さまざまな治験の場できわめて多くの共鳴を得たが、本書ではさらに、この行動モデルを実現するための行動技術分解を試みている。

　そのなかで特に、変革型リーダーシップ行動モデルを実現する5つの行動技術——**変革ビジョン設計、変革共有コミュニケーション、コーチング、動機づけ、変革実行管理**——に関しては、第2章でその具体的な行動と留意点を考察した。

第3章の概要

　さらに第3章では、条件適合型リーダーシップ行動の応用モデルとして、マネジメント・パイプラインの考え方に基づいて、企業の組織階層構造ごとに異なるマネジメントの職務責任のそれぞれに条件適合するリーダーシップ行動を考察した。対象としているのは、**フロントライン・マネジメント、組織経営マネジメント、事業経営マネジメント、企業経営マネジメント、起業マネジメント、全社変革プロジェクトチーム・マネジメント、グローバル経営マネジメント**の7つのマネジメント職務である。

　最後に、本書全体を通じて、教科書という枠組みを維持しながらも、読者の方々に自己討議いただく双方向の読解を実現すべく、MBAシリーズの特徴でもある、**ケース分析**を多用している。ケースには固定的な答えは必ずしも必要ではなく、読者の方々がそれぞれに自己問答していただくことで十分ではあるが、これらのケース事例に対しても、本文中あるいは章末に主な考察ポイントを簡単ながらまとめている。

　ただし、本書冒頭の序章に含まれる3つのケースに関しては、現代企業の典型的な状況をケース化し、本書内容がそのような状況打開にどのように関連するかを示すための案内の目的で掲載しており、直接的なヒントや指針は後に続く本文では示していない。これらのケースについてはそのような与えられた回答に依存しない読者の方々個人個人あるいはグループでの自立的な自由討議を想定している。

　なお、ケース事例内容に関しては特に出典引用のある場合を除き、すべて架空設定であり、類似の現実説明を意図したものではない。

執筆・監修　大中忠夫

●目次

◎まえがき 1

序章 リーダーシップに関する典型的なケース 7

第1章 リーダーシップ行動モデル 15

第1節 …リーダーシップ行動モデルの定義 17
1 リーダーシップ4領域行動モデル
2 リーダーシップ研究の系譜

第2節 …リーダーシップ行動モデルの考察 38
1 リーダーシップ行動の「誤解」
2 エンパワーメント・リーダーシップ
3 リーダーシップ行動のジレンマ
4 エモーショナル・リーダーシップ

第3節 …リーダーシップ行動モデルの実践 61
1 リーダーシップ行動技術
2 リーダーシップ行動技術モデルの活用

第2章 変革リーダーシップの技術 85

第1節 …変革と管理のリーダーシップ 88
1 変革型リーダーシップ行動

         2　管理型リーダーシップ行動

　第2節 … **変革ビジョン設計の技術**　96

         1　変革ビジョン設計と構成要素

         2　変革ビジョン設計のプロセス

         3　変革ビジョン設計の技術と留意点

         4　変革ビジョン設計の影響力判定

　第3節 … **変革共有コミュニケーションの技術**　125

         1　変革共有コミュニケーションの定義と成功要件

         2　変革共有コミュニケーションのプロセス

         3　変革共有コミュニケーションの技術と留意点

　第4節 … **コーチングの技術**　149

         1・コーチングの定義と成功要件

         2・コーチングのプロセス

         3・コーチングの技術と留意点

　第5節 … **動機づけの技術**　166

         1・動機づけの定義と成功要件

         2・動機づけのプロセス

         3・動機づけの技術と留意点

　第6節 … **変革実行管理の技術**　176

         1・変革実行管理の定義と成功要件

         2・変革実行管理の技術と留意点

第3章　条件適合リーダーシップの技術　191

　第1節 … **フロントライン・マネジメント**　194

         1・リーダーシップ行動領域

         2・リーダーシップ技術

　第2節 … **組織経営マネジメント**　205

　　　　1・リーダーシップ行動領域

　　　　2・リーダーシップ技術

第3節 …事業経営マネジメント　214

　　　　1・リーダーシップ行動領域

　　　　2・リーダーシップ技術

第4節 …企業経営マネジメント　226

　　　　1・リーダーシップ行動領域

　　　　2・リーダーシップ技術

第5節 …起業マネジメント　241

　　　　1・リーダーシップ行動領域

　　　　2・リーダーシップ技術

第6節 …全社変革プロジェクトチーム・マネジメント　248

　　　　1・リーダーシップ行動領域

　　　　2・リーダーシップ技術

第7節 …グローバル経営マネジメント　255

　　　　1・リーダーシップ行動領域

　　　　2・リーダーシップ技術

◎謝辞　266
◎あとがき　269
◎参考文献　271
◎索引　274

序章

リーダーシップに関する典型的なケース

ケース 0-1

P電産全社マーケティング室　製品開発プロジェクトチームの導入

　2000年3月、家電のリーディング・メーカーとしての伝統を誇るP電産が、約10年間に及ぶヒット商品に恵まれない停滞期の後に、大幅赤字決算を発表した。これに伴うトップ交代で、同年6月に米国P電産の立て直しを仕上げたばかりの中山太郎が、CEOに就任した。

　中山CEOは就任と同時に、P電産の根本的な企業変革を目指した「創生プラン21」を発表した。その中には、現在までの事業部制の廃止と、同社の得意とする映像機器部門、家電機器部門、モバイルネットワーク部門への選択と集中を行うことを盛り込んだ。

　同社創業以来の事業部制の廃止は、事業部があまりにも多岐に分散しすぎたことが最大の理由だった。各事業部の業績が玉石混交となったうえに、事業部間の相互の協力や連携などはほとんどないに等しい状況だった。極端なケースでは、同種の製品を、複数の事業部が別々に事業化するといった事例まで起こり始めていた。

　そこで中山は、従来の事業部制を廃止し、「ドメイン」と呼ばれるさらに大きなくくりの「事業部門制」を導入することとした。そのために中山が設置したのが、全社マーケティング室であった。設置の目的は、事業部ごとに分散した製品開発を集中化するとともに、プロダクトアウト的な同社の製品開発文化とプロセスを、マーケットイン型に転換するという目的があった。

　全社マーケティング室長には、中山の強い要請で、20年近く海外現地法人経営を担当してきた根来啓介が就任した。根来は就任にあたって「重くて遅い会社から、軽くて速い会社を目指す」ことを宣言し、全社マーケティング室を創業以来の同社の本拠地である大阪市郊外のK市ではなく、東京に設置することを提案した。さらに、本社では何層にもなる階層組織を、同室では3階層にした。また、「主担」による開発制度を導入し、製品開発プロジェクトごとに、主担が製品の最終的な事業採算責任までを負うプロジェクト・リーダーとなることとした。

　従来のP電産では、製品採算の責任は工場を中核組織とした事業本部にあり、営業本部やマーケティングは、事業本部で開発・生産された製品を販売することに責任が限定されていた。根来の導入した主担制度は、製品の採算責任を、生産側から開発マーケティング側に移す意味を持っていた。

　根来は主担制度の構築と並行して、主担とそのプロジェクトチーム・メンバーとして、どのような人材を社内から集めてくるかを考え始めていた。各事業部門から、創生プラ

ン21の大きな変革に強力に貢献できる人材を集めてこなくてはならない。そのために、まず乗り越えなければならない課題は、各事業本部長の抵抗への対応である。トップの中山の強烈な指示と説得も、大いに活用しなければならないだろう。

しかし最も重要な課題は、主担にはどのような人材が最も適合するのか、またそのプロジェクトチームをどのような人材で構成するのか、さらにどのような環境を与えれば、チームをよりよく活用できるのかという点であった。

〈ケース0-1　考察課題〉
1．あなたが根来の立場であれば、全社マーケティング室の経営目的と目標として、どのような内容を掲げるか。
2．またその成功のカギを握る主担として、どのような人材を選抜するだろうか。主担の人材要件を整理してみよう。主担を社内でリクルートする際の抵抗にはどのようなことが予想されるだろうか。それらをどのように解決するのか。
3．プロジェクトチームを成功させるための、全社マーケティング室の経営スタイルや環境としては、どのようなことが必要になるだろうか。

〈関連する本文〉
　　第1章第1節　リーダーシップ行動モデルの定義
　　第2章第1節　変革と管理のリーダーシップ
　　第2章第2節　変革ビジョン設計の技術
　　第3章第2節　組織経営マネジメント
　　第3章第4節　企業経営マネジメント
　　第3章第6節　全社変革プロジェクトチーム・マネジメント

ケース 0-2

ミドルマネジャーの悩み

　化学素材メーカーT社の研究開発センターに勤務する藤村隆は、2005年4月1日にメンバー7名のチームリーダーに昇格した。それから8カ月が過ぎた。
　藤村はバブル景気の最盛期に入社し、商品開発研究チームのメンバーとして、石油化学分野の素材開発に15年間従事してきた。特許申請件数も個人、共同を合わせると10件にのぼり、商品開発研究者としては満足できるキャリアを経験できていると感じていた。だが、チームリーダーとしての自分自身には次第にあせりと苛立ちを感じ始めていた。
　藤村は入社以来、研究開発チームの一員として担当テーマを追究することにおいては、人一倍意欲を感じ熱意を燃やしてきたと自負している。何よりも、上司であるチームリーダーの指摘や懸念にいち早く対応できていたし、また同僚からの直接、間接の支援要請にもしっかりと対応してきた。周囲からは、「できる存在」として認められていることは自分でも実感していたし、同期入社のメンバーよりも2年早くチームリーダーに昇格できたこともそれほど意外には感じていなかった。
　しかしここ半年ほど、藤村は苛立ちを抑えることができない日々が続いている。藤村の苛立ちの原因は、2人のチームメンバーにあった。彼よりも2年社歴の長い黒木と、入社して2年目の山形の2人は、前任のチームリーダーからも「要注意」という引き継ぎをされていた。黒木はそれなりにまじめで実直に仕事を進めるのだが、研究者として新しいことを試してみるという気持ちが希薄で、結果として発想にも目新しさがない。前例などを引っ張り出しては間に合わせるというスタイルがほぼ定着し、革新的なアイデアなどは期待できそうもなかった。また、入社2年目の山形は、自分の興味ある仕事には積極的に取り組むが、そうでない仕事に対する反応はきわめて遅く、頼んだ仕事が期限を過ぎても何の音沙汰もないということも珍しくなかった。
　チーム全体の雰囲気もいまひとつ盛り上がらなかった。前任者から引き継いだ商品開発も、次第に初期のスケジュールからの遅れが見え始めていた。
　さらに追い討ちをかけるように、6カ月前の株主総会後に、研究センターの上位マネジメントが大幅に交代となった。藤村の上司の研究開発部長には、従来の研究技術経験者ではなく、本社管理部門から柴田が異動してきた。全社的な経営効率を高める一環として、研究開発センターへの投資も管理部門の視点からチェックを入れるという、本社経営の方針の結果を受けた人事であった。
　12月に入り、柴田が来期の研究予算設定に向けて、各チームの業績貢献目標を掲げて

きた。その1つが、研究開発期間の大幅な短縮であった。顧客営業や現場経験のない藤村も、海外メーカーも含めた競合他社の新製品開発サイクル短縮化の動きは十分認識していた。したがって、方針そのものには反対ではないが、柴田の有無を言わさぬ短縮目標には戸惑いを隠せなかった。柴田はすべてのチームに、来年度から一律50％の開発期間短縮を要請してきたのだ。

　他のチームリーダー同様に、藤村も柴田に対して現状を説明し再考を促そうとした。藤村と同様に、いずれのチームリーダーもおもに商品の品質への懸念と、チームメンバーの現実的な実力を理由に、継続中の案件の次年度からの突然の大幅加速は難しいことを説得したようだった。しかし、柴田はどのチームリーダーに対しても妥協することはなかった。チームリーダー全員を集めた12月初頭のミーティングでは、「君たち研究チームリーダーには、経営投資効果についての意識を高めてもらいたい。2週間以内に開発期間短縮の方針をチームでつくり上げて説明してほしい」と厳命した。

　藤村はチームメンバーを招集して柴田の方針と意向を伝え、チームメンバーの提案を求めた。藤村がある程度予想した反応ではあったが、黒木は「だから、素人は怖いんだ。何もわかっちゃいない。それは無理な相談ですよ」と発言して、それ以上取り合わなかった。山形は下を向いたままである。他の5名がいくつかの提案を出してくれたが、藤村自身のアイデアと合わせても、50％の期間短縮は容易ではない目標のように思われた。

〈ケース0-2　考察課題〉
　1．藤村はチームリーダーとして、現在の状況をどのように打開すべきだろうか。
　2．藤村に必要なリーダーシップ行動は、どのようなものだろうか。それらをどのように発揮すればよいのだろうか。

〈関連する本文〉
　　第2章第1節　変革と管理のリーダーシップ
　　第2章第2節　変革ビジョン設計の技術
　　第2章第3節　変革共有コミュニケーションの技術
　　第2章第4節　コーチングの技術
　　第2章第5節　動機づけの技術
　　第2章第6節　変革実行管理の技術

ケース 0-3

F工場技術伝承プロジェクト

　2001年4月、山本伸夫は精密機械部品メーカーN社の中核工場であるF工場の、生産技術部長に着任した。山本は、入社以来最初の10年を本社の生産技術部門で過ごし、それに続く8年を本社人事部門の労務担当部門で過ごした。労務担当部門ではおもに組合との交渉を担当した。F工場に生産技術部長として赴任する直近の2年間は、成果主義人事制度導入のプロジェクト・リーダーを務め、社内のさまざまな議論を時には抑え込み、時には妥協しつつ、年功序列制度から成果主義への転換を実現した。

　山本は、生産技術の伝承を今後3年間の重要な課題ととらえていた。着任から3カ月を経て山本が感じつつあったのは、今後5年間に退職していくベビーブーマー世代と、バブル崩壊後の景気低迷時代に入社した新世代のギャップが、技術伝承の最大の壁ではないかということであった。

　退職を来年に控えたベテラン技師は、「いまの若手社員は豊かな生活を当たり前と感じているんですね。特に頑張らなくても何とかやっていけると思っている連中が多すぎますね」と嘆いていた。

　一方、山本が見る限り、技術伝承を委託されたベテラン技術者たちにも問題がないとはいえなかった。さすがに伝承すべき技術は優れているものの、その伝承スタイルはたぶん彼らが40年近く前に鍛えられたやり方なのだろう、ひたすら技術情報を教え込むというものだった。なかには適切に質問を投げかけて、「君ならどうするか」「君はどう思うか」と考えさせるスタイルもあるのだが、大部分はひたすら知識を講義して伝授しようとするスタイルだ。

　たしかにその知識は、本人たちの40年近くにわたる経験に裏づけられた貴重な情報ではあるのだが、その教え方は、自分たちがひたすら勤勉に学んだのと同じ意識で現代の社員たちが学ぶことを前提としていた。若手社員の意欲も十分高まっているようには見えない。研修クラスでの講師の積極的な情報発信とは対照的に、受信側は静まり返っていることが少なくなかった。また、講師のなかには、いわゆる暗黙知に近い技術情報を伝える方法がわからず、コミュニケーションの壁に直面している事例もあった。

　若手社員のなかにもいろいろなタイプがあり、従順でまじめに知識を吸収しようとするタイプと、一方的な情報吸収の強制に冷めた姿勢で対応するタイプ、そのまま受け入れるのではなく新たな革新の芽を探す意識で学ぼうとするタイプなどに分かれていた。

　教えるほうは、どうしてもこれらのタイプのうちで、従順でまじめに知識を吸収しよ

うとするタイプに傾倒しがちなようだった。一方でこのタイプからは、過剰期待の重荷に耐えかねて脱落する者が少なくなかった。山本も何度も現場での技術伝承のOJTやクラス講義などを見学したが、伝承担当講師の厳しくまじめな口調にもかかわらず、伝授される側の若手の雰囲気がはっきりしない。

就任から3カ月たち、そろそろ技術伝承についての方針と体制を明確にすべき時期が近づいてきていた。N社の中核工場で、「ものつくりの技術伝承をどのようにすれば実現できるのか」「どこから手をつけていくべきか」「特に技術の伝承に対して、若手社員の意欲を高めるためにはどうすればよいのか」。山本はいままでに経験したことのない課題に、戸惑いが生じつつあることを感じていた。

〈ケース0-3　考察課題〉
1．ものつくりの技術伝承のために、山本はまず何から手をつけるべきだろうか。
2．あなたが山本の立場であれば、最初の6カ月、12カ月、24カ月でどのような目標を設定して、必要な人材と環境の実現を目指すか。

〈関連する本文〉
　　第2章第3節　変革共有コミュニケーションの技術
　　第2章第4節　コーチングの技術
　　第2章第5節　動機づけの技術
　　第2章第6節　変革実行管理の技術

第1章 リーダーシップ行動モデル

第1章の概要と構成

　第1章ではリーダーシップを行動モデル化することを試みている。一般に漠然としたイメージで考えられがちなリーダーシップは、**図表1－0**に示すように、5つの行動に分解することができる。5つの行動とは、競争力を実現する「目標達成」と「戦略実行」、影響力を実現する「価値創造」と「人材育成」の4行動に、制御力を実現する「自己制御」を加えたものである。

　第1節では、一般的に指摘されているリーダーシップ行動要素に基づいてリーダーシップ行動を定義した。同時に、現在までのリーダーシップ行動研究の主要な理論である、**特性理論**、**行動理論**、**条件適合理論**の系譜を考察した。そして、これらに続く現代の代表的なリーダーシップ行動モデルの特徴を要約している。

　第2節では、リーダーシップ行動モデルの活用と留意点を考察した。具体的には、現代のリーダーシップ行動に関する典型的な「誤解」を分析し、その解決法となるエンパワーメント・リーダーシップ、およびエモーショナル・リーダーシップについて、その着眼点と要点を考察した。

　第3節では、リーダーシップ行動を具体的な行動技術（コンピタンシー）に分解し、リーダーシップ行動技術モデルによる強化法を考察した。また、行動技術モデルの活用法として、**ロールモデル活用法**、**組織コンティンジェンシー強化法**、**360度多面評価法**を考察している。

図表1-0　リーダーシップ行動モデル

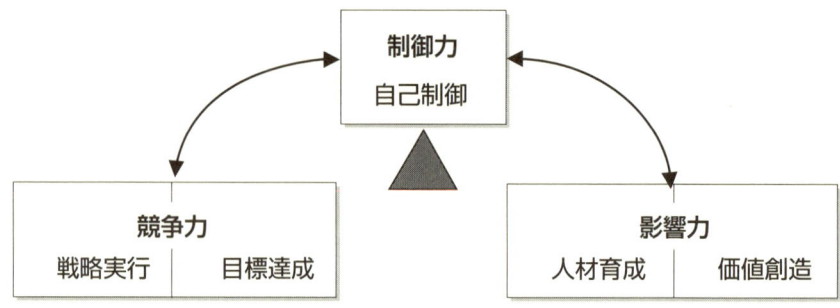

第1節　リーダーシップ行動モデルの定義

ケース 1-1

ＡＢ銀行Ｋ支店　銀行・信託合併後の新支店長と支店長代理

　ＡＢ銀行は2005年4月に企業グループ内合併により、銀行と信託の2部門が合併して実現した、総資産5兆円、国内300支店を展開する都市銀行である。そのＡＢ銀行の都内中核支店であるＫ支店の支店長として、大森稔が7月1日付で赴任してきた。この支店は合併前の銀行部門の支店が継続した組織であったが、大森自身は信託銀行出身であった。いわゆる、たすきがけ交流人事が行われたのである。大森は信託銀行入行以来、「少数の顧客のニーズに応えた、オーダーメイドの商品を提供する」個人資産運用部門一筋に20年間勤め、赴任前は中部地方の中核支店の支店長を務めていた。

　Ｋ支店は地場の中小企業法人向けの営業を中心とした支店であったこともあり、個人向けの商品の取り組みに関しては、「本社の開発した画一的な商品を効率よく販売する」方針で経営されてきた。また銀行部門の伝統的な特徴として、「石橋をたたいても渡らない」と揶揄されるくらいに、リスクに対して慎重であることが、最も重要な成功要件とされてきた。

　大森は赴任翌日から、支店長代理の山崎に設定を命じ、支店幹部15名との個別インタビューを始めた。このインタビューでは、大森は各人の状況を聞くというよりも、経営トップの企業文化融合の大号令に応えて、大森自身が支店経営にどのように合併の相乗効果を実現しようと考えているのか、自分の思いを率直に話し続けた。

　予定者全員とのインタビューを完了した後、支店長代理の山崎は新支店長のエネルギッシュさと前任支店長のスタイルとの違いに内心少なからず驚いていた。山崎がそれとなく確認した何人かの幹部も、新支店長のエネルギッシュな発言にもかかわらず、彼の思いと現在までの業務やスタイルとのギャップの大きさに、むしろ当惑し始めているケースが少なくなかった。

　前任支店長は、3人の支店長代理に徹底的な管理業務を命じつつ、自分はできるだけ

社員の話し相手となることを意識していたようだった。さまざまな公式、非公式な機会を見つけては、すれ違いざまの立ち話から、別室での個別面談まで、社員との多様な面談を行っていた。またそれらの面談も社員から「暖簾に腕押し」と揶揄されるほど、ひたすら社員の意見を傾聴するという姿勢をとっていた。しかしながら、彼の転任後振り返ってみると、山崎も同僚の管理職たちも、伝統的な保守的文化の雰囲気にもかかわらず、ずいぶんと「自分流」を実現できてきていたことを実感していた。

〈ケース1-1　考察課題〉
1．大森新支店長の行動から推測される、彼の強みと弱みは何か。
2．あなたが大森の立場であれば、どのような行動に留意するか。
3．また、山崎支店長代理の立場であれば、今後大森新支店長をどのように支援するか。
4．また、新支店長と前任支店長とのスタイルの違いに着目して、山崎は具体的にどのような行動に留意すべきか。

*この考察課題については、本節の「まとめ」で解説する。

1●リーダーシップ4領域行動モデル

(1) リーダーシップの定義

リーダーシップに関しては古来よりさまざまな定義やモデルがある。しかし、現代のマネジメント研修で「リーダーシップとは何か」を議論すると、以下の4点にほぼ意見が集約される。

① 理念や価値観に基づいて複数の目標を創造する。
② 目標を設定しその実現のための体制（仕組み）を構築する。
③ 目標実現のために部下の意欲や能力を活用し成長させる。
④ 目標実現のための課題や障害を解決する。

以上を集約すると、リーダーシップとは、「自己の理念や価値観に基づいて、魅力ある目標を設定し、またその実現体制を構築し、人々の意欲を高め成長させながら、課題や障害を解決する行動」と表現できる。

また、前記の4行動は、それぞれの特徴に基づいて、①が価値創造型リーダーシップ行動、②が目標達成型リーダーシップ行動、③が人材育成型リーダーシップ行動、④が戦略実行型リーダーシップ行動と要約できる（**図表1-1**）。

　またこれらは、リーダーシップ行動に関するMECE（Mutually Exclusive, Collectively Exhaustive＝互いに重複がなく全体としてモレがない）集合である。たとえば、目標達成型の「現実を直視し、選択と集中による目標実現を最優先とする」リーダーシップ行動が、「状況変化に的確に対応した問題解決を実践する」戦略実行型行動や、「個々人の多様性に応じて意欲を重視して、柔軟に育成に取り組む」人材育成型行動、あるいは「直感的なアイデアに優れ、自己の理念に基づいて価値を創造する」価値創造型行動と、同時並行して同一人物により実行されることはきわめてまれである。すなわち、リーダーシップとは、これらの相互に排他的な4種類の異なった行動パターンの全体集合でもある。本書では、このリーダーシップ・モデルを「リーダーシップ4領域行動モデル」と呼ぶ。

◎──**4領域と行動理論の関係**

　なお、リーダーシップの4種類の行動は、行動理論（25ページ参照）が共通に重視している2組の概念軸（「結果─要因」、「論理─感情」の2軸。詳細は後述する）から構

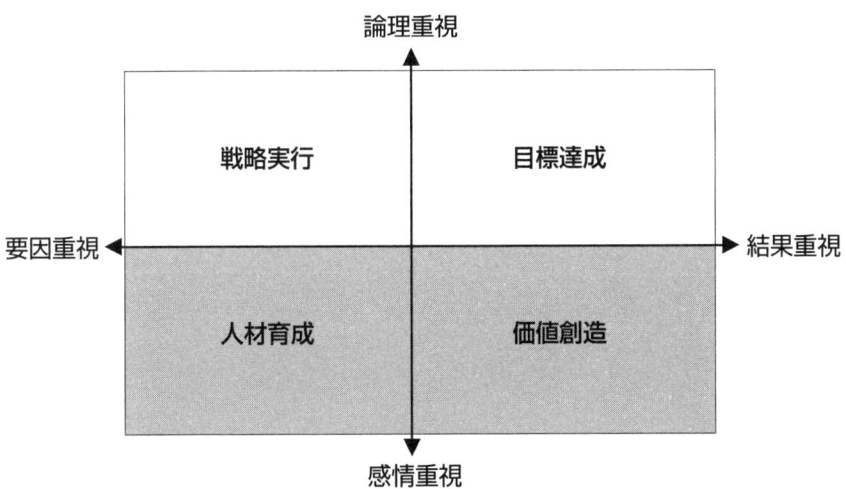

図表1-1　リーダーシップ4領域行動モデル（リーダーシップ行動モデル）

成される4領域にも合致している(**図表1－1**)。すなわち、価値創造型リーダーは結果と感情的な行動を重視し、目標達成型リーダーは結果と論理的な行動を重視する。戦略実行型リーダーは要因と論理的な行動を重視し、人材育成型リーダーは要因と感情的な行動を重視する。

またこの4領域は、行動理論モデルから発展した条件適合理論のパス・ゴール理論(28ページ参照)で示される4領域とも本質的には合致している。

(2) 4領域リーダーの特徴

これらの4領域のリーダーシップ行動が実現したリーダーの特徴は、それぞれ次のようになる。

●価値創造型リーダー

奇抜なアイデアや感動的なイメージを着想することに優れている。論理的な緻密性や一貫性にはあまり配慮せず、部下や周囲の個々人の感情にもうといが、顧客や市場の要求の本質を把握し、それに対応する価値を提供することに意識を集中することができる。戦略実行型の参謀や、人材育成型の参謀との協業により、市場や顧客の予想を超える結果を実現する。また、個人で貢献する研究者やスポーツプレーヤーとして、あるいは目標達成型人材の参謀としても力を発揮する。

プロ野球監督では、長嶋茂雄、王貞治のようなタイプ。経営者では、マッキントッシュやiPodの開発者としてのイメージのほうが強い、アップルCEOのスティーブ・ジョブズが典型的。

●目標達成型リーダー

細かな情報や感情面の情報にはこだわらず、最も重要な目標達成に集中できる。自分自身の能力を発揮するよりも、目標達成に必要な仕組みをつくり、人と組織の能力を活用することに優れている。人情の機微などにも配慮はするが、最終的には目標達成の優先順位にこだわる。大局的な交渉力に優れ、障害にもくじけないが、自分自身で詳細な戦術や個々人の能力に応じた人材育成を工夫することは少ない。

プロ野球監督では、川上哲治、星野仙一のようなタイプ。目標達成型の行動は、大規模な企業のV字回復に成功する人に顕著に観察できる。最近の事例では、松下電器産業社長の中村邦夫や日産自動車CEOのカルロス・ゴーン。

●戦略実行型リーダー

　論理や理論を重視し、原因分析や問題解決、戦略的な交渉に優れている。感情への配慮や個々人の意欲を活用した人材育成よりも、部下の自己努力と忠誠心を前提とした攻撃的な思考や行動が得意。他人のアイデアや意見を活用するよりも、自己の分析力や判断力に依存する傾向がある。目標達成型人材の下での参謀、あるいはナンバー２としても力を発揮できる。

　プロ野球監督では、広岡達朗、森祇晶、野村克也のようなタイプ。ビジネス分野では、20世紀後半から今世紀初頭にかけて戦略実行型マネジメント人材がリーダーとして尊重され、かつ比率的にも圧倒的多数を占めている。

●人材育成型リーダー

　人情に厚く、面倒見のよい親分肌で、個々人の能力や意欲を把握することに優れている。優れた人材や能力の発掘に力を発揮する。人情の機微に配慮し、場合によっては、目標実現や論理的な問題解決などへのこだわりを妥協することもある。また目標達成型や戦略実行型との協業により、ボトムアップの意欲や挑戦意欲の高い組織をつくる可能性もある。プロ野球監督では、多くのメジャーリーガーを育てた仰木彬の言動に、人材育成型の特徴が観察できる。ビジネス分野では、高度成長期の多くの企業トップに共通な行動パターンが人材育成型であった[1]。

　具体的なモデルとしては、日本IBMのCEOを務め、IT業界全体に数多くの企業経営者を輩出した椎名武雄や、非財閥系の総合商社として、多様な経営人材を活用して競争力を実現している伊藤忠商事や、ユニークなヒット商品の開発者を育ててきたホンダ（本田技研工業）の経営トップなどが挙げられるだろう。

◎──リーダーシップに自信を持ちにくい理由

　リーダーシップ行動を実践しようとして多くの人々が戸惑う理由、リーダーシップ行動とはどのような行動か確信が持てない理由、あるいは自身のリーダーシップ能力について自信が持てない理由の多くは、この４つのリーダーシップ行動が「相互補完的でかつ相反する」構成要素を持っていることに起因する。

　「自分にはリーダーシップ能力が不足している」と思っている人には、たとえば次のようなケースが考えられる。

1　一般的に高度成長期の企業では、意識的・無意識的に、戦略実行型の攻撃行動に強い人を中核人材として活用しながらも、そのなかで最終的に人材育成型行動にシフトできた人を、経営層として選択してきた傾向がある。

- 戦略実行行動に卓越しているにもかかわらず、人材育成行動に対する認識と経験が少ないために部下に対する影響力が不足し、部下からの共鳴の手応えを感じることができていない。
- 人材育成行動には習慣的に配慮しているにもかかわらず、目標達成や戦略実行といった、組織をまとめて業績を出す行動にうといために最終業績を実現できていない。

　これらの4つの相反行動をすべて保有するための経験を、短時間に蓄積することは容易ではない。また、同一人物が同時期にこれらの相容れにくい複数の行動パターンを発揮することは、むしろその人のリーダーシップ効果を薄めることにもなる。場合によっては、行動パターンの不明確さにより、むしろ部下から不信を買うことも少なくない。さらに、現実の組織においては、通常は補完的な人材を活用することもできるので、必ずしも1人で4領域すべてを強みとする必要もない。つまり、これらの4つの相反する行動をすべて駆使できていないからといって、自分自身のリーダーシップを低く評価する必要はないのである。

◎──リーダーシップ能力を強化する方法

　したがって、リーダーシップ能力の強化を試みる場合でも、現実的な起点となるのは、自分の強みとなっている行動を再確認し、自らのリーダーシップ行動タイプを意識し、自信を持つことである。また、4つの相反する行動を同時に強化しようとするのではなく、現在のマネジメント・ポジションに対する外部からの要請や期待を尊重して、強化の優先順位をつけることが効果的である。すなわち、まず強化すべきは現在自分の強みとなっている行動タイプであり、そのうえで、組織環境やビジネス環境から要求される行動タイプを選択して強化する。

　たとえば、目標達成型を上司とするスタッフが価値創造型であれば、人材育成型や戦略実行型のリーダーシップ行動を意識して実行する。また、定常型ビジネスモデル（保守サービス、生産ライン管理など）での目標達成型リーダーシップ行動になじんだ人が、非定常型ビジネスモデル（製品開発、提案営業など）のリーダーとなった場合には、価値創造型行動を意識する必要があるだろう。

　なお、以上では、リーダーシップ「能力」と表現したが、この能力を「状況に応じた適切な行動の再現力」と考えるのが、リーダーシップ研究における「行動理論」である。一般的に「能力強化」という表現からは漠然としたイメージしかわいてこないが、状況に応じて特定の行動を確実に「再現できる」技術を体得すると考えることにより、リーダーシップ行動の強化を、より身近に感じることができるだろう。

> **コラム ◎ 上司との相性**
>
> 　組織環境やビジネス環境に関する最も深刻な問題の1つに、「上司との相性」がある。上司や部下との相性の良し悪しは、両者のリーダーシップ行動パターンの重複あるいは相反に起因している場合が多い。リーダーシップ強化の観点からは、いずれの場合も、両者が相手との補完的なリーダーシップ行動のメリットを実現できるように、意識した行動をとることが要求される。
>
> 　たとえば、戦略実行型の上司と同型の補佐スタッフの組み合わせでは、似たもの同士特有の相性のよさを感じるかもしれないし、逆に似たもの同士ゆえの反発の可能性もある。いずれにしろ、部下組織は両方の相乗効果できわめて強烈な戦略実行型、すなわち論理と手法にこだわる経営の影響を受けることになる。この場合には、どちらかが戦略実行型に対する補完的なリーダーシップ行動パターンを意識して強化することが必要である。この補完行動が、当人にとっては新たな行動パターン強化の機会ともなる。
>
> 　また、目標達成型の上司の下に、人材育成型のスタッフが配置された場合、上司から見ると目標達成へのこだわりが物足りなく感じられ、また自分と衝突してまでも部下の意欲や能力の育成にこだわる相容れなさを感じるかもしれない。しかし、短期的な組織効率と長期的な組織成長の「両方」を実現する組織としては、最高の組み合わせである。双方の補完的な行動パターンのメリットを認識し合うと同時に、新たな行動パターンを互いに学び合う機会ともなる。

　以降は、リーダーシップ4領域行動モデルを簡略化して、「リーダーシップ行動モデル」と呼ぶ。次項では、本書のリーダーシップ行動モデルのベースともなっている、リーダーシップ研究の系譜を整理する。

2◉リーダーシップ研究の系譜

　リーダーシップに関する研究は、「リーダーシップは天性のものか、あるいは育成することができるのか」という疑問に答えることを1つの目的として開始されている。
　この疑問に対して、「リーダーシップは先天的な特性である」という仮説でリーダーシップをモデル化しようとしたのが特性理論である。この特性理論に続いて、「リーダ

図表1-2 特性理論の概念構造

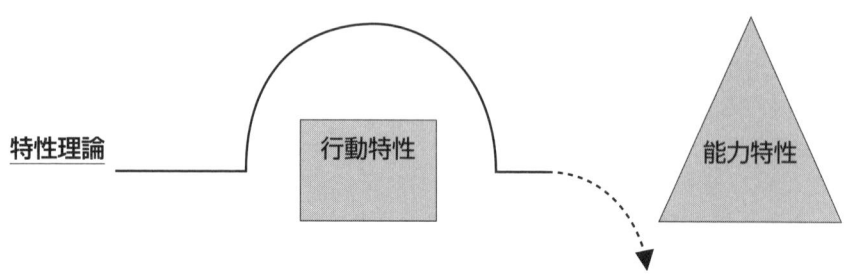

ーシップは後天的に育成できる」という逆の仮説に基づくモデルが、行動理論および条件適合理論である。

まず、特性理論について見てみよう。

（1）特性理論

　特性理論とは20世紀中盤に唱えられた理論で、リーダーとしての声望が高い人々に共通の特性を発見しようとした理論である（**図表1－2**）。
　しかし、リーダーシップの定義を定めないままに、一般的にリーダーと思われている人の共通要素を探そうとしたこと、特に、観察しにくい能力特性の共通点を探そうとして直感や恣意性に振り回されたことから、結局は、説得力の高い実証モデル構築には至らなかった。
　この理論は、現在でもリーダーシップを考えようとする時に、多くの人々が陥りがちな考え方である。しかしこの考え方では、リーダー固有のさまざまな事情を理解することに振り回されてしまい、何らかの簡明なモデルに収束させることは難しい。
　また、特性理論はリーダーシップが人間の先天的特性であるとする仮説を前提としているために、リーダーシップは育成できるという結論には到達しない。この点で、後に続く行動理論や条件適合理論とは対照的な存在である。
　ただし、先天性を前提とした特性理論が成立しなかったことで、逆に「リーダーシップは育成できる」可能性が残ることとなった。さらに、この特性理論に行き詰まったところから、リーダーシップをまずは明解に定義しようとする動きが出てきた。したがって、特性理論はその後に続く行動理論や条件適合理論の先導役としての役割を果たした

第1章　リーダーシップ行動モデル

図表1-3　特性理論から行動理論へ

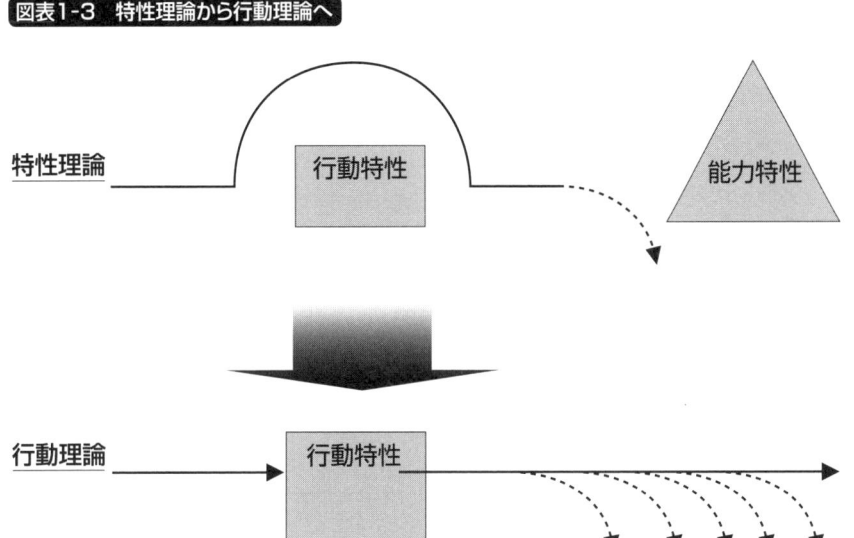

といってよいだろう（図表1－3）。

（2）行動理論

　特性理論の後、リーダーシップ研究の流れは、他の人々に影響力を与えている人々に共通して見られる「行動パターン」でリーダーシップを定義しようとする理論に向かった。これが行動理論である。

　共通の行動パターンが基準となるため、「特定の行動がとれる人材は、すべて同じレベルのリーダーシップを実現している」ことになる。また、その行動パターンを身につけることで、特定のリーダーシップを身につけ、強化できるという考え方でもある。現代のリーダーシップ育成の理論やプログラムは、この行動理論を根拠として確立され、「リーダーシップは行動モデルに基づいて育成、強化することが可能である」という考え方をとっている。初期の多くの行動理論では、2つの「相反する行動パターン軸」で、リーダーシップ行動を定義している。**図表1－4**に、著名な事例を示す。

図表1-4　行動理論の2軸モデル

オハイオ州立大学研究モデル（1940年代）
構造つくり＝目標達成のための仕組みつくり（チーム構成、役割配置など）
配慮＝部下への配慮や尊敬

ミシガン大学研究モデル（1940年代）
従業員重視
生産重視

マネジリアル・グリッド・モデル（1960年代）
業績関心
人材関心

トランスフォーメーショナル・モデル（1970年代）
目標達成重視
価値創造重視

◎──行動理論2軸の集約

　図表1－4のような「行動理論の2軸モデル」で取り上げられている軸（要素）は、次の2つのグループにまとめることができる。
① 結果と要因
　　1つのグループは、ミシガン大学研究モデルやマネジリアル・グリッド・モデルに代表されるもので、「業績・仕事」を重視するか「人・組織」を重視するかという分類である。ここで、「業績・仕事」は「結果」という言葉で統合でき、「人・組織」は「要因」という言葉で統合できる。したがってこのグループでは、リーダーシップ行動は「結果」重視か「要因」重視かという、2つの相反する行動パターン軸として分類できる。
② 論理と感情
　　もう1つのグループは、オハイオ州立大学研究グループの「構造つくりと配慮」の2軸や、トランスフォーメーショナル・モデルに代表される、「目標達成と価値創造」の2軸の考え方である。これらは、構造つくりと目標達成とに共通する「論理」重視と、配慮と価値創造重視に共通する「感情」重視の軸として分類できる。
　以上の「要因─結果」「論理─感情」の2種類の軸の組み合わせは、さまざまなリー

図表1-5 行動理論の集約2軸4領域モデル

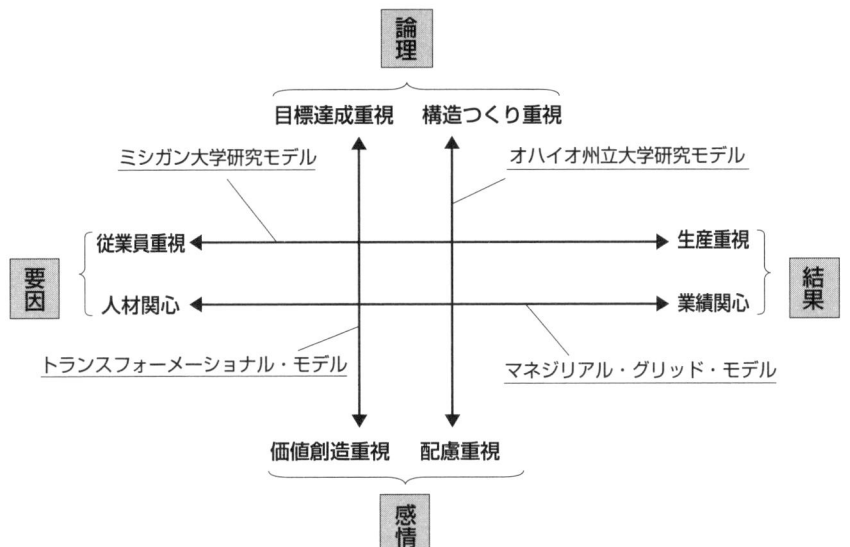

ダーシップ定義の論議にもかかわらず、現在までこれ以上統合されていない。ここからもわかるように、これらは「互いに独立した2種類」の2軸と考えられ、**図表1-5**に示すように、これら2種類の2軸を組み合わせた4領域が設定できる。この4領域は、**図表1-1**で紹介した、現代の日常行動から観察できる、常識的な4つのリーダーシップ行動のパターンとも合致している。

(3) 条件適合理論

このように行動理論モデルは、現代の常識的な感覚にきわめて近い4領域行動モデルとも合致しており、感覚的には受け入れやすい。しかし、この行動理論モデルと組織の業績との相関を観察した過去の研究事例では、多くの例外が観察された。これら4領域の行動モデルを実現できるリーダーが率いているにもかかわらず、組織が必ずしもよい業績を出せないという事例が、少なからず指摘されたのである。

ここから、行動特性にさらに追加条件が必要なのではないかと考えられるようになった。その結果生まれたのが、環境条件との適合を考える「条件適合理論」である（**図表**

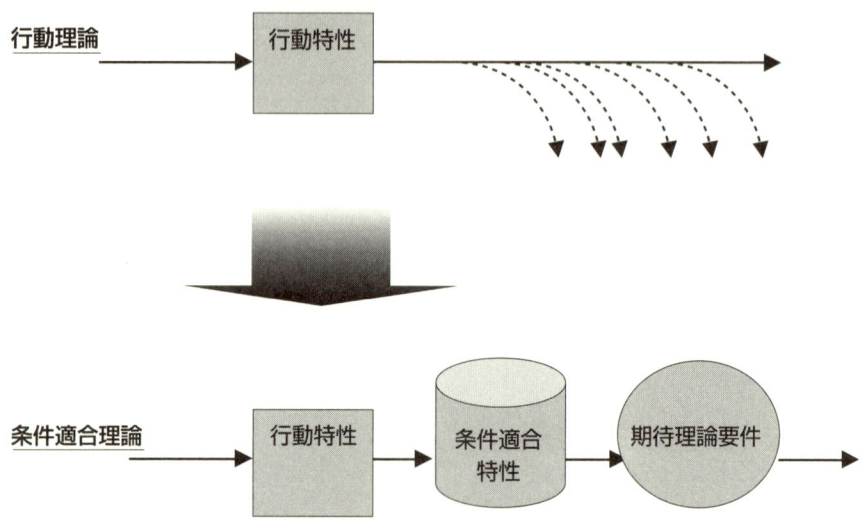

図表1-6 行動理論から条件適合理論へ

1-6)。
　条件適合理論とは、「行動理論が示唆する4種類の行動のすべてが常に効果を発揮するわけではなく、これらの4種類のうちで、状況（環境条件）に適合した行動のみがリーダーシップ行動としての効果を発揮する」という考え方である。
　現代のリーダーシップ行動モデルは、ほぼ例外なく条件適合型モデルを基本にしている。次に考察するパス・ゴール理論のみならず、状況応変型リーダーシップ、エンパワーメント・リーダーシップ、エモーショナル・リーダーシップ[2]、変革リーダーシップなども、すべてこの条件適合型モデルを基本としているといってよい。これらのモデルは、環境条件（外部環境と内部環境）をどのようにモデル化するかによって違いが生まれている。

（4）パス・ゴール理論

◎――パス・ゴール理論の構造

　典型的な条件適合理論としては、ロバート・ハウスによるパス・ゴール理論[3]が挙げられる。パス・ゴール理論は、まずリーダーの行動特性（スタイル）を、指示型、支援

型、達成型、参加型の4つに分類する。なおこの4分類は、行動理論の2種類の集約2軸を組み合わせた4領域モデルと、**図表1-7**のように対応しているといえる。

パス・ゴール理論の考え方は、この4つのスタイルが、「環境適合要件」と「部下適合要件」に適合するように発揮された場合にのみ、リーダーシップ効果が実現するというものである**(図表1-8)**。「環境適合要件」としては、業務構造(Task Structure)、経営責任体制(Formal Authority System)、チーム組織(Work Group)、「部下適合要件」としては、部下の自立性(Locus of Control)、経験(Experience)、能力(Perceived Ability)が考えられている。

要約すれば、パス・ゴール理論は、「リーダーは指示型、支援型、達成型、参加型の4種類のスタイルの中から、環境適合要件と部下適合要件を満足するスタイルを選択することにより、リーダーシップ効果を実現する」というものである。

図表1-7 パス・ゴール理論のリーダー行動特性

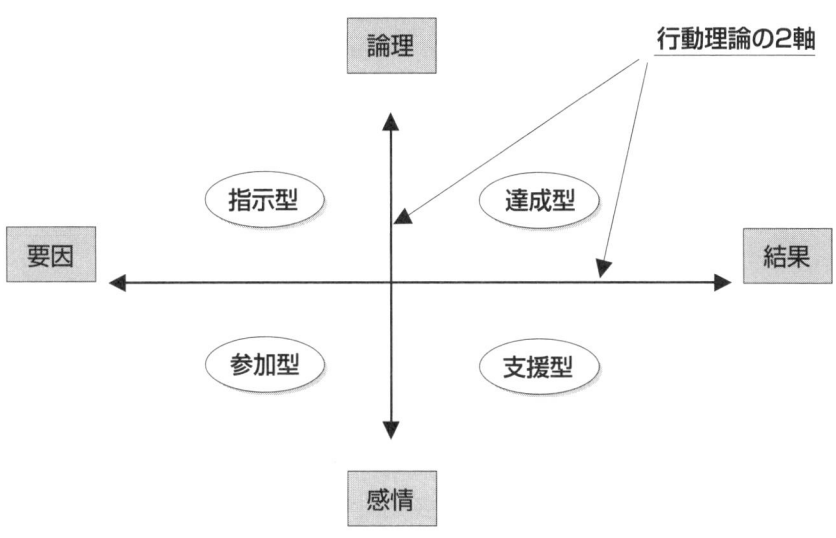

---

2 厳密にはエモーショナル・リーダーシップ行動モデルは、行動特性の4領域に自己制御という自己内部監視行動領域を付加している。
3 House, R.J., *A Path Goal Theory of Effective Leadership*, 1971

図表1-8 パス・ゴール理論の構造

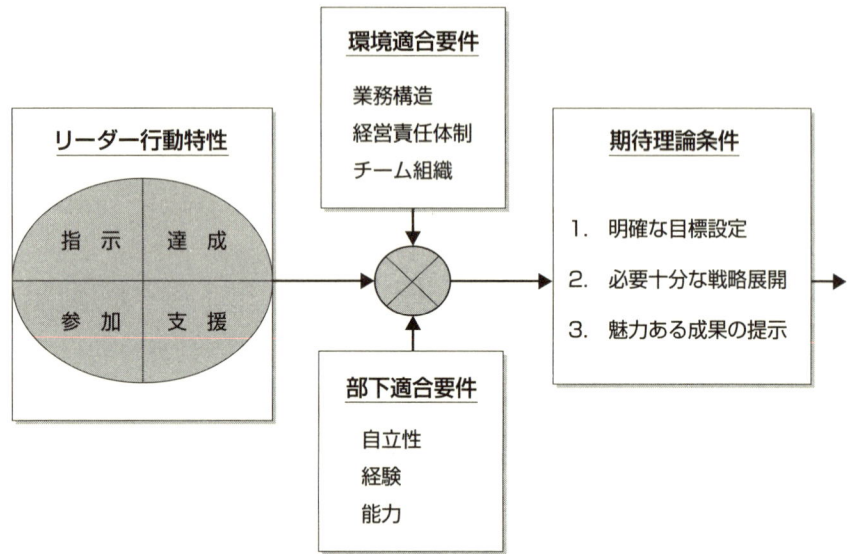

◎──**期待理論の適用**

なお、パス・ゴール理論では、「リーダーシップ行動パターンと環境条件とが適合し、効果が実現しているか」を判定するために、期待理論が活用されている。

期待理論については第2章第5節で詳述するが、「人や組織が動機づけされるために、以下の3つの条件が必要である」とする考え方である。

① **魅力的な報酬**：行動の結果実現する、広い意味での報酬が魅力的であること。
② **明確な目標**：その報酬を得るために達成すべき目標が明確であること。
③ **必要十分な戦略**：その目標を実現するために、何をすべきかが明確であること。

すなわち期待理論とは、人が動機づけされる条件、いわゆる「やる気」を出す条件は、「戦略行動の結果として目標が実現し、目標実現の結果、魅力ある状況や価値を得ることができる」という、原因と結果の「期待の連鎖」が成立することであるという考え方である（**図表1−9**）。

以上をパス・ゴール理論に適用すると、「環境条件に適合した、リーダーシップ行動

図表1-9 期待理論の構造

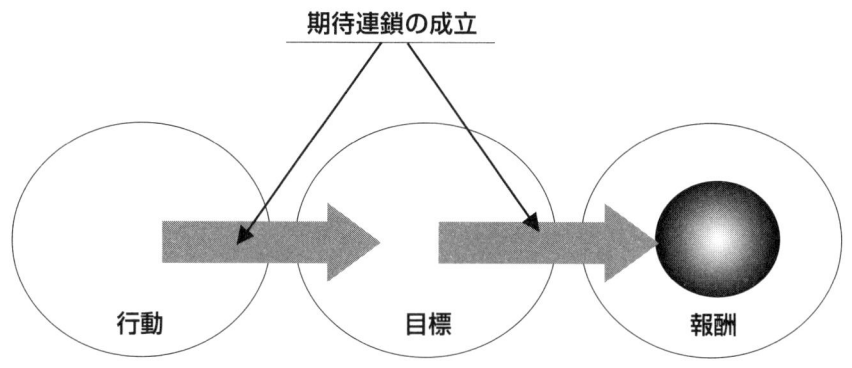

パターンを実行できているか」を確認するには、①「目標を明確に示し共有できているか」、②「目標実現のための必要十分で具体的な戦略を共有できているか」、③「目標を実現する意義や、その成果がもたらす魅力を共有できているか」、を判定すればよいことがわかる。

◎──パス・ゴール理論の条件適合事例

ハウスの論文に例示されている、リーダーシップ・スタイルと環境との条件適合事例を**図表1-10**に示した。

これによると、支援型行動は部下が自信を持てない状況に適合する。また、指示型行動は曖昧な業務に適合し、目標とその結果の報酬までの道筋を明確に示すことで、意欲を高める。また、達成型行動は定常型の業務に適合する。さらに、参加型行動は報酬が固定的な場合に部下の期待を把握し、直接報酬以外の魅力的な報酬を加えることで、部下の意欲を高める。

(5) 状況応変型リーダーシップ・モデル

パス・ゴール理論を実践的に単純化し、現実的な運用を目指したリーダーシップ・モデルの1つに状況応変型リーダーシップ・モデル（Versatility Leadership）がある（**図表1-11**）。同モデルは、1990年代初頭よりゼネラル・エレクトリック（GE）のリー

図表1-10　パス・ゴール理論の条件適合事例

リーダー行動特性		期待理論効果
支援型	⊗	自信の増大
・友好的で思いやりがある ・開放的で親しみやすい	部下適合要件 自信不足	

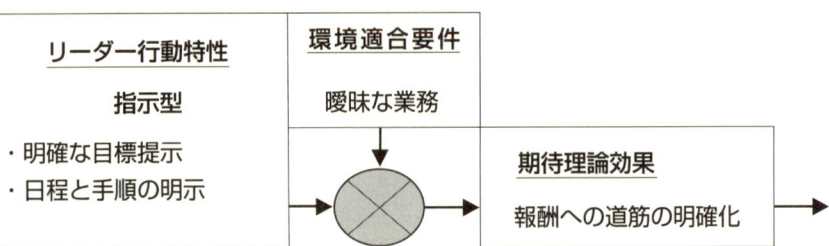

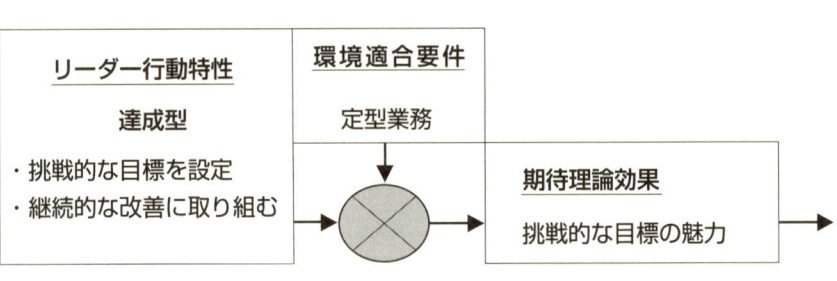

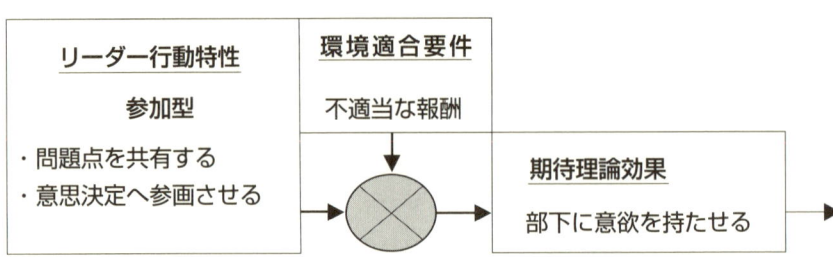

図表1-11　状況応変型リーダーシップ・モデル

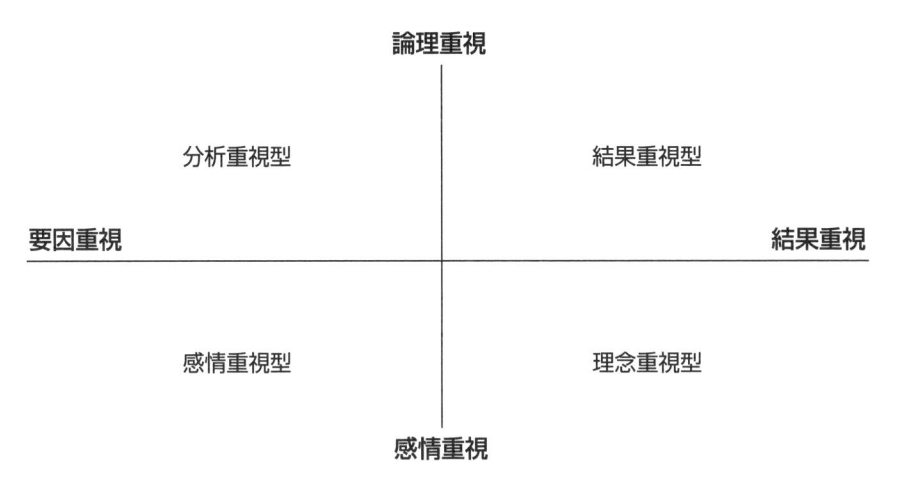

```
                       論理重視
                         │
          分析重視型       │      結果重視型
                         │
  要因重視 ─────────────┼───────────── 結果重視
                         │
          感情重視型       │      理念重視型
                         │
                       感情重視
```

ダーシップ研修などで活用されているものである。

　状況応変型リーダーシップ・モデルは、リーダーの思考パターンとコミュニケーション・パターンの2軸の組み合わせにより、リーダーシップ行動を定義している。思考パターンの軸は、感情重視型か論理重視型かを示し、コミュニケーション・パターンの軸は、結果重視型か要因重視型かを示している。この2軸によって、4種類のリーダーシップ・スタイルが定義される。論理と結果を重視するスタイルが結果重視型（Directive）、論理と要因を重視するスタイルが分析重視型（Analytical）、感情と結果を重視するスタイルが理念重視型（Expressive）、感情と要因を重視するスタイルが感情重視型（Amiable）である。

　結果重視型はいわゆる組織のボス的な存在で、手順や詳細な言い訳などには無頓着だが、結論や結果にはこだわる。分析重視型は、論理性にはこだわるが、結果よりもむしろ経緯や手段、緻密さを重視する。理念重視型は、論理的な行動結果よりも行動の主義や理念を優先し、「筋を通す」こと、あるいは理念にそった行動を重視する。感情重視型は、論理的な整合性よりも人間感情を重視し、かつ行動結果よりも人間関係の維持を重視する。

　状況応変型リーダーシップ・モデルは、自分と相手のタイプを4領域から選択し、相手のタイプに意識的に適合するコミュニケーション・スタイルを実践することを主張している。この点で条件適合理論モデルの一種と分類できる。

(6) その他のリーダーシップ研究

ここまでで、特性理論、行動理論、条件適合理論という、リーダーシップ研究の3段階の系譜を整理したが、これ以外にも、次のようなリーダーシップ研究理論やモデルがある。ただし、これらはいずれも条件適合理論に基づいた、発展型の理論やモデルである。これらの理論やモデルと、本節で解説したリーダーシップ研究の系譜との関係は、**図表1-12**のようにまとめられる。

① フィードラー理論

フレッド・フィードラーによって提唱された理論。効果的な集団業績を実現するための条件適合要素として、「リーダーが部下に接するスタイル」と「リーダーに与えられた支配力および影響力の大きさ」の2つに着目している。

リーダーのスタイルを、任務実行志向と人間関係志向に分類し、支配力および影響力を、任務定義の明確さと職務権限の強さに分解している。実地調査による証明を試みた条件適合理論研究の基盤を築いた理論と位置づけられる。

② 対象対応型リーダーシップ・モデル（Situational Leadership）

ポール・ハーシーとケン・ブランチャードによって提唱された、条件適合理論の発展モデルで、状況応変型モデルに類似した考え方に基づく。

部下を意欲と能力の2軸で4領域に分類し、それぞれに対応した4つのリーダーの行動スタイル（指示、指導、支援、参加）を適合させることで、影響力を実現できるとする考え方である。効果的なコミュニケーション手法として広く活用されている。本モデルについては、第2章第4節でも解説する。

③ コッター理論

ハーバード・ビジネススクールのジョン・コッターが提唱した理論。管理する行動と変革する行動の根本的な違いを明示している。

定常的な状況には管理行動（コッターの定義による「マネジメント行動」）で対応し、非定常的な状況には変革行動（コッターの定義による「リーダーシップ行動」）で対応する。変革行動、すなわちリーダーシップ行動を、「変革ビジョン設計、コミュニケーション、コーチング、動機づけ」の4行動に分解している。本理論については、第2章第1節でも解説する。

図表1-12 リーダーシップ研究の系譜

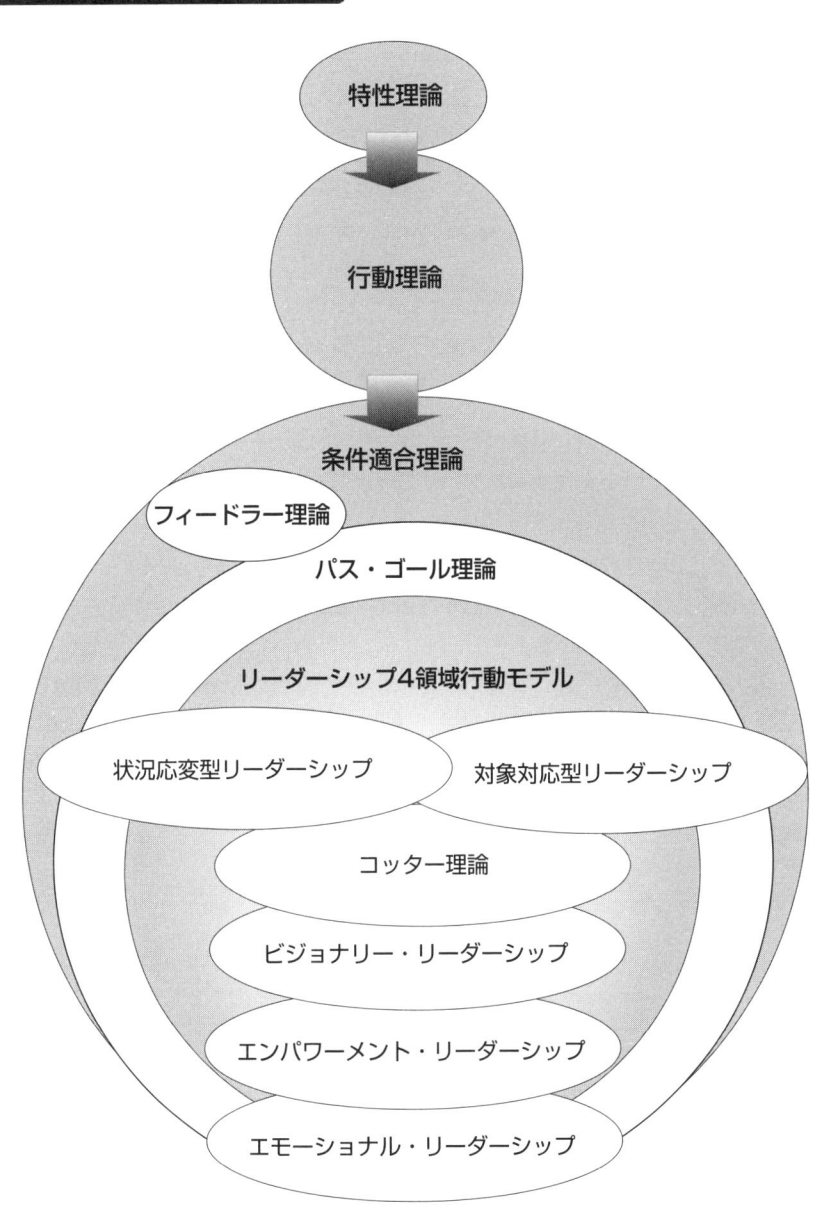

- 特性理論
- 行動理論
- 条件適合理論
  - フィードラー理論
  - パス・ゴール理論
  - リーダーシップ4領域行動モデル
    - 状況応変型リーダーシップ
    - 対象対応型リーダーシップ
    - コッター理論
    - ビジョナリー・リーダーシップ
    - エンパワーメント・リーダーシップ
    - エモーショナル・リーダーシップ

④ **ビジョナリー・リーダーシップ**

　バート・ナナスの提唱した理論。ビジョンの設計と実現が、リーダーの最も重要な行動要件であるとする。状況に対応する行動パターンに注目する従来の理論に、状況認識に基づいて将来計画を設計することの重要性を強調し、付加している。変革型リーダーシップ行動の起点となる「変革ビジョン設計」に注目した理論（第2章第2節参照）。

⑤ **エモーショナル・リーダーシップ**

　ダニエル・ゴールマンの提唱するリーダーシップ行動モデル。リーダーシップ行動の究極の目的を、「人々の感情への影響力」としている。感情という内面的な情報に着目し、リーダーが人々に影響力を実現するためには、「外面的な環境条件のみでなく、自分を含めた関係者の感情にも行動パターンを適合させる必要性がある」としている。この点から、リーダーシップ行動の多様性を状況に応じて実現するためには、自己制御行動が必要であることも示している。本モデルに関しては、本章第2節でも考察する。

第1章第1節　リーダーシップ行動モデルの定義　まとめ

1．リーダーシップの4領域行動の構成
　リーダーシップ行動は、価値創造、目標達成、人材育成、戦略実行という、4種類の排他的な行動パターンから構成される。

2．リーダーシップ4領域行動モデル（リーダーシップ行動モデル）の定義
　リーダーシップとは、「自己の理念や価値観に基づいて（価値創造型）魅力ある目標を設定し、またその実現体制を構築し（目標達成型）、人々の意欲を高め成長させながら（人材育成型）、課題や障害を解決する（戦略実行型）」行動である。

3．リーダーシップ行動モデルに基づくリーダーシップの強化
　個々人が、4領域の行動をすべて同時に強化しようとすることは現実的ではない。現在までの得意領域を確認し、現在のマネジメント・ポジションに対して外部から要求される領域を優先的に強化する。現実の緊急な要求に対応するためには、異なった領域行動を得意とする補完的な人材で、経営チームを形成する。

〈ケース1-1　「AB銀行K支店」考察課題のポイント〉
　信託出身の大森支店長は、合併効果を実現すべく経営目標を共有するリーダーシップ行動を意識して実行している。これは4領域では、「目標達成型」の行動パターンに該当する。
　一方、山崎支店長代理などの同支店の幹部は、「人材育成型」の前任支店長のスタイルになじんでおり、上位より与えられた特定の目標の範囲内ではあるが、自立的な「戦略実行型」行動を強化してきている。したがって、両者が組むことにより、補完的な経営チームを実現できる可能性は生まれつつある。
　また、積極的な提案型のビジネスで成功を収めてきた大森支店長の成功パターンと、画一的な商品販売と慎重な顧客管理になじんでいる幹部以下の支店社員との成功パターンは、むしろ相反している。これらの過去の成功体験イメージの相反を克服して統合的な支店経営を実現するには、大森支店長はさらに、既存の支店組織文化を観察し、個々の人材を活用する「人材育成型」行動を意識することも必要となるだろう。

第2節　リーダーシップ行動モデルの考察

　前節では、リーダーシップが4種類の行動パターンから構成されることを述べた。しかし、実際にはリーダーシップについて異なった見方（誤解）をすることにより、悩みを抱えてしまうことも少なくない。本節では、典型的な「誤解」について説明し、前節で定義したリーダーシップ行動モデルに基づいて、誤解が何に起因しているのかを解明する。次に、これらの誤解によって生じる問題を解消するリーダーシップ行動モデルとして、「エンパワーメント・リーダーシップ」と「エモーショナル・リーダーシップ」の2つのモデルを考察する。

1◉リーダーシップ行動の「誤解」

（1）誤解その1：「リーダーとは業績実現競争に卓越している人材」

　一般的には、「リーダーシップ」は「業績実現競争に卓越している人や行動」の意味に使われることが多い。たとえば、「業界のリーダー」とか「同期入社のリーダー」と表現される場合が、これに相当するだろう。
　しかしながら、この時点でリーダーシップに関する誤解が芽生えている。まず、リーダーシップと「リーダー自身の業務遂行能力を高めること」とは必ずしも同一ではない。「名選手必ずしも名監督ならず」という言葉が示唆するように、リーダーシップとは、その人自身が優れた業務遂行能力を持つことではなく、「組織と人材の能力を高め、それを生かす」行動である。組織と人材を上手に生かすことができて初めて、リーダーシップを発揮できる存在となる。

1）誤解によって生じる問題
　　──部下や組織が育たず、部下がリーダーからの恩恵を感じない
　　この点を誤解しているリーダーは、ひたすら自己の意思決定能力や判断力を磨くこ

とでリーダーシップを発揮しようと考えがちだ。これらはマネジメントの基本技術としては不可欠な行動技術ではあるが、これらのみに傾注してしまうと、組織強化のための取り組みがおろそかになり、リーダーは懸命に努力するものの部下も組織も育たず、何よりも部下たちがリーダーからの恩恵を感じないという状態になりがちである。

またリーダーシップとは、チームや組織をより高いレベルへと「成長させる」ことでもある。現存のチームや組織が、与えられた目的や業績目標を実現できるだけの条件を備えている場合はむしろ少ないから、チームや人材を業績実現に向けて育てるということも当然必要となるのである。リーダーは、「組織や人材を活用して業績を実現する」とよく表現されるが、この場合の「活用」に、「不足している部分を育成する」という意識が欠落していると、リーダーシップ効果を実現できない場合が多い。

また以上の点を誤解していると、部下や組織の不備ばかりが気になり、何とか自分自身の優秀な問題解決能力でこれをしのごうとすることになり、ますます乖離を深めてしまう。

2）問題の解消方法
──人材育成型を意識

この誤解を前節のリーダーシップ行動モデルに基づいて考えると、「戦略実行型」の行動（目標実現のための課題や障害を解決する）をリーダーシップ行動のすべてと考えていることがわかる。これ以外のほかの3要素、特に部下の挑戦意欲、能力の発揮意欲を刺激する「人材育成型」行動をバランスよく意識することで、誤解によって生じる問題は解消できる（**図表1－13**）。

（2）誤解その2：「リーダーシップとは組織責任者としての職務権限を行使すること」

組織のトップとして職務権限などの権力を行使することは、リーダーのとるべき行動の一部を示している。また、組織責任者として毅然と行動する、問題点を指摘する、明快な決断を下すといった行動は、リーダーの必要条件ではある。しかし、これらのみがリーダーシップであるという意識に陥ってしまうと、深刻な問題が生じる。

1）誤解によって生じる問題
──部下の自立意識と継続的な成長を阻害する

職務権限や評価権といったいわゆる「正当権力」に基づく行動に偏れば偏るほど、

図表1-13 「誤解その1」の構造分析

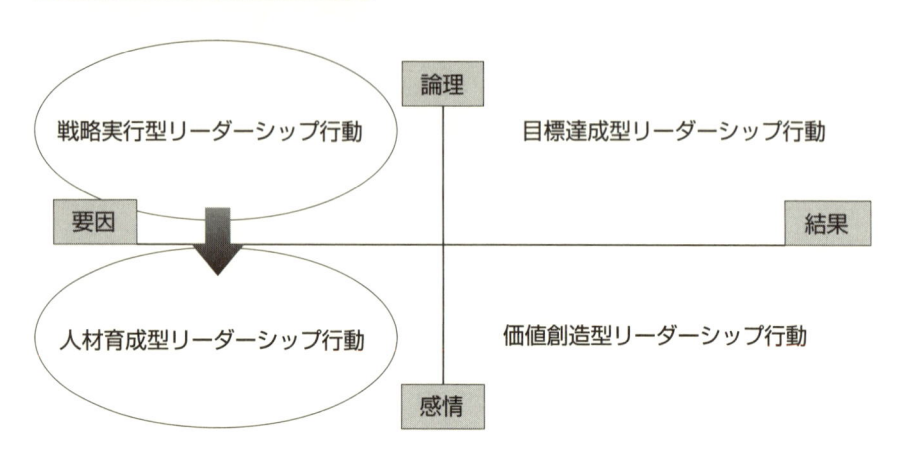

```
                    論理
  ┌─────────────┐         
 ( 戦略実行型リーダーシップ行動 )    目標達成型リーダーシップ行動
  └─────────────┘         
    [要因]    ↓                              [結果]
  ┌─────────────┐
 ( 人材育成型リーダーシップ行動 )    価値創造型リーダーシップ行動
  └─────────────┘
                    感情
```

部下の自立意識が損なわれる（正当権力については、51ページコラム「権力（パワー）の源泉とその特徴」参照）。現代は、市場に近い情報を持っている部下のアイデアとスピードを活用することが、企業生存のために不可欠である。このようなアイデアやスピードは、権力で制御された人や組織、つまり自立的な責任意識を持たされていない「順応・従属型」の人や組織から生まれてくることはあまりない。

　マネジメントとしての正当権力に依存すればするほど、自立意識は損傷し、いわゆる「指示待ち」意識が増幅されてしまう。この結果、部下や組織の行動は期待される状況とは異なってくる。

　なお、権力と自立意識との関係については、本節後段の「エンパワーメント・リーダーシップ行動」でもさらに詳しく説明する。

2）問題の解消方法
　——価値創造型と人材育成型を意識

　この誤解を前節のリーダーシップ行動モデルに基づいて考えてみると、「目標達成型」行動と「戦略実行型」行動をリーダーシップであると思っていることがわかる。しかし、リーダーシップ行動による人と組織への影響力は、論理領域の行動のみでは実現しないのである。

　したがって、これ以外の2要素である「価値創造」行動と「人材育成型」行動を

図表1-14 「誤解その2」の構造分析

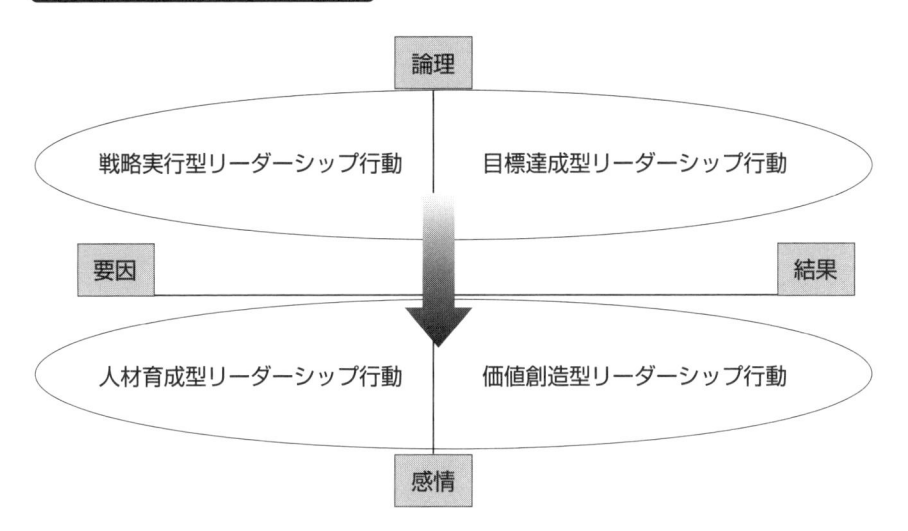

```
                        論理
                         │
   ┌─────────────────────┴─────────────────────┐
   │  戦略実行型リーダーシップ行動    目標達成型リーダーシップ行動  │
   └─────────────────────┬─────────────────────┘
                         │
  要因                   ▼                   結果
   ┌─────────────────────┬─────────────────────┐
   │  人材育成型リーダーシップ行動    価値創造型リーダーシップ行動  │
   └─────────────────────┬─────────────────────┘
                         │
                        感情
```

意識する必要がある（**図表1-14**）。このタイプのリーダーは、人材育成のみならずビジネスの価値創造という感情行動にも乏しくなる。ビジネス行動の意義や魅力を感じそれを共有することなしには、人や組織への影響力は生まれにくいから、このタイプは人材育成に加えて、価値創造領域も意識する必要がある。

(3) 誤解その3：「リーダーシップとは目標管理行動である」

この誤解は、特に社員レベル層が直接の部下であるマネジャーに起こりがちだ。経営層はそれらのマネジャーに対して、「とにかく社員に目標を達成させるように指導管理することが最優先」と言いたい誘惑に駆られてしまう。また、この管理を強力に推進できる人材をリーダーシップのある人材と評価してしまいがちだ。

1) 誤解によって生じる問題
――目標管理のための課題解決行動は、必ずしも人材の自立や育成を優先しない

目標管理行動は、制限時間内で効率的な課題の発見と解決を目指す行動である。目標達成の障害や課題を、直接的・短期的に解決することが最優先となるため、人材の自立性の重視や育成といった、間接的・長期的な投資は後回しにされてしまう。

特に経験年数の少ないマネジャーは、直接的で対症療法的な問題解決行動に走りやすく、直面する課題に対して即効性のない人材育成などは、無視してしまうことすらある。

また、選択した組織課題に部下全員の意識を集中させることが重要となるため、自立型人材として存在するために不可欠な、行動の自由を制限することになる。

なお、目標管理行動とリーダーシップ行動の違いは、以下のようにまとめられる。
- 目標管理行動
  = 制限時間内で目標を実現するための課題の解決を目指す
  = 効果的な目標達成のため、選択集中し、単一最良解を追求する
- リーダーシップ行動
  = 目的と目標の達成のみならず、人材組織の能力と意欲を引き出し成長させる
  = 自由度実現のために多様な可能性を追求する

2）問題の解消方法
──人材育成型を意識

この誤解に、リーダーシップ行動モデルを適用すると、やはり「目標達成型」と「戦略実行型」を偏重していることがわかる(**図表1-15**)。あるいは、戦略実行の能力

図表1-15　「誤解その3」の構造分析

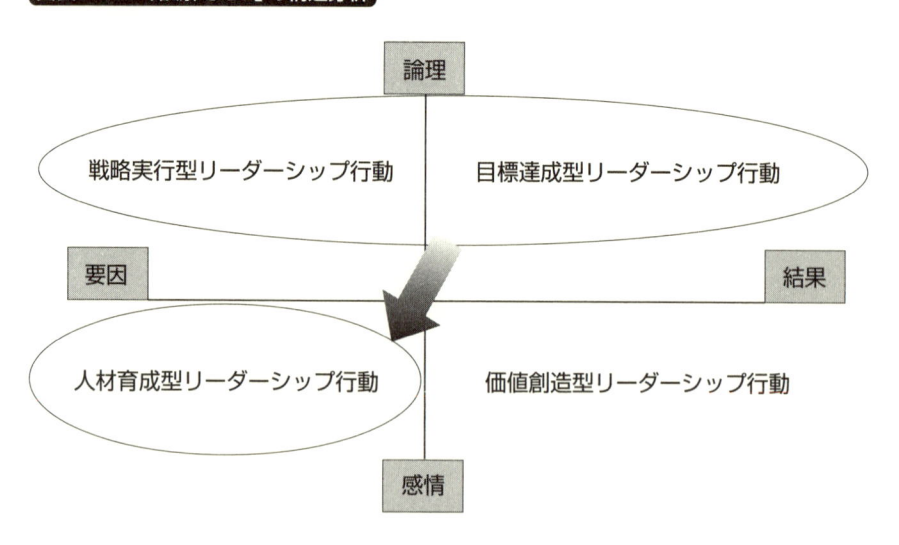

論理

戦略実行型リーダーシップ行動　　目標達成型リーダーシップ行動

要因　　　　　　　　　　　　　　　　　　　　結果

人材育成型リーダーシップ行動　　価値創造型リーダーシップ行動

感情

がきわめて高いために、無意識のうちにこの領域の行動に集中してしまっている場合もあるだろう。この状況は「人材育成型」の行動を意識することで解消することができる。

2● エンパワーメント・リーダーシップ

(1) 誤解の共通点と対応

前項の誤解の原因を整理すると以下のようになる。

- **誤解その1：「リーダーとは業績実現競争に卓越している人材」**
  不足している認識：リーダーシップ行動とは、自分以外の人や組織の能力と意欲を活用する行動である。
- **誤解その2：「リーダーシップとは組織責任者としての職務権限を行使すること」**
  不足している認識：リーダーシップ行動とは、自立的な人材と組織を育成し、活用する行動である。
- **誤解その3：「リーダーシップとは目標管理行動である」**
  不足している認識：リーダーシップ行動とは、部下組織の行動にできるだけ意思の自由度を与え、遂行責任を持たせる行動である。

以上のような誤解に陥ったままだと、部下がついてくることがなく、その結果、リーダーの行動に手応えも業績もついてこないという状況が生じる。誤解を解消するために意識すべき領域は前項で挙げたとおりだが、さらに具体的に意識すべき行動としては、次の3つの行動が挙げられる。誤解その1の場合は「部下支援」、誤解その2の場合は「自立重視」、誤解その3の場合は「自由尊重」である。
　これらの3行動の重要性を指摘しているのが、「エンパワーメント・リーダーシップ行動モデル」である。

(2) エンパワーメント・リーダーシップ行動モデル

エンパワーメント・リーダーシップ行動モデルは、「自立支援型リーダーシップ行動モデル」と翻訳できる。エンパワーメントとは、「部下や組織に自立的に行動できる環境を与えることにより貢献度を高め、かつ成長を促す行動」である。自立的に行動できる前提となるのが、「自由度」と「支援体制」である。

ただし、これらの前提条件として、「目的と目標」が共有されていることが不可欠である。むしろ、自立的な人材が支配的な組織では、目的と目標が共有されれば、おのずと自由度の尊重と相互支援が実現できる。HPの創設者であるデービット・パッカードは、この点に関し次のように考えた。

創業の初期に「今後どのように経営していこうか」と考えるうちに1つの考えが頭から離れなくなった。
社員にこの会社の目標を受け入れてもらい、かつ一緒になって何を実現したいかということを理解してもらえれば、社員を管理体制でがんじがらめにしなくても、同じ方向に向かって一緒に行動できるのではないかという考えだ。
(デービット・パッカード著『HPウェイ』日本経済新聞社、2000年)

(3) エンパワーメント・リーダーシップを実現する行動と環境

エンパワーメントを実現するためには、前述したように、部下の自立性を支援する「自由度」と「支援体制」、および「目標の共有」が、必要十分条件となる。これらの3要素について、具体的にどのような「行動」と「環境」を実現すべきか、以下で項目ごとに述べる。

1) 目標の共有

〈行動〉
- （義務や責任追及の論理、数値のみではなく）部下や組織が魅力を感じる目標を設定する。たとえば「V字回復」「業界のリーダー」「革新的な社会貢献」などの要素を含む目標である。
- 新たな自己革新の努力を必要とし、その機会ともなる「ストレッチ（挑戦意欲を必要とする）」目標値を設定する。
- 「状況ごとに目標を設定する行動」を習慣化する。

〈環境〉
- 目的や目標の前提となる「経営理念」を共有する。経営理念を象徴する成功事例を積極的に共有する。
- 「上下の合意契約による目標管理制度」など、自立的な目標設定を尊重する評価・報酬制度を設ける。
- 「挑戦」を重視する評価・報酬制度を設ける。

2）自由度の実現

〈行動〉
- 指示・管理を抑制する。
- 一方通行でない、双方向のコミュニケーションを図る。
- 部分作業でない、完結パッケージとして仕事を配分する。

〈環境〉
- 目的と目標を実現するために必要十分な権限委譲を行う。たとえばプロジェクトチームの設定など。
- 手法やプロセスの評価を抑制する。
- 階層的な呼称や、コミュニケーション・スタイルを排除する。たとえば、「××課長」など、職名を付加した呼称習慣の排除など。

3）支援体制の実現

〈行動〉
- 自立的な思考や行動を完結するために必要な情報を提供する。たとえば、議論や論理のミッシング・リンク（論理飛躍や不足）を提供する。
- 部下の意欲や能力の現実的な限界を見極める。
- 部下の業務の進捗状況や、直面している課題などを常時把握する。

〈環境〉
- 支援行動のためのコーチング・プログラムを実施する。
- 部下人材の育成を重視する評価・報酬制度を設ける。
- 個々人の多様性を活用する、チーム業務や適材適所を積極的に実践する。

（4）エンパワーメント・リーダーシップの効果

　エンパワーメント・リーダーシップにより自立意識が育まれると、「責任感」と「柔軟思考」が生まれる。それらがビジネスにおける独自性の実現（他社との差異化）に不可欠な、「スピーディーな行動」と「アイデアの創造」を実現する。さらに、責任感と柔軟思考の相乗効果として、「コミットメント」も期待できる（図表1－16）。

1）責任感とスピード

　従属意識から解放された人材は、より強い責任感（状況に対する自己責任意識）を感じるようになる。この自己責任意識が、網羅的な情報収集と体系的な思考を促し、意思

| 図表1-16　エンパワーメントによる効果 |

①　**責任感**
　　・意思決定と遂行のスピード向上
　　・先読みによるプロセス着手の先取り

②　**柔軟思考**
　　・現状改革と問題解決
　　・現状と自己の価値観との比較

　　責任感と柔軟思考の相乗効果
　　・目標達成に対するコミットメント
　　・挑戦する意欲と行動

決定や決定事項遂行のスピードを高める。
　また、仕事の結果に対する自己責任意識が明確になると、状況の「先読み」も始まるので、プロセス実行スピードと共に、プロセス着手タイミングも早くなる。また、「シミュレーション」行動、すなわち複数の可能性や選択肢に対する事前準備も始まるため、実際の状況に直面した際の対応も早くなる。

2）柔軟思考とアイデアの創造
　自立意識の乏しい人材、従属意識から解き放たれていない人材は、常に他者からの働きかけが新たな行動の前提となっている。また、自己を起点とした見方が確立できていないために、自己と周囲との乖離や周囲の変化を認識することにも疎くなる。この結果、自ら変化を察知して対応する柔軟性や創造力を発揮する機会も少なくなり、アイデア創造の意欲や機会も少なくなる。
　また、何らかのアイデアを思いついた場合でも、上司からの異議や周囲との摩擦などに直面すると、自己のアイデアにこだわるよりも上司や組織への従属を優先してしまいがちである。あるいは、上司などの権力への従属意識は、さらに現状の環境への従属意識にも発展するために、結果として現状を否定するような発想に乏しくなる。いわゆる前例踏襲主義に類する行動がこれに該当する。

しかし、自立意識が確立されると、自身の見方と現実との乖離に直面することになり、自ずと現状改革や直面する問題の解決に取り組み始める。この現状改革の意識が創造力を育む。すなわち、従属意識が現状を無意識のうちに受け入れてしまうのに対して、自立意識があると現状を意識的に自己の価値観と比較・吟味し始め、その乖離を解決しようとすることによりアイデアの創造が始まる。

3）責任感と柔軟思考の相乗効果

以上のように、責任感がスピードを実現し、柔軟思考が創造力を実現するだけではなく、責任感と柔軟思考の相乗効果とも呼べる状態も出現する。すなわち、コミットメント、目標達成の「誓約」である。これに基づいて、「現状から積み上る思考」のみではなく、「目標から逆算する思考」も可能となる。結果的に、直面する障害に自らの限界を超えて挑戦する意欲と行動を生む可能性も期待できる。すなわち、コミットメントが最終的には当該個々人の「成長」も実現する。

✓（5）エンパワーメント・リーダーシップの事例

現実にエンパワーメント概念が活用されている事例、また逆にエンパワーメントを実現しにくい事例から、エンパワーメントの活用方法や、実現される効果について考察してみよう。

1）「真実の瞬間（Moments of Truth）プログラム」

スカンジナビア航空（SAS）は、1980年代の欧州で、最も満足度の高いビジネスクラス・サービスを提供する会社として注目され、業績に関しても1985年に驚異的なV字回復を実現した。その原動力となったのが、「真実の瞬間」と名づけられた顧客対応プログラムである。このプログラムでは、エンパワーメントの本質である「目的と目標の共有」、「自由度」と「支援体制」の実例が観察できる。

〈目標設定と支援体制〉

1984年のSASは、「欧州のビジネスクラスで、最も信頼され満足されるNo.1の航空会社になる！」という挑戦的な企業目標を設定。さらに、真実の瞬間プログラムでは、「顧客の不満を15秒以内に解消する」という、顧客対応社員の個人目標を設定している。そのうえで、関係社員すべてに対する徹底的なトレーニング・プログラムを実施した。

〈目標の共有〉
　目標の共有とは、目標を単に「理解させる」ことではない。たとえば単に、「顧客の不満を15秒以内で解決せよ。そのやり方はこうだ」といくら情報を提供しても、何らかの意欲を感じさせる「目的」が設定されていなければ目標の共有は実現しない。「欧州のビジネスクラスで最も信頼され、満足される航空会社になる！」ことにより、「現在の苦境から回復する」という目的が表現されたことで、個人目標も大部分の社員に共有された。
　「当時同社のカリスマCEOと呼ばれたヤン・カールソンは、目的と目標を共有するために、年間の半分の時間を、現場社員に直接語りかけることに費やしていた時期があったという。」
〈自由度の実現〉
　顧客対応に関しては、マネジャーによる個別承認のプロセスをなくし、権限と責任をともに現場社員に移した。これにより現場社員の自由度が拡大し、実行スピードも向上した。この自由度なくしては、先のトレーニング・プログラムも十分に効果を出せなかっただろう。こうした権限委譲を発表することにより、「社員が研修によって与えられた知識に基づいて、自分の頭で顧客の不満の原因を判断して、解決策を実行してよい」ことを正式に承認した。

2）「日産クロス・ファンクショナル・チーム（CFT）」
　1999年、カルロス・ゴーンが日産自動車のCOO（最高執行責任者）に就任したのをきっかけに、NRP（日産リバイバル・プラン）が開始された。その実行主体となった「クロス・ファンクショナル・チーム（CFT）」も、典型的なエンパワーメント事例である。

〈目的と目標の共有〉
　「業績回復」という目的の下に、重要な数値目標が掲げられた。「１兆円のコスト削減」「有利子負債の7000億円（50％）削減」「連結営業利益率4.5％」「日産の総コストの60％を占める購買原価を３年間で20％削減する」の４つである。
〈支援体制の実現〉
　CFTのマネジメントにおいては、ゴーンはあくまでもCFTメンバーの自立行動を促すことにこだわった。提案に対する対応は、原則「Yes」か「考え直せ」の２つのみだった。

〈自由度の実現〉
　ゴーン直属のチームとすることにより、自由度が確保された。さらに、チームリーダーに過去のしがらみの少ない若手社員を抜擢している。この点も、チームメンバーの自由度確保のために有効といえる。

3）「起業の第2フェーズ」

　最後に、エンパワーメントが実現しにくい事例を挙げる。一般的に、創業から3年程度経過し、組織的にも拡大した「起業の第2フェーズ（第2段階）」では、エンパワーメントを実行しているつもりが実行できていない、という事例がよく見受けられる。

〈支援体制の不足〉
　第2フェーズに入ったベンチャー企業は、「自由度」は創業時から企業文化として存在しているものの、新たに参加したメンバーに対する「支援」の意識や行動が乏しいことが少なくない。個々の役割を認識して、いわば阿吽の呼吸でチームワークを実行してきた創業メンバーは、基本的に上からの支援を必要としなかった。しかし、新しいメンバーは「自由度」を与えられても、自分自身で何をすればよいのかをイメージすることには必ずしも長けてはいない。むしろ、自由度の存在が逆効果になってしまう。

〈目的と目標の非共有〉
　第1フェーズの成功が目覚ましいものであった場合、第2フェーズ以降に向けての挑戦的な経営目標の設定が間に合わなくなる。また、第2フェーズで新たに加わった社員に対して、明確な経営目的や理念を設定しないままに進むこともよく起こりがちだ。これらは、まさにエンパワーメントの前提条件である「目的と目標の共有」ができていない状況である。

　起業の第2フェーズでの混乱や停滞の原因が、突きつめてみると以上のようなエンパワーメントの滞りであるという事例は少なくない。

(6) エンパワーメント・リーダーシップに関するおもな議論

1) エンパワーメントと権限委譲の違い

　エンパワーメントは、よく「権限委譲」と混同される。しかし、権限委譲はエンパワーメントに必要な「自由度」を実現する手法の1つにすぎず、権限委譲だけではエンパワーメントは実現しない。権限委譲に伴う実質的な行動の自由に加えて、目的と目標の共有、上司からの支援の2つの行動が必要である。このうち目的と目標の共有は、権限

委譲の過程である程度実現できていることもあるが、上司の支援が欠けていると、エンパワーメントの効果、すなわちスピーディーな行動やアイデアの創造は実現しない。

また、形式的な権限委譲はあっても、実質的な自由度が与えられていなければ、同様にエンパワーメント効果は期待できない。効果の期待できない権限委譲としては、以下のような状態が挙げられる。

〈管理過剰な権限委譲〉
　権限委譲しても結果が心配であれこれと介入してしまう、いわば管理過剰のマネジメント・スタイルのままで権限委譲すると、部下は一挙手一投足を縛られている感じを受ける。実質的な自由度が増えているわけではないので、エンパワーメントの目指す自立的な意識と行動が発生する余地がない。

〈丸投げの権限委譲〉
　反対に、権限委譲とばかりに丸投げして、「支援」の意識と行動を欠いたり、実行責任のみならず結果責任まで委譲してしまうことがある。最初は自由度が大きいために部下の自立意識が高まり、責任感や意欲も高まるが、最終局面では結果責任をすべてとらされてしまうことで、上司の存在意義に対する疑問、離反意識や不信感などのネガティブな感情が生まれる。

〈低付加価値業務の権限委譲〉
　「エンパワーメントして、付加価値の低い業務を部下に割り当てれば、マネジャーはより創造的な高付加価値の業務に取り組む時間が確保できる」という考え方も一般的には根強い。たしかにマネジャーは、付加価値の低い、あるいはマネジャーの任務でない業務に時間を割く時間をできるだけ減らすべきである。しかしエンパワーメントは、マネジャーがより創造的で付加価値が高い仕事をする時間をつくり出すことを主眼にしていると考えるべきではない。あくまでも部下の自立意識を支援し、その結果ボトムアップの意欲や創造力を部下とともに共有することを目指すことで、より高いエンパワーメント効果を実現できると考えるべきだろう。

2）権力（パワー）の行使とエンパワーメントの違い

　エンパワーメントが自立意識を期待する行動であるのに対して、権力の行使は従属意識を期待し、個々人の自立意識をむしろ損なう行動である。したがって、権力の行使とエンパワーメントとは完全に相反する。

　前項で、職務権限の行使とリーダーシップ行動を同一視する「誤解」について述べたが、この職務権限も純然たる権力の一種である。もちろん先に述べたように、職務権限

を適切に活用することはマネジメントに必要不可欠であるが、問題はこの職務権限の行使に過度に依存しすぎることである。このような状況では、上司と部下の間に健全で自立的な協力関係が成立することは期待できず、部下の側で従属意識が支配的になる。また上司の側では、「部下が指示待ちで、どうしても自分があれこれと指図せざるをえない」と考えがちで、ますます部下の自立性を損なうという悪循環に陥ってしまう。

　エンパワーメントは、このような権力の行使による悪循環を、意識的に改善するための行動モデルでもある。この点をさらに明確にするために、エンパワーメントの対極にある権力（パワー）の種類と源泉を理解しておこう（下記コラム参照）。

> **コラム ◎ 権力（パワー）の源泉とその特徴**
>
> **①フレンチとラーベンの権力モデル**
> 　権力の分析では、ジョン・フレンチとバートラム・ラーベンによる定義がよく知られている。この定義によれば、権力は、強制力、正当権力、報酬力、専門力、同一視力の5つに分解できる**（図表1-17）**。
> 　**強制力**とは、文字どおり何らかの威嚇に基づく権力である。**正当権力**とは、ビジネスにおける職務権限のように、正当に与えられた権力である。**報酬力**とは、報酬の配分や決定権に基づく権力である。以上の3つを駆使すると、組織や人はその影響を受けて行動する。しかし、そうして起こされた行動は、従属的であり、自立性の弱い行動となる。
> 　専門力、同一視力は先の三者ほどなじまれていないが、同様に自立性を弱めるものである。**専門力**とは、専門能力、たとえば、医師や公認会計士などの資格や能力に基づく権力であり、**同一視力**とは、ほかの人の尊敬や称賛、あるいは憧れの対象となることで実現する権力である。同一視力の典型的な活用事例としては、有名俳優や女優を起用したコマーシャルが挙げられる。同一視力の権力の源泉は、人々が特定のだれかを自分の理想のモデルとして受け入れることにより、自らのアイデンティティを否定してしまうことにある。「カリスマ」とは同一視力の行使の特殊例で、「自己の行動が、他人に対して同一視力の効果を実現する自信を持っている人」を意味する。
> 　この最後の2つの権力は、人々が権力を行使されていることを感じにくいので、自立性維持の観点からは、より注意しなければならないとされている。

②ガルブレイスの権力モデル

　経済学者ジョン・ケネス・ガルブレイスも権力に関して分析を行っている。ガルブレイスは権力の源泉を、強制行動、報酬行動、条件づけ行動の3つとした。条件づけ行動とは、いわばフレンチとラーベンの「専門力」「同一視力」「正当権力」をまとめたもので、「人々に条件反射的な行動を起こさせる情報操作」の意味で使われている。ガルブレイスが警告している、自立性を損なう権力の要素は、顕在的に意識される強制力や報酬力ではなく、むしろこの条件づけ行動、すなわち情報操作である。
(参考：ジョン・ケネス・ガルブレイス著『権力の解剖』日本経済新聞社、1984年)

図表1-17　フレンチとラーベン、ガルブレイスによる権力の分解

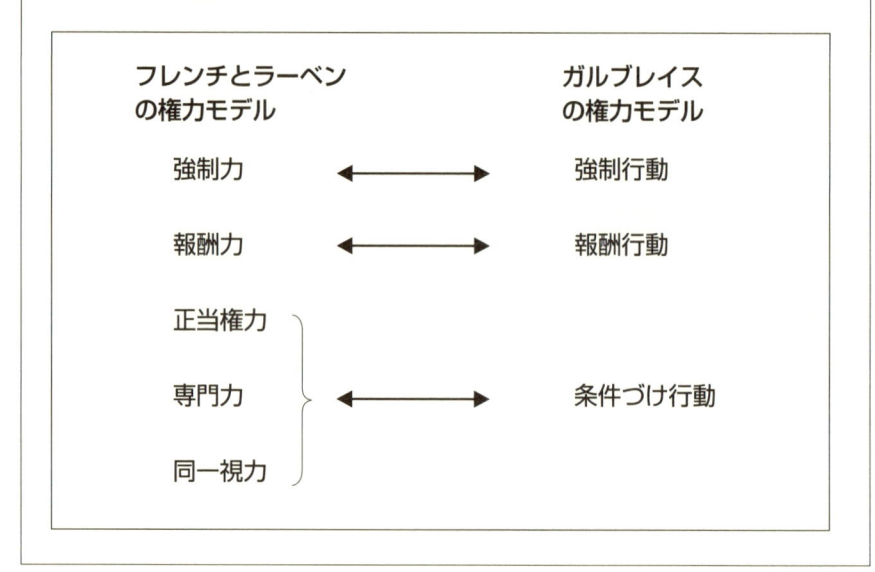

フレンチとラーベンの権力モデル		ガルブレイスの権力モデル
強制力	⟷	強制行動
報酬力	⟷	報酬行動
正当権力 ⎫ 専門力　 ⎬	⟷	条件づけ行動
同一視力 ⎭		

3●リーダーシップ行動のジレンマ

　前述したように、本節冒頭の「誤解」事例のいずれもが、論理領域に焦点を当てすぎていた。これに対してエンパワーメント・リーダーシップは、感情領域の行動に焦点を当てている。すなわち、**図表1-18**に示すように、エンパワーメント・リーダーシップは、目標達成や戦略実行という論理重視の行動に偏重しがちなリーダーシップ行動に対して、感情重視行動の重要性を提起したアンチテーゼ、あるいはバランサーであるともいえる。

　しかし一方で、エンパワーメント・リーダーシップを強調すると、以下の2つのような質問がよく出てくる。

〈質問1〉
　エンパワーメントのみでビジネス上の競争に勝てるのか。人材育成は長期的な効果はもたらすとしても、短期的には効果は少ないと考えられる。それを最優先して企業間の生存競争に勝てるのか。また、仮にある企業のマネジャー全員が、部下の自立的

図表1-18　エンパワーメント・リーダーシップとリーダーシップ4行動領域

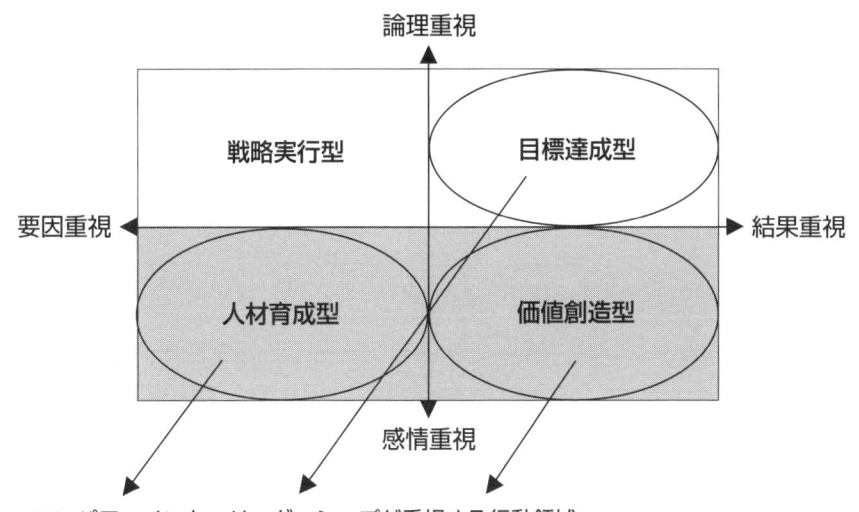

（論理重視／要因重視／結果重視／感情重視の2軸による4象限：戦略実行型、目標達成型、人材育成型、価値創造型）

エンパワーメント・リーダーシップが重視する行動領域

育成を最優先に考える人ばかりになってしまったら、どうなるのだろうか。
〈質問2〉
　ビジネスにおいては、場合によっては、人材育成を犠牲にしても切り抜けなければならない局面もあるのではないか。もちろん、理論的には均衡両立が望ましいのだろうが、そんなことが可能だろうか。

◎──論理領域と感情領域の均衡を実現する

　ビジネスにおける競争の目的は、組織人材の自立性を生かし成長させること「のみ」ではない。他社との競争や、顧客市場での革新競争に勝てなければ存在できないという、厳然たる事実もある。また、組織人材の自立や成長も、結局この競争に勝つための手段でもある。仮に、全員が目前の競争や業績よりも、将来の人材育成を考えるような極端な組織があったとしても、長期的には繁栄を約束されるかもしれないが、その前に短期的な競争に敗れて消滅してしまうかもしれない。

　つまり、以上の2つの質問が示唆するように、論理領域に偏りすぎると人々の自立意識や創造性を損なう危険性が高くなるが、一方で感情領域ばかりを強調すれば、論理領域に対する意識が希薄化し、組織としてのスピード低下や規律の崩壊を招くおそれがある。ここから、リーダーシップ行動とは、感情領域の行動と論理領域の行動を均衡させる行動であるともいえる。

　ここで、論理重視の2つの領域の行動を、外部向けの生存競争力の優位性を実現する「競争行動」と総括し、また、感情重視の2つの領域の行動を、内部向けの組織影響力の優位性を実現する「影響行動」と総括すると、リーダーシップ行動とは、競争行動と影響行動の「均衡」を実現する行動といえる。

　それでは、具体的にどうすれば、競争行動と影響行動という相反する行動を両立、あるいは均衡させられるのだろうか。実は、これら2つの行動は、両立させようとすること自体が決して自然ではなく、いわばジレンマ（相反矛盾）の存在である**（図表1-19）**。すなわち、リーダーシップ行動とは、競争行動と影響行動のジレンマを克服する行動ともいえる。このジレンマを克服するためのリーダーシップ行動モデルが、「エモーショナル・リーダーシップ」である。

図表1-19　リーダーシップ行動のジレンマ

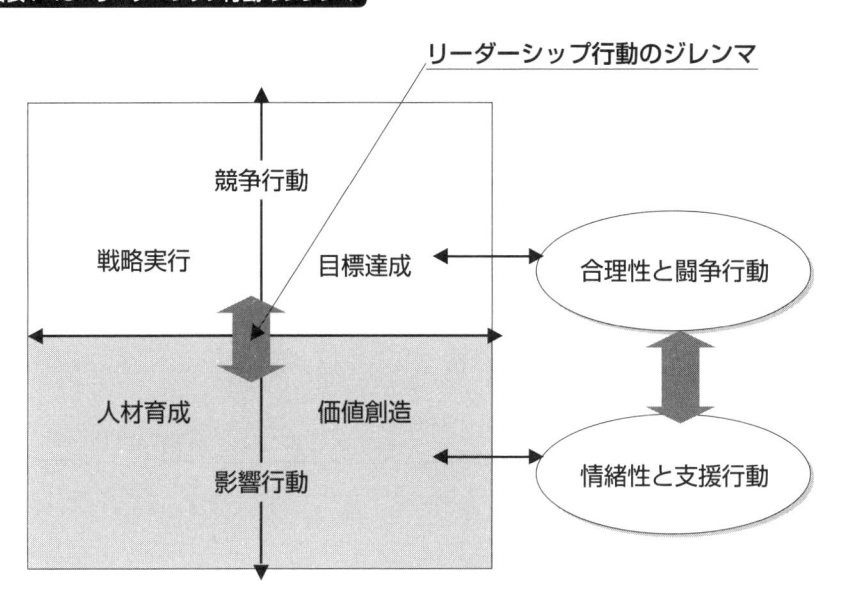

```
                リーダーシップ行動のジレンマ
         ↑
         │競争行動
   戦略実行 │ 目標達成  ←→  合理性と闘争行動
  ←──────┼──────→              ↕
   人材育成 │ 価値創造  ←→  情緒性と支援行動
         │影響行動
         ↓
```

4● エモーショナル・リーダーシップ

(1) エモーショナル・リーダーシップ行動モデル

　エモーショナル・リーダーシップ [4] 行動モデルは、1990年代中盤からダニエル・ゴールマンにより提唱され始めた（57ページコラム参照）。本書冒頭から考察してきた「リーダーシップ行動モデル」が、外部から観察できるリーダーの外面的な行動特性に基づいているのに対して、「エモーショナル・リーダーシップ行動モデル」は「リーダー自身の感情の認識とコントロール」という、内面的な行動特性に注目している。その意味

---

[4] ゴールマンの著書の翻訳書名は『EQリーダーシップ』（日本経済新聞社、2002年）であるが、本書では日本語による一般的な翻訳表現を採用し、「エモーショナル・リーダーシップ」と呼ぶ。ちなみに、ゴールマンの著書原題は、*Primal Leadership, Realizing the Power of Emotional Intelligence* である。

図表1-20 エモーショナル・リーダーシップ行動モデル

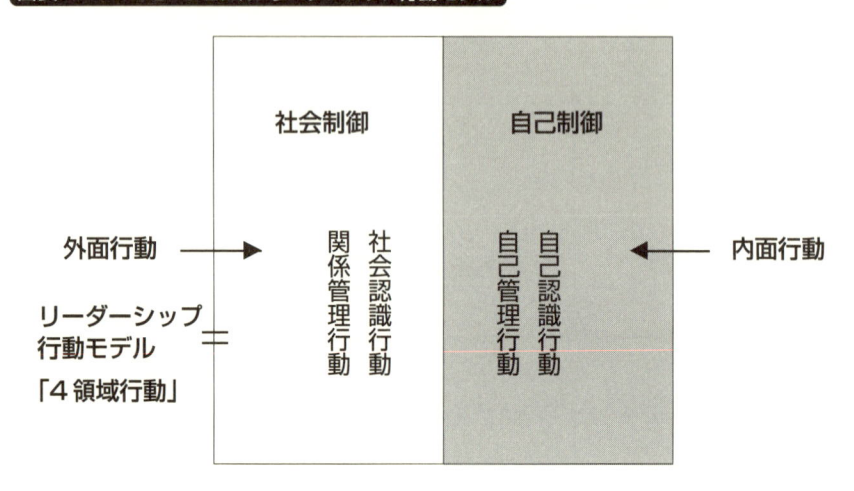

	社会制御	自己制御	
外面行動 →	社会認識行動 / 関係管理行動	自己認識行動 / 自己管理行動	← 内面行動

リーダーシップ行動モデル「4領域行動」= 社会認識行動 / 関係管理行動

で、両者は補完的な要素を持っている。

図表1-20に示すように、エモーショナル・リーダーシップ行動モデルは、外面行動に着目した「社会制御」行動と、内面行動に着目した「自己制御」行動の2点からリーダーシップを定義している。社会制御行動は、自己と外部社会との関係を観察する「社会認識行動」と、それをコントロールする「関係管理行動」から構成される。これらは、リーダーシップ行動モデルの「目標達成、戦略実行、人材育成、価値創造」の4領域行動と、基本的に同一の行動である。

これに対して自己制御行動は、自己の感情、思考、意欲などを観察する「自己認識行動」と、それをコントロールする「自己管理行動」から構成される。この自己制御行動は、リーダーシップ行動モデルでは説明できていない。

前項で提起した「競争行動と影響行動のジレンマを解決する」ためには、リーダーが直面している環境と、リーダー自身の感情や行動とのギャップを把握し、部下や市場・競争の環境が求めている感情と行動を自ら選択することが不可欠である。自己の感情を認識しコントロールすることにより、競争と影響の2つの行動を意識的にコントロールすることが可能になる。

第1章 リーダーシップ行動モデル

> **コラム ◎ エモーショナル・リーダーシップの本質**
>
> エモーショナル・リーダーシップ行動モデルでは、リーダー自身が感情や思考を認識し、コントロールする行動が必要とされている。こういった行動が必要な理由は、エモーショナル・リーダーシップの本質に起因している。
> ゴールマンはエモーショナル・リーダーシップ行動の本質を、人々に対して「前向きなプラス感情」を発信することであるとしている。そのために、リーダーはいつでも必要に応じてポジティブな感情を発信できるように、自己の「感情」を認識しコントロールすることが必要となるのである。ゴールマンの著書に記された、感情についての記述を見てみよう。
>
> *感情の問題は、リーダーシップにおける最も本来的かつ重要なテーマだ。*
> *リーダーは、太古の昔から感情のレベルで人々を導く役割を担ってきた。部族の長であれ、巫女であれ、人類初期のリーダーは感情面で強力なリーダーシップを発揮したにちがいない。どの時代にも、どの社会でも、リーダーとは不安や脅威に直面し課題を抱えた大衆が答えを求めて仰ぎ見る存在だった。リーダーは、感情の指針なのだ。*
> *現代の組織においても、目に見えにくいだけで、感情の指針としての役割がリーダーシップの主たる要素であることに変わりはない。集団の感情を前向きに方向づけ、有毒な感情から発生するスモッグを取り除くことは、取締役会から仕事の現場に至るまで、あらゆるレベルにおいてリーダーの重要な役割だ。*
> （ダニエル・ゴールマン著『EQ リーダーシップ』日本経済新聞社、2002年）

（2）リーダーシップ行動モデルの総括定義

エモーショナル・リーダーシップ行動モデルの「制御行動」を、「競争行動」と「影響行動」に追加することにより、リーダーシップ行動モデルを外面と内面で定義することができる。すなわち、リーダーシップ行動モデルの4領域の外面行動に、さらに内面行動の一領域を加えるのである。

そうすると、リーダーシップ行動は以下のように定義できる。
リーダーシップ行動とは、
◎ 自己の感情をコントロールしながら
◎ 自己の理念や価値観に基づいて
◎ 魅力ある目標と実現体制を構築し
◎ 人々の意欲を高め成長させながら
◎ 課題や障害を解決する
行動である。
　さらに言い換えると「自己の感情を制御して競争と影響の2つの外面行動を適切に選択する」ことにより、「自己の理念や価値観に基づいて魅力ある目標と実現体制を構築し、人々の意欲を高め成長させながら、課題や障害を解決して」人と組織を目標実現に導く行動である。

（3）エモーショナル・リーダーシップ行動モデルからの補完

　なお、以上はエモーショナル・リーダーシップの内面行動特性部分からの補完であるが、外面行動特性に関しても、エモーショナル・リーダーシップから学ぶべき点がある。それは「認識」行動である。
　エモーショナル・リーダーシップは、従来の行動モデルでは分類されることがなかった「認識（自己認識、社会認識）」と「反応（自己管理、関係管理）」の2つを区別している。「認識」は受信行動と、「反応」は発信行動と考えることができる。このうち受信行動を意識することによって、発信行動の源をより合理的に推測、理解することができる（**図表1－21**）。
　次節では、リーダーシップ行動モデルの4領域行動を実現する行動技術を、受信行動技術（Insight）[5]、発信行動技術（Action）の2つの行動技術に分解して考察する。

図表1-21 エモーショナル・リーダーシップ行動モデルからの補完

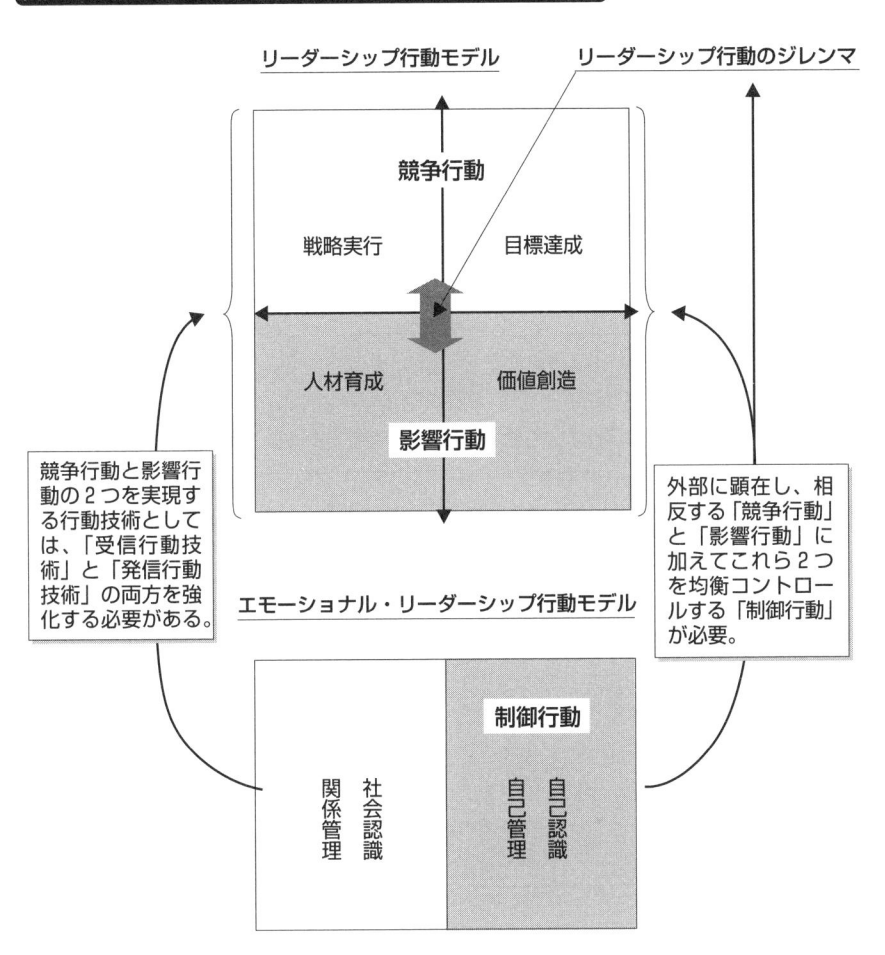

リーダーシップ行動モデル

- 競争行動
  - 戦略実行
  - 目標達成
- 影響行動
  - 人材育成
  - 価値創造

リーダーシップ行動のジレンマ

競争行動と影響行動の2つを実現する行動技術としては、「受信行動技術」と「発信行動技術」の両方を強化する必要がある。

外部に顕在し、相反する「競争行動」と「影響行動」に加えてこれら2つを均衡コントロールする「制御行動」が必要。

エモーショナル・リーダーシップ行動モデル

- 制御行動
  - 自己認識
  - 自己管理
- 社会認識
- 関係管理

5　最近のリーダーシップ・モデルでは、InsightをAcumenと表現しているものもある。

第1章第2節　リーダーシップ行動モデルの考察　まとめ

1．リーダーシップ行動に関する「誤解」

　リーダーシップに関する誤解の多くは、「論理重視の行動のみで、人と組織に影響力を与えられる」という考え方に起因しているか、「戦略実行型の管理行動のみで、人々の自立性や意欲を高めようとしている」ことに起因している。

2．エンパワーメント・リーダーシップ

　これらの誤解から生じる問題や混乱を解決するリーダーシップ行動モデルとしては、エンパワーメント・リーダーシップがある。エンパワーメント・リーダーシップは、自立する人材を育てるために、感情領域に属する「人材育成」や「価値創造」の行動を重視する。エンパワーメント・リーダーシップの3要件は、目標の共有、自由度、支援体制である。

3．リーダーシップ行動のジレンマ

　目標達成、戦略実行の2領域による競争行動と、価値創造と人材育成の2領域による影響行動とは、完全に相反する行動である。しかし、企業が短期的な効率と長期的な成長の両方を実現して生存し続けるためには、これらの2つの行動がともに不可欠である。企業マネジメントには、この2行動のジレンマを均衡させることが求められる。

4．エモーショナル・リーダーシップ

　競争行動と影響行動を、外部環境に応じて的確に選択して実行するためには、外部認識とともに内部認識、すなわち自己感情の認識が必要となる。自己の感情を認識しコントロールすることにより、競争行動と影響行動を外部の要求に適合させて選択することができる。外部が求める行動を実行するために、自己感情の認識とコントロールを重視することを提言しているのがエモーショナル・リーダーシップである。
　エモーショナル・リーダーシップでは、外部に対するポジティブな情報の発信をリーダーシップの本質とする。

第3節　リーダーシップ行動モデルの実践

1●リーダーシップ行動技術

　リーダーシップ能力を発揮するには、リーダーシップ行動モデルが示す4領域に、制御行動を加えた合計5領域の行動パターンが、具体的にどのようなものであるかを理解し、実践する必要がある。リーダーシップを実践するために具体化された行動事例を、目的ごとに区分し、まとめたものが行動技術（コンピテンシー）[6]である。リーダーシップとは、こうした行動技術や行動事例を状況に応じて再現する力にほかならない。

　図表1-22、図表1-23、図表1-24で、競争行動（目標達成行動と戦略実行行動）、影響行動（価値創造行動と人材育成行動）、制御行動（自己制御行動）を実現する、おもなリーダーシップ行動技術と行動事例を「リーダーシップ行動技術モデル」としてまとめた。

2●リーダーシップ行動技術モデルの活用

　リーダーシップ行動技術モデルを効果的に活用する方法としては、ロールモデル活用法、組織コンティンジェンシー強化法、360度多面評価法がある。

---

[6] 特定の目的業績、たとえば財務業績や人材育成、顧客満足などを実現する能力を、一般的な表現である「能力」と区別して「コンピテンシー」と呼ぶが、このコンピテンシーの定義に関してはいまだに多様な議論が存在する。本書ではコンピテンシーを「特定の行動特性を実現するための行動事例グループ」と考えるが、目標達成、戦略実行、価値創造、人材育成、自己制御を実現する行動事例グループについては、コンピテンシーという表現を使用せずに、（行動特性を実現する）行動技術と表現する。

図表1-22　競争行動リーダーシップ

目標達成の行動技術
目標達成は、目標を設定し実現に必要な体制を構築する行動。
＜　受信行動　＞
現実志向＝事実情報を率直に受け入れる。
・現実を率直に示す情報を大切にする。
・競争状況に関するデータを積極的に把握し先読みする。
合理志向＝合理的に認識し判断する。
・どのような状況でも機会と脅威の両方を見極める。
・細部にとらわれることなく大局的に判断する。
学習志向＝目標実現に外部情報を積極的に活用する。
・ミスや失敗から積極的に学ぶことを実践する。
・変化情報からすばやく機会を見つける。
＜　発信行動　＞
目標提示＝変化に対して的確な行動目標を提示する。
・単純明快な目的、目標、戦略を示す。
・周囲の期待を上回る目標を設定し実現する。
指示統率＝部下組織に対して的確に指示する。
・緊急事態や困難な事態でも明確に指示する。
・どのような状況でも困難を克服する熱意を示す。
体制構築＝目標達成のためのしくみや組織を構築する。
・自組織の強みや機会を的確に理解し活用する。
・変化に対応するチームをタイムリーに招集し活用する。

戦略実行の行動技術
戦略実行は、目標達成のための戦略立案、課題解決、対立交渉、意思決定などの行動。
＜　受信行動　＞
変化感知＝変化を敏感に感知しその影響を把握する。
・変化を敏感に察知する。
・変化を積極的に観察する。
課題設定＝合理的な視点で課題を設定する。
・直面する課題を速やかに抽出し表現する。
・短期的のみならず長期的視点に基づいた課題も的確に把握する。
戦略設計＝他者行動の影響を的確に把握する。
・相手や市場の意図や願望の本質を把握する。
・現実的ですばやいリスク分析をする。
＜　発信行動　＞
提案交渉＝説得力ある提案と交渉をする。
・双方が納得できる創造的で戦略的な交渉をする。
・社内外に対して強い説得力を発揮する。
意思決定＝的確でタイムリーな意思決定をする。
・曖昧で不確かな状況でも意思決定する。
・大きなプレッシャーのもとでも的確に意思決定する。
戦略行動＝相手の意図を的確にとらえ柔軟に対応する。
・相手の意図に応じた選択肢を柔軟に準備する。
・状況や習慣にとらわれず合理的に行動する。

競争行動リーダーシップ能力分解例

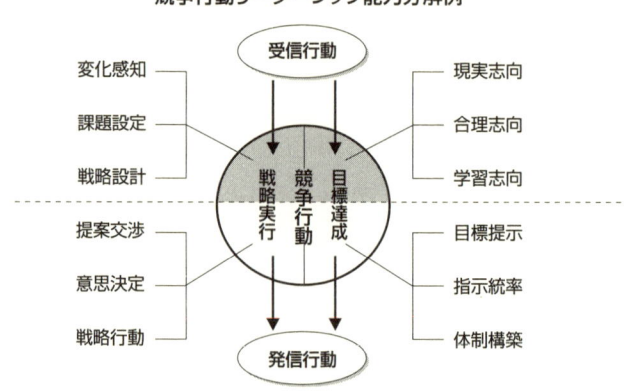

変化感知
課題設定
戦略設計
提案交渉
意思決定
戦略行動

受信行動
発信行動

戦略実行
競争行動
目標達成

現実志向
合理志向
学習志向
目標提示
指示統率
体制構築

参考資料：GEMS360©グローバル・マネジメント・ネットワークス

図表1-23　影響行動リーダーシップ

価値創造の行動技術
価値創造行動は、価値や理念あるいはそれらに基づく目標を創造する行動。
＜　受信行動　＞
顧客認識＝顧客ニーズに注目し先読みする。
・将来の顧客ニーズを議論する時間を確保する。
・顧客からの情報や現場情報に高い関心をもつ。
株主認識＝株主ニーズを尊重する。
・株主重視の理念に基づいて行動する。
・株主の権利を尊重する。
社会認識＝社会環境の変化と市場に及ぼす影響を把握する。
・独自の明快な社会観や歴史観をもつ。
・人間行動、組織行動を大局的に観察し理解する。
＜　発信行動　＞
理念設計＝自社や自己の行動基盤となる理念や価値観を設計する。
・長期的な行動のみならず日常行動も習慣的に意義づけできる。
・人々を共鳴させる理念や価値観を提示できる。
規範設計＝理念や価値観を実現する具体的な行動規範を設計する。
・理念や意義を実現する行動規範を的確に提示する。
・行動規範の意義や価値を説明する。
革新設計＝新たな価値観や理念に基づいた現状の変革を設計する。
・現状や過去のしがらみにこだわらない革新的な行動を率先し提言する。
・現状の価値観や理念についても必要に応じて根本的に見直す。

人材育成の行動技術
人材育成は、人材・組織の意欲と能力を活用し成長させる行動。
＜　受信行動　＞
能力把握＝日々のコミュニケーションや観察から部下組織の能力を把握する。
・部下個々人の成功と失敗のパターンを把握する。
・部下の能力を把握し長所を意識的に活用する。
意欲把握＝日々のコミュニケーションや観察から部下組織の意欲を把握する。
・部下の意欲レベルを観察し把握する。
・挑戦的な課題を与えて部下の意欲を試す。
欲求把握＝日々のコミュニケーションや観察から部下組織の欲求を把握する。
・部下の欲求や願望を観察し把握する
・個々人の多様性や違いを尊重する。
＜　発信行動　＞
情報共有＝目的、目標、戦略を共有する効果的なコミュニケーション行動。
・部下が話しやすいように配慮・工夫する。
・相手のニーズに的確に応えるコミュニケーションをする。
行動支援＝目的、目標、戦略を実現するための論理的な支援情報を提供する。
・挑戦する雰囲気をつくり部下を励ます。
・部下が強み、経験、異能を効果的に発揮できるように支援する。
動機支援＝目的、目標、戦略を実現するための感情的な支援情報を提供する。
・部下の意欲を活用する機会を工夫する。
・適切な質問を投げかけて部下が自立的に行動するように仕向ける。

影響行動リーダーシップ能力分解例

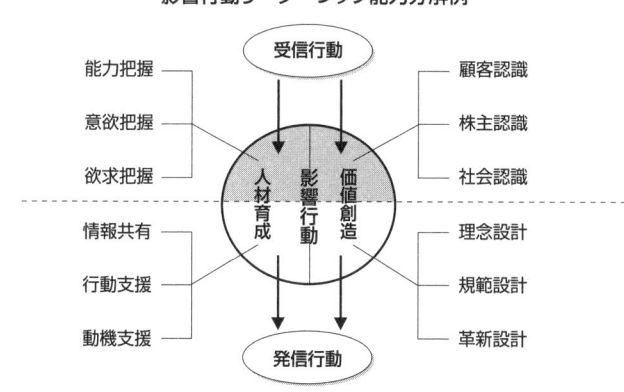

参考資料：GEMS360©グローバル・マネジメント・ネットワークス

図表1-24 制御行動リーダーシップ

自己制御の行動技術
自己制御は自己の感情を観察し感情や行動をコントロールする行動。
< 受信行動 >
　感情認識＝自己の感情を客観的に観察する。
　・自己の感情変化を客観的に把握する。
　・ミスや失敗から徹底的に学ぶ。
　行動認識＝自己の思考やコミュニケーション行動を客観的に観察する。
　・自己の強みと弱みを把握し、積極的に自己育成に取り組む。
　・自分に関する他からのフィードバックを積極的に受け入れる。
　意欲認識＝自己の意欲を客観的に観察する。
　・いかなる変化の中にも、機会を見極めようとする。
　・どのような状況、人からも学習しようとする。
< 発信行動 >
　感情管理＝自己の感情を環境条件に適合するようにコントロールする。
　・批判を受け入れて前向きに対応する。
　・本音で話す。
　行動管理＝自己の行動を環境条件に適合するようにコントロールする。
　・自分自身の信念と行動を一致させる。
　・公正公平かつ一貫性のある態度を示す。
　意欲管理＝自己の意欲を維持・向上させるようにコントロールする。
　・失望するような状況に直面しても建設的で前向きな姿勢を維持する。
　・高いストレスやプレッシャーの下でも建設的に責任を遂行する。

制御行動リーダーシップ能力分解例

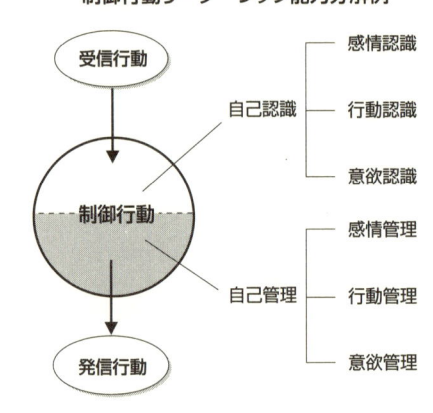

受信行動 → 制御行動 → 発信行動

自己認識
　― 感情認識
　― 行動認識
　― 意欲認識

自己管理
　― 感情管理
　― 行動管理
　― 意欲管理

参考資料：GEMS360©グローバル・マネジメント・ネットワークス

(1) ロールモデル活用法

　ロールモデル活用法は、自分で選んだリーダー人材から具体的な行動技術と行動事例を学習し、自身に適用する手法である。この手法は決して特別な考え方ではなく、多くの人々が無意識のうちに適用している行動である。

　アフリカ系アメリカ人で初めてアメリカ国務長官となったコリン・パウエルの自伝、『マイ　アメリカン　ジャーニー』にも、リーダーシップ形成の初期段階で、ロールモデルを活用していることが記述されている。

　ただし、このロールモデル手法を実践する際に、ロールモデルを漠然と観察するのでなく、リーダーシップ行動技術モデルに基づいて観察し考察すると、学び取るポイントもより明確になる。以下に、ロールモデル活用法のステップを示す。

〈ステップ１．ロールモデルを選定する〉
　自分の観察できる範囲で印象的な人、自分よりも高いレベルのリーダーシップを発揮している人、学び取りたい行動ができている人を選定する。

〈ステップ２．ロールモデルの行動特性を表現する〉
　リーダーシップ行動モデルと行動技術モデルに基づいて、そのロールモデルの特徴を表現する。コリン・パウエルの自伝では、彼独特の観察力で特性を表現しているが、リーダーシップ行動モデルに照らし合わせてみると、どの行動領域のどの行動技術を学ぼうとしているのかが明確になる。たとえば、彼が選択したロールモデルから発見した行動は、おもに戦略実行と自己制御の領域に集中している。行動技術モデルで分類すると、指示統率、意思決定、感情認識、感情管理、行動認識、行動管理に該当する。

〈ステップ３．ロールモデルから観察した行動技術を実践し強化する〉
　ロールモデル人材の行動をまねて実践することで、徐々にその行動の根拠なども理解し、行動パターンを身につけていく。

　パーシング・ライフルに入会してすぐ、私に強烈な印象を与えたメンバーが一人いた。ロナルド・ブルックスというその若者は、背が高くて痩身のハンサムな黒人で、ハーレムにあるバプティスト教会の牧師の息子だった。普通の学生よりも大人びたところがあり、私より二歳年上でしかないのに、思わず脱帽したくなるような風格があった。そのうえ、私とはちがって、化学を専攻するロニーは頭のよい学生だった。ROTCの訓練

生のリーダーで、パーシング・ライフル・クラブの士官でもあった。彼は、部下をまるで時計の部品を動かすように訓練できた。頭が切れて反応が早いうえ、規律がとれ、組織の一員としての資質は、当時のコリン・パウエルには見られないものだった。私は手本となる師を見つけたのだ。そして、ロニー・ブルックスの鋳型にはまるように、自分をつくり直す決心をした。

(コリン・パウエル著『マイ アメリカン ジャーニー』角川書店、2001年)

(2) ロールモデル活用法演習

自分の周囲にはいない存在を、新聞やテレビなどのメディアを通じて、ロールモデルとして学ぶことも可能である。

以下に引用した「池田勇人施政方針演説」「緒方貞子インタビュー」「マイケル・デル自伝」「仰木彬インタビュー」からは、それぞれ、目標達成型リーダー、価値創造型リーダー、戦略実行型リーダー、人材育成型リーダーの特徴が観察できる。

具体的にどのような各領域行動の特徴が観察できるだろうか。またどのような行動技術が観察できるだろうか。それぞれ考察してみよう。

〈ロールモデル1．目標達成型リーダーシップ――池田勇人〉

1）観察素材――池田勇人（第58、59、60代内閣総理大臣）施政方針演説

わが国経済は、ここ数年来、著しい成長を遂げて参りました。特に、昨年度は十七％という目ざましい拡大を示し、本年度に入ってからも、おおむね順調に推移し、予想以上の拡大が期待されております。このような過去の実績から見ましても、わが国経済は強い成長力を持ち、今や歴史的な発展期にあると認められます。そこで、政府は、今後十年以内に国民所得を二倍以上にすることを目標とし、この長期経済展望のもとに、さしあたり来年度以降三ヵ年間につき、年平均九％の成長を期待しつつ、これを根幹として政府の財政経済政策の総合的な展開を考えているのであります。経済が国際的にも国内的にも均衡を維持しつつこのような高度の成長を遂げることは、もとより国民の自由な創意に基づくたくましい活動力によるものであります。私がかかる経済成長を無理に国民に押しつけようとしているのでは決してないのであります。わが国民は、過去十年間において、変動する国際経済にさおさしつつ、年平均九％以上のインフレなき経済成長を遂げて参りました。私は、政府の施策よろしきを得れば、今後もそれに劣らない成長を生み出すに違いないし、その成長をささえる条件にも恵まれていることを確信する

ものであります。この経済の成長は、旺盛な設備投資による企業の合理化、近代化を通じて、生産の順調な増加をもたらしますので、物価の騰貴、通貨不安定等のインフレ的現象が生起する心配はないのであります。世界においてわが国の物価が一番高い安定度を示し、輸出の増進と国民の実質所得の着実な向上を示していることは、このことを物語るものであります。近ごろ一部の小売物価の値上がりを見ましたが、その原因は必ずしも一律ではありません。政府としては、それぞれの原因に応じて、独禁法の運用、供給、流通、輸送等の円滑をはかるなど適切な措置によって、不当な小売物価の上昇を押えるため格段の努力を傾ける決意であります。

　経済の成長と国際収支の関係は、わが国にとっては特に重要な関心事であります。わが国経済の輸出競争力から見ましても、輸入依存度から見ましても、さしむき九％程度の成長率では、国際収支に赤字をもたらすおそれはないと信じております。

　経済の成長と関連して、業種間または地域間における所得格差の問題につきましては、私は、むしろ、経済の成長こそ、その縮小を可能にするものであると確信しております。中小企業に対する設備の近代化、金融措置の拡充や減税措置は、後に述べる農業基本政策とともに、所得格差の解消を大きく前進させるものであります。工場の地方分散等による地方における産業開発の促進、これに即応する工業立地計画、その他雇用促進策の実施によって地域的所得格差の解消を期待いたしますが、これらはいずれも経済の十分な成長によってのみ可能となるものであります。こうして、経済の成長は国民自身の努力によって実現するものであり、政府の任務は、かかる成長実現への努力を円滑に働かすことのできる環境と条件を整備することにあると信じます。このために、政府は、技術者、技能者の養成、道路、港湾の画期的整備、鉄道そのほかの輸送力の増強、通信施設の整備、土地、住宅、用水の確保に努める決意であります。また、教育や社会保障の拡充、農業や中小企業の近代化、公共投資、減税その他一連の政策は、それぞれ内需の喚起を通して高水準の成長確保の大きい柱となることを期待しておるのであります。

　わが国には優秀な質に恵まれた豊かな労働人口があります。ここに現在のわが国経済成長の原動力があるのであります。国民の所得の増加、生活の向上充実は、働く意思と能力を持ったこの多数の国民のすべてがそれぞれりっぱな職場につき、その能力を存分に発揮するところから生まれるのであります。単に消極的な失業対策にとどまらず、労働の流動性を高め、経済の成長によって、新しい、よりよい職場を作り出し、もって雇用の高度化をはかることが今日の経済政策の眼目でなければならないと信じます。　農林漁業は、本来、わが国の物心両面における安定に大きい貢献をもたらし、政治、経済、文化等、各分野にわたる人材の大きい供給源としての歴史的役割を果して参りました。一面、工業等の第二次産業、商業等の第三次産業の現状から、農林漁業人口の吸収が思

うにまかせなかったため、その経営の近代化がはばまれ、その経済は非常に不満足な状態にとどまらざるを得なかったのであります。かかる経営の立ちおくれは、農林漁業と他産業との所得の格差を拡大し、第二次及び第三次産業部門の発展に対するブレーキともなり、日本経済全体の均衡のとれた成長発展をはばむ要素であったのであります。いつの日か、何人かが、この問題の解決にメスを入れなければならなくなっていたのであります。すでに、前内閣においては、農林漁業の振興途上に横たわる基本問題に関する大規模な検討調査に乗り出したのでありますが、さらに、われわれは、所得倍増計画の推進に関連して、農林漁業の停滞を打開するに足る明るいフロンティアが開かれてきたことに着目するに至ったのであります。近時の農村の変貌がすでに事実をもってその動向を示しておりますことは、御承知のとおりであります。政府は、この動向に即応して、一方においては十分にその力を発揮する機会を持たない農林水産業の就業人口が自発的に喜んで移行する職場を第二次ないし第三次産業の面に作り出すと同時に、農林漁業自体が、経済的規模と近代的施設に恵まれ、その所得をほかの産業に劣らない水準にまで引き上げるよう積極的施策を推進する段階に来たことを率直に認めております。すなわち、わが国の農林漁業をほかの産業と均衡のとれるよう成長発展せしめ、さらに国際的水準に位する近代的産業として育成助長し、その地位の安定と向上をはかることを経済成長政策の一大眼目と心得、画期的施策を行う決意であります。

　　（施政方針演説　1960年10月21日　東京大学東洋文化研究所田中明彦研究室「データベース『世界と日本』」（http://www.ioc.u-tokyo.ac.jp/~worldjpn/）より転載）

2）行動技術を表現する

　上記の池田勇人首相の施政方針演説は、高度経済成長政策の発表演説としても有名であるが、この方針演説からは、次のような目標達成型リーダーの行動技術が観察できる。

　　◎──**目標提示**

　この方針演説は、歴史的にも有名になった「1960年代の10年間で国民所得を倍増する」という目標提示がその骨子となっている。

　ただし、注目しなければいけないのは、この目標が単なる勢いで提示されているのではないということだ。当時の最も大きな懸念事項であったインフレ抑止という課題を拘束条件として、過去の年間成長率、輸出入均衡、通貨の安定などとのバランスのうえで、さまざまなシミュレーションを踏まえて、決定されていることがうかがえる。

　また、「私がかかる経済成長を無理に国民に押しつけようとしているのでは決してないのであります」という表現からも逆に、この国民全体に未来への希望を抱かせる目標

を提示するにあたっての自信やコミットメントが感じられるのではないだろうか。

同様の事例としては、全社に向かって「F1で優勝するエンジンをつくろう。ホンダが世界に誇る4輪車をつくれることを証明しよう」とハッパをかけた本田宗一郎の目標提示が挙げられる。彼の行動も、社員を熱狂させ大きな魅力を感じさせる目標を設定する行動の典型であったといえる。

◎――**体制構築**

目標達成型の特徴は、目標を提示すると同時に、いかにそれが魅力があり実現可能かを明快に説明でき、さらに実現のための体制を構築できることである。池田首相の演説でも、高度成長が社会的な所得格差を解消し、中小企業の景気向上に貢献するなどの魅力が高々と表現されており、この目標を実現するための日本社会の根本的な強みを活用した政策を実施していく意思も表明されている。

実現の可能性としては、「わが国には優秀な質に恵まれた豊かな労働人口があります。ここに現在のわが国経済成長の原動力があるのであります。国民の所得の増加、生活の向上充実は、働く意思と能力を持ったこの多数の国民のすべてがそれぞれりっぱな職場につき、その能力を存分に発揮するところから生まれるのであります」という演説表現が該当する。この表現は、国民に対する期待と尊厳を示しているといえる。

そのうえで、流通、供給の円滑化、港湾などの流通インフラの強化、独禁法の運用、人材教育といった目標達成のために必要な条件を明確にし、その体制構築に言及している。また、池田首相が活用した当時の大蔵官僚たちが、まさにこの体制構築のために中核的な存在であったことも知られている。

〈ロールモデル2．価値創造型リーダーシップ――緒方貞子〉

1）観察素材――緒方貞子（国連難民高等弁務官＝当時）インタビュー
――二十一世紀はどんな世紀になるのでしょうか。
「二十世紀は変化の世紀だった。科学技術の進歩で人々の生活や戦争のやり方が変わった。情報革命によって多くの人が短時間で情報交換できるようになった。ベルリンの壁崩壊も、情報の力によるところが大きかった。二十一世紀はこの変化に対応する世紀になる」
「共産主義体制は福祉など社会の底辺を支える機能を持っていた。代わって資本主義や企業が経済を支配するようになり、底辺を支える仕組みがなくなった。その結果、国家や社会の間で格差が広がることが大きな脅威になりつつある。グローバル化がもたらす

格差にどう対応するか。これが（社会の）安定度をはかる尺度の一つになる」
（中略）
――格差是正に向け、企業に具体的な動きはありますか。
「例えばマイクロソフトは百万人近くに達したコソボ難民の登録作業に、ソフトや人手を提供するなど大きな役割を果たした。社員が百人ぐらい交代で来てくれたが、皆すごくやりがいを感じたそうだ」
「難民は一義的には政府の問題だが、グローバル化で政府だけと交渉すればよい時代は終わった。今後は市民レベルにもアピールしていきたい。個人が企業を作り政府を作るのだから。二十一世紀には個人やコミュニティーの役割が確実に高まる」
――国連の役割は。
「国連の将来は楽観視できない。海底から宇宙まで網羅しようとしたのが過去五十年の国連だった。今後は国連でなければできないことをはっきりさせ、切り捨てるところは切り捨てる。（国連改革のような）組織論ではなくミッション（役割）を問うべきだ。（とくに重要な）ミッションは安全保障だ」
「それもいまのやり方では駄目だ。紛争の地域や形態に応じて国連、北大西洋条約機構（NATO）、アフリカの地域軍など、多様な対応の仕組みを作るべきだ。経済開発は民間企業に任せるべきではないか」
――NATOのユーゴスラビア空爆のように、人道問題は国家主権に優先するという考えは定着しますか。
「主権の名の下にどんな迫害をしてもいいという時代ではない。だが（主権国家に介入する際の）基準は国際政治とかかわっている。ロシアのチェチェン紛争には（米欧から）介入の動きがないが、ロシアの国力への配慮といった政治的判断が働いているからではないか。ダブルどころか、たくさん基準がある。それが国際政治の現実だ」
――欧州から日本を見ての感想は。
「欧州に来た当初、日本は米国に似ていると思った。変化や進歩に対するしがらみが少なく、基本は平等社会という点がだ。しかし伝統のよさを残しつつ変化していく欧州から学べることは多い。米国ほど弱者切り捨てはできず、家族や共同体に対する誠実さを持っている。そういう伝統は大切だ」
「欧州統合が進む一方、アジアでは統合が進んでいない。これは競争上、どうか。日本はアジア諸国との共同体構築に努めるべきだ。そうしないと（世界の流れから）置き去りにされ、孤立してしまう。繁栄した離れ小島だ。島国であるだけに、一段と努力が必要だ」

（日本経済新聞　1999年12月26日）

2）行動技術を表現する

　長年にわたり国連高等弁務官を務めた緒方貞子氏のインタビューからは、次のような価値創造型リーダーの行動技術が観察できる。

◎──理念設計

　緒方氏は21世紀について、「20世紀社会が残したものに対応すべき時代である」との見方を示した。さらに、日本社会が21世紀に実現すべき価値や、追求すべき理念を示している。

　また全世界的に拡大する経済格差にどのように対応すべきかについて、国家間のダブルスタンダードや国連の影響力の限界などの現実を率直に理解しつつも、これらに拘束されない人間社会の未来のあり方、理念を提示している。

　理念設計の例としては、本田宗一郎の事例が挙げられる。本田宗一郎は、エンジンやオートバイ、自動車づくりに対する熱意や、価値を創造し社会に提供する感動を、自らの行動で社員に示すタイプのリーダーでもあった。ホンダの社員は、言葉では必ずしも表現しきれない、ものつくりの「価値」に関する理念を、彼の熱意ある行動によって示されていたと考えられる。彼は目標達成型リーダーであるとともに、価値創造型リーダーとしての特徴も顕著に表している。

◎──社会認識

　緒方氏のインタビューからは、直面する状況にとらわれない、長期的な歴史観や社会観が観察できる。さらに世界の安全保障や国連と日本との関係などへの言及から、「日本は、孤立した生産大国から、国際的な連携に基づいて世界秩序の安定や安全に貢献する国家へ転換すべきである」という、緒方氏の社会観、未来感も観察できる。現代は、「株主価値」という、企業の利害関係者の一部のみに目を奪われた短期的なブームに全体が踊らされそうな時代である。

　また、現代に存在する人間同士が、ひたすら地球資源を奪い合うことが自由の実現であるかのごとく錯覚してしまいそうな時代でもある。そのような時代の視野を超えて、本来の自由な人間観、世界観を提供するのも価値創造型リーダーシップ行動の特徴といえるだろう。

〈ロールモデル３．戦略実行型リーダーシップ──マイケル・デル〉

１）観察素材──マイケル・デル自伝
　NC（ネットワークコンピューター）は、一九九七年秋のコムデックスで大々的に発表された。じきに多くの人々が、「NCはいずれ、現在私たちが知っているようなパソコンの息の根を止めるだろう」と予言するようになった。大手コンピューターメーカーのなかにも、この流行に乗って、独自のNCを開発・発表する企業が現われた。
　だが実際には、それは少しも新しいアイデアではなかった。事実上、一九八〇年代の「ダム・ターミナル（無能端末）」〔訳注：それ自身では情報処理機能を持たない端末〕が新たな装いを得たにすぎなかった。（中略）
　だが、NCを作ってくれという顧客からの要求は高まりつつあった。そこで、私は社内の製品担当チームに、その理由を探れと指示した。NCが解決しようとしている根本的な問題とは何なのか、どうすればNCよりも優れたソリューションが得られるのか。私たちがそれに対処しなければ、私たちが弱い立場に追い込まれるのは確実だった。
　その結果、NCは多くの企業が直面している重要なニーズに対するソリューションとなっていることが分かった。企業は、ネットワークの規格を管理し、社内ユーザーのパソコンが故障した場合のサポートにかかる時間・コストを削減するノウハウを欲しがっていたのだ。ある意味では、パソコンはあまりにも柔軟性が高くなりすぎたのだ。
　　　　　　　　　　　（マイケル・デル著『デルの革命』日本経済新聞社、2000年）

２）行動技術を表現する
　デル創業者のマイケル・デル氏の自伝からは、戦略実行型リーダーシップに見られる行動技術が、顕著に観察できる。

　　◎──変化感知

　デルが90年代初頭の経営危機を克服して、再び急速な成長軌道に乗り始めた頃に、マイケル・デルはNCという概念とシステムの興隆に着目している。NCが当時のデルのビジネスモデルを脅かす存在ではないかとして、警戒を続ける。これは典型的な変化感知行動といってよい。
　しかしながら、そのようなブームに対して、80年代のダム端末とどう違うのか、単に中央制御方式への逆戻りではないのかという、たぶん当時のだれもが少なからず抱いたと思われる常識的な疑問を見逃していない。そこで、何がNCブームをもたらしているユーザー側の本質的なニーズなのかを調べさせている。これも変化感知である。

◎──戦略感知

　その結果、NCブームの背景には、あまりにも個別化しすぎたPCの保守やコントロールについての、大規模法人の情報システム部門の悩みがあることに注目した。求められているのは、PCの独立プロセッサとしての機能は維持したままで、全体の保守やアップデートを、ネットワークを通じて効率的に実行するということであった。必ずしも軽量化や、PCのネットワーク端末化が求められているわけではないという事実をとらえている。

◎──戦略行動

　以上の事実把握に基づいて、大口法人をおもな顧客としていた当時のデルは、「PCネットワーク支援」の実現により対応した。すなわち、「ユーザーが重視する機能や柔軟性、パワーを実現しているが、同時にリモート管理の機能も備え、ネットワーク中枢の管理者がハードウエア・ソフトウエアを集中的に管理・保守できる」システムである。世の中の大部分が、本質を外れたNC概念に振り回されているあいだに、そのブームの本質にあるニーズを見極め、同時にデルの強み（大規模法人に集中する基本戦略や、顧客への独自のサービス戦略）も生かせるPCネットワーク支援という新たなビジネスモデルを確立したのである。

　デルの創業モデルそのものも、戦略行動の賜物といえるだろう。IBM互換型PCの本質、すなわち、巨大な半導体部品とソフトを調達さえできればだれでも参入できる点への着目。また、自己資金が小さかったゆえに採用した「直販」方式を最大限活用して、中間マージン削減分を価格に反映させるという低価格戦略。さらには、流通の合理性を実現するための、大規模法人セグメントを中心としたマーケティング戦略へのこだわり。すべてが、自己の強みと弱みを常識にとらわれずに活用したものである。

〈ロールモデル4．人材育成型リーダーシップ──仰木彬〉

1）観察素材──仰木彬（オリックス・バファローズ監督＝当時）インタビュー

「オリックスでは70人ほどの選手を見ていたのですが、実にさまざまな個性があり、素質がある。日本の野球人口から考えれば、この70人は本当にエリートなんです。だからプライドもやはり高い。監督としては70人全部を使ってあげたいですよ。しかしプロ野球は勝負ですから、情に流されるわけにはいかない。個人個人の野球人生を少しでも望みに近づけ、全うして終わらせるためにどうするか。監督というのはその見切り、見極

めが仕事なんだと思いますね」
——18歳とか22歳で入団してくるわけですが、若い選手は、自分こそはと思っているのでしょうか。
「それぞれに体格から価値観、環境、性格、素質すべて違うし、18歳と22歳という年齢でも違うけれど、だから面白い。どう育ててチームの良さに結びつけていくか楽しみですよ。みな、いい結果めざして努力するという点では年齢も関係ない。が、4番バッターばかりじゃ野球はできないんです。自分の個性に気づかせることが大切でしょう」
——個性を見つけ、伸ばすにはどうすればいいですか。
「本人に経験させ学ばせる。やんちゃはすべてやらせてみる（笑い）。その場を作り出すことに心を砕きます。そうやって自信をつけさせていく。横並びから抜け出す人は、その自信を糧にして、自己管理、自己変革、継続する力をものにしていきますよね。
　イチローだって、すばらしい素材の上に、人にはまねできないほどの努力と修業をしてきていた。だからこそ彼の考えとか、やり方のままでいいと思ったんです。野茂も自分の野球にはとことんこだわった。彼の肉体が生んだフォームなら、周囲が無理にいじることはない。自分の内側から出てくる力だと感じることが大切なんです」
（朝日新聞　2001年11月26日「広告特集　朝日ジョブウイークリーNo.369」より抜粋）

2）行動技術を表現する

　仰木彬監督のインタビューからは、以下のような人材育成型リーダーシップ行動技術が観察できる。

◎——能力把握

　仰木監督の選手の能力把握力を推測するには、同監督が選手の多様性に何度も言及している点が参考になる。組織やチームを構成する個々の人の能力を把握しようとする意識が強くなれば、能力分布の多様性にも注目することになる。さらに、「それぞれに体格から価値観、環境、性格、素質すべて違うし、18歳と22歳という年齢でも違うけれど、だから面白い」と表現されているように、仰木監督はこの多様性に魅力も感じている。
　また、多様性への着目は「自分の個性に気づかせることが大切でしょう」という発想につながる。個性的な強みをどのように気づかせるか、あるいは発掘するかをリーダーの任務と考えている様子がうかがえる。

◎——意欲把握

　しかしながら、仰木監督はこの多様性に溢れた人材プールを漫然と眺めているわけで

はないようだ。彼はそれらの人材が、「自信」を持っているか否かに着目している。「横並びから抜け出す人は、その自信を糧にして、自己管理、自己変革、継続する力をものにしていきますよね」。すなわち、何らかの自信に裏づけされた意欲があれば、自分自身で「継続的に、自己変革、自己管理」できると考えていることがうかがえる。

◎──**動機支援**

そこで、彼はその自信を維持させるべく、自立的な意欲を重視し、口を挟まない。「自分の内側から出てくる力を感じることが大切なんです」という。まさに、エンパワーメントの典型的な実行モデルといえるだろう。

◎──**行動支援**

さらに、そのような状況に到達させるために、自立的な成長の機会を与えることにも言及している。「本人に経験させ学ばせる。やんちゃはすべてやらせてみる。その場をつくり出すことに心を砕きます。そうやって自信をつけさせていく」。ビジネスでいえば、本人の丈を越えた、しかし意欲を反映した挑戦をさせてみるということだろう。

なお、このインタビューには表現されていないが、そのような挑戦をさせることが可能なのは、仰木監督の日常的な選手の行動観察であろう。つまり、常に選手の能力を見極めようとしている日常的な行動が、「その場をつくり出す」ことの前提となっているはずである。

（3）組織コンティンジェンシー（環境適合）強化法

リーダーシップ行動技術モデルを活用し、リーダーシップ能力を身につける方法の2つ目としては、「組織コンティンジェンシー強化法」が挙げられる。これは、現実の環境条件に適合するリーダーシップ行動領域と、該当する行動技術を意識的に強化する手法である。

この手法では、まず現時点での自己のリーダーシップの特徴を認識する。次いで組織環境から求められるリーダーシップ行動を実現するために、不足している行動技術を強化する。

図表1-25　リーダーシップ・スタイルの選択4領域

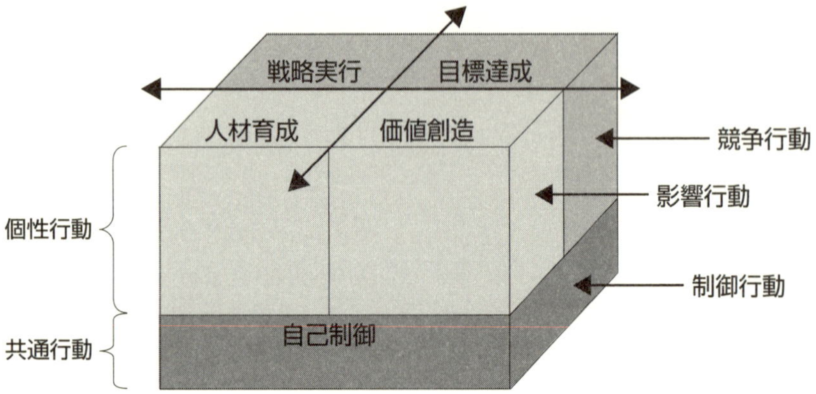
戦略実行
目標達成
人材育成
価値創造
競争行動
影響行動
個性行動
制御行動
自己制御
共通行動

〈ステップ1．自己のリーダーシップの分析〉

目標達成型、戦略実行型、人材育成型、価値創造型の中から、最も行動頻度が高いスタイルを自己のリーダーシップ・スタイルとして決定する（**図表1－25**）。

〈ステップ2．環境適合判定〉

組織コンティンジェンシーの考え方から、自分自身に対してどのようなリーダーシップ・スタイルが求められているかを考えるためには、「どのような組織においても、4領域行動モデルをバランスよく実践できるように、リーダー人材を配備することが重要」という点を考慮する。上司や部下に不足しているリーダーシップ行動領域が明確であれば、その行動領域を実践する。

ロールモデル強化法で引用したコリン・パウエルも、前出の自伝の中で、リーダーシップ・スタイルの補完関係の効果について以下のように記している。

軍事組織として成功しているものも、企業として成功しているものも同じだと思うが、さまざまに異なるスタイルのリーダーシップがあるにちがいない。トップの人間がそうしたリーダーシップのあらゆる資質を発揮できない場合、彼の周囲にいる者がそれを補わなければならない。トップの人間がビジョンをもっていて、しかもビジョンだけしかもっていないとすれば、彼の右腕となってそのアイディアを実施する人間が必要になる。組織がビジョンを描き、がむしゃらにこれを推し進めようとするとき、他の人たちにた

いする容赦ない要求を手加減させる「従軍牧師」が必要になる。
　第二師団では、従軍牧師の役をつとめたのが副師団長のハリー・ブルックス准将だった。ブルックスは、私が直接仕えた上司として初めての黒人の将軍だった。ガンファイターが芝居気たっぷりで、衝動的かつ要求水準が高く、不屈の精神の持主だとすれば、ハリー・ブルックスは安定感をかもしだし、冷静さと常識を備えた人間だった。ブルックスの巧妙な舵取りで、戦士のサッカーを全員が負傷する戦闘からごく一部の人間が負傷するゲームにとどめることができた。ハリー・ブルックスというはずみ車がなかったら、ガンファイターのあふれるエネルギーは師団をつぶしてしまったかもしれない。私はこの二人を愛し、崇拝もし、彼らから多くのことを学びとった。

（前出『マイ アメリカン ジャーニー』）

〈ステップ３．行動技術の実践〉
　環境適合判定で、必要とされるリーダーシップ行動領域がわかったら、該当する行動技術と行動事例を意識的して実践する。

（４）360度多面評価法

　リーダーシップ行動技術を活用したリーダーシップ能力の強化方法の活用方法として３つ目に挙げられるのは、「360度多面評価法」である。
　組織コンティンジェンシー強化法やロールモデル活用法は、いずれも自身による観察に基づく手法であり、過大評価や弱点の見逃しなどが起こりがちで、客観性の点でやや問題が残る。そこで、360度多面評価法で客観性を補完するのである。上司、同僚、部下ら、周囲360度方向からの評価に基づいて、リーダーシップ能力やマネジメント能力を測定する。この手法は、他者が自分をどう見ているかについて率直なデータが入手できる点に特徴がある。

１）組織コンティンジェンシー強化法との併用
　組織コンティンジェンシー強化法に基づいて自身の現在のリーダーシップ・スタイルを判定する際に、360度評価データが活用できる。全体的な評価結果のうちから、特に部下からの情報に着目する。

〈ステップ１．ＳＷＯＴに分類する〉
　360度評価のデータを基に自己の弱みや強みを把握する。

図表1-26　360度評価調査レポートサンプル（1）行動能力分析

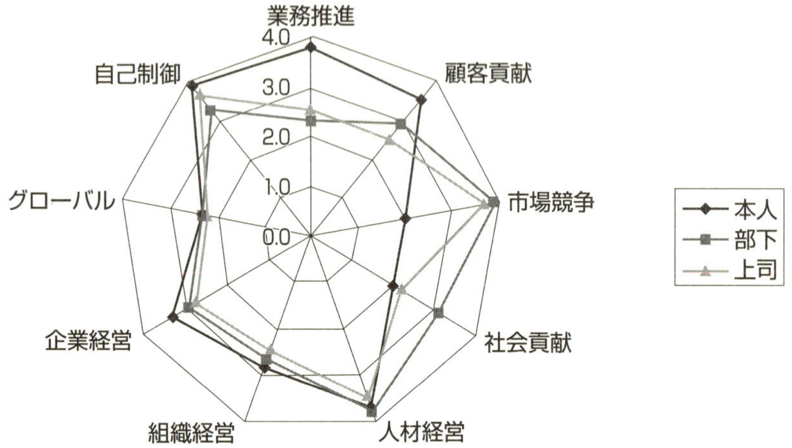

参考資料:GEMS360©GMN

自己の強み、弱みを分析する場合には、SWOT分析を活用できる。SWOTとは、Strength＝強み、Weakness=弱み、Opportunities=機会、Threats=脅威の頭文字をとった略語である（SWOT分析は、経営戦略策定などの際に、社内外の環境を分析するためによく用いられる手法だが、ここではリーダーシップ能力強化に応用している）。強み、弱みは、自分と他者の行動頻度に対する認識が共通している行動技術である。自他共に頻度が高いと認識している行動技術が「強み」であり、頻度が低いと認識している行動技術が「弱み」である。また、「機会」とは自分では頻度が低いと考えているが、周囲は頻度が高いと認識している行動技術で、「脅威」は自分では頻度が高いと考えているが、周囲からは頻度が低いと認識されている行動技術である。

たとえば、**図表１－26**の行動分野別分析の事例では、「自己制御」や「人材経営」は強みと認識できるが、「グローバル（マネジメント）」は明らかに弱みである。また、本人は行動頻度が低いと意識しているにもかかわらず、周囲が高く評価している「市場競争」や「社会貢献」は「機会」に分類され、逆に本人の頻度認識が高いにもかかわらず周囲の頻度認識が低い「業務推進」は「脅威」に分類される。

また、この中で「人材経営」項目について詳細を見てみると、**図表１－27**に示される

図表1-27　360度評価調査レポートサンプル（2）具体行動分析

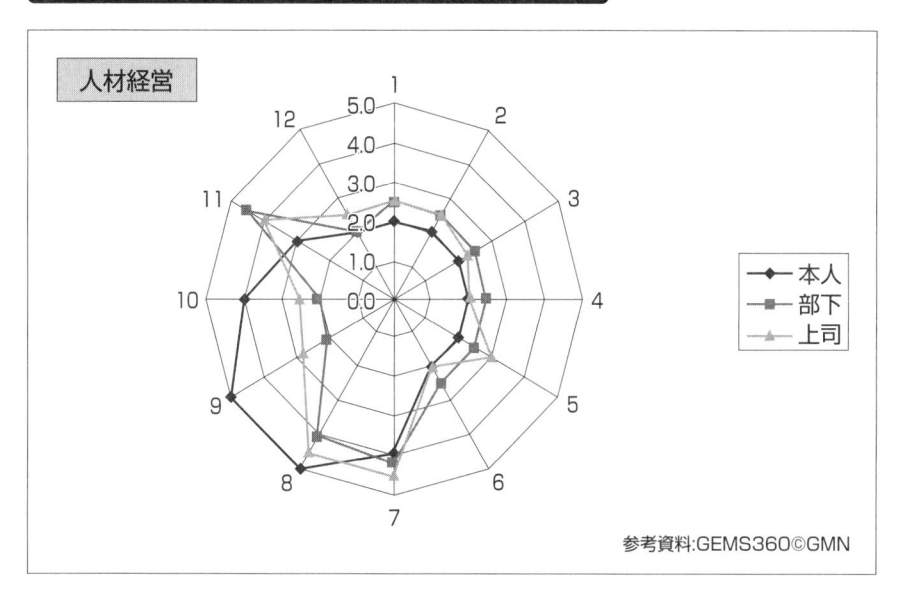

人材経営

凡例：本人／部下／上司

参考資料:GEMS360©GMN

1　部下の能力を注意深く観察している。
2　部下の職務にどのような能力が必要か理解している。
3　部下の意欲レベルを注意深く観察している。
4　部下の欲求や願望を把握し、意欲を高めるために活用している。
5　個々人の多様性や違いを尊重している。
6　部下の欲求や、願望を注意深く観察している。
7　目標と戦略に従って仕事の優先順位を明確に示している。
8　顧客志向で明快な目標と戦略を設定し、部下と共有している。
9　ほかの人々のアイデアに興味をもち、真剣に検討している。
10　ほかの意見を注意深くかつ効果的に傾聴する。
11　適切な質問を投げかけて、部下が自己責任感に基づいて行動するように仕向けている。
12　部下が強み、経験、異能を効果的に発揮できるように支援している。

評価5段階（該当する行動の観察頻度）
　5＝常にそうしている
　4＝ほぼそうしている
　3＝時々そうしている
　2＝ほとんどそうしていない
　1＝不明

ように、「7 目標と戦略に従って仕事の優先順位を明確に示している」「8 顧客志向で明快な目標と戦略を設定し、部下と共有している」などの目標設定には強みを発揮していることがわかる。しかし、「9 ほかの人々のアイデアに興味をもち、真剣に検討している」「10 ほかの意見を注意深くかつ効果的に傾聴する」など、部下の意見を聞き入れる事項に関しては、脅威になっていることがわかる。

〈ステップ2．現在の職務に要求される領域を確定する〉

　市場競争などの外部環境と組織内部事情による内部環境から、最終的に現在の自分自身の職務に最も重要な領域を判定する。そのうえで、前ステップで判定した強み領域がその要求領域と合致していなければ、新たな要求領域を強化する準備に入る。

　たとえば、ラインマネジメントであれば、一般的に目標達成型や人材育成型の組織活用行動が求められる。しかし、コンサルティングファームなど、自立意識の高い社員が多くを占める組織では、必ずしも人材育成型の行動は最優先ではないかもしれない。むしろ価値創造型行動でコンサルタントと協業したり、目標達成型で大きなフレームを示す行動が求められるだろう。逆に組織依存意識の高い社員が多くを占める組織では、ラインマネジメントはまず徹底的に人材育成型に徹する必要があるかもしれない。

　非定常ビジネスモデルや成長型市場で、人材育成や戦略実行を補完してくれるスタッフが存在する場合には、ラインマネジメントには価値創造型の行動が求められるだろう。また、参謀スタッフであれば、戦略実行型や人材育成型の要因重視行動が求められる。

　以上のような要求領域が、先に分析した自己の強み領域とは異なる場合に、その行動領域と行動技術を強化する。例として、図表1－26で示した人の場合を考えてみよう。この人が強みを示しているのは、競争行動に分類できる業務推進や市場競争、影響行動に分類できる人材経営などである。その半面、社会貢献や組織経営などは弱みや脅威となっている。ここから、社員を直接リードするフロントライン・マネジメントとしては強みが職務に適合しているが、フロントライン・マネジメントの上に立つ組織経営マネジメントとしては、要求される強みを準備できていないことがわかる。したがって、当該人材が、フロントライン・マネジメント職から組織経営マネジメント職に昇格した時点では、「組織経営」が最優先の強化領域となる。

〈ステップ3．モニターやメンターを活用する〉

　自分自身が現在強化すべき行動領域と、その行動を実現するための行動技術のSWOTが整理できたら、最優先とする行動技術と行動事例を選定し、意識的にその行動の頻度を高めていく。

その際、身近な人を選んで、当該項目行動の頻度をモニターしてもらうとよい。一定期間、日常的にフィードバックを得ることで、自己の認識と他人の認識に違いがないかも確認できる。さらに、部下や関係者にモニターを依頼する行動そのものが、リーダー本人の自己変革に対するコミットメントを周囲に示すことにもなる。

また、同じように360度評価を受けた対象者同士で相互に相談者、メンターとなって、観察のみならずアドバイスやコーチングを交換することも、相乗効果を期待できる。他者をコーチングすることにより、当該リーダー自身も自己分析や強化目標設定に対する認識を見直すことができる。

> **コラム ◎ 期待理論を応用したイメージトレーニング**
>
> 第1章第1節で紹介した期待理論の考え方に基づいて、強化対象とした行動技術や行動事例の強化計画を立案することもできる。具体的には、期待理論の3要素である、魅力的な成果、明確な目標、必要十分な戦略を、選定された行動技術や行動事例に適用して強化計画を設計するのである。
>
> **① 魅力的な成果**
> まず、魅力的な成果をイメージする。これは、「選択した行動技術あるいは行動事例」の頻度を高めることにより実現できる「リーダーシップ効果(魅力)」を指す。強化に対する努力に見合うと納得できる、魅力的な状況をイメージする。たとえば、毎週月曜日の顧客満足会議を、会議のリーダーである自分からの一方的な吟味の場ではなく、会議メンバー相互の議論や提案で盛り上がるブレーンストーミング形式の会議にするなどのイメージを設定する。
>
> **② 明確な目標**
> 続いて明確な目標を設定する。これは、時間軸上での行動頻度で表現する。たとえば、過去6カ月間の「トップである自分を中心とした情報受発信の形態」を止めるために、これから3カ月間は一切議論に介入しない「3カ月間の介入頻度ゼロ」という目標値を設定する。
>
> **③ 必要十分な戦略**
> 最後に、必要十分な戦略としては、「顧客満足会議をブレーンストーミング形式

にするためのルール」を新たに設定する。たとえば、「ネガティブな情報に対しては、原因追及よりも解決するための情報提案を優先する」「新たな提案については評価を加えるのではなく、さまざまな角度からのアドバイスのみを付加する」などのルールを設定し、会議メンバーに合意させる。また、自分自身に関しても意識目標を設定する。たとえば、「報告者の情報を、報告者の個人的な能力や性格を観察する機会や、現実を直視する機会ととらえて、興味を持って傾聴する」などの目標を設定する。

2）ロールモデル活用法との併用

　強化すべき行動技術や行動事例を、頻度高く実行している人をロールモデルとして選択する。その人が実現している状況や、実現のために具体的に工夫している戦略などを観察し、強化計画に組み込む。また、反面教師となる人を参考にすることも効果的であることが多い。気にかかる他人の欠点（弱み）は、自分自身の弱みでもあることが少なくない。他人を観察し強化策を考えることで、より客観的で効果的な自分自身の強化計画を策定できる。

〈参考〉　360度評価項目とリーダーシップ行動技術

　一般的にすべての360度多面評価項目は、本書で定義したリーダーシップの外面行動モデルに分類される。たとえば、GEの1990年代の360度評価の「8　行動能力（コンピテンシー）」は**図表１-28**のように外面行動の４領域に分布している。

　なお、最近では、内面行動モデル（自己認識、自己コントロール）に分類される行動技術を観察して評価しようとする360度評価指標も増えつつある。

図表1-28 GEの360度評価8コンピテンシーの4外面行動分類

戦略実行型 Change	目標達成型 Vision Passion/Commitment Energy/Speed
Boundaryless/Team Player Development 人材育成型	Global Mindset/Diversity Integrity 価値創造型

GE8コンピテンシー
Vision＝ビジョン設計
Passion/Commitment＝コミットメント
Energy/Speed＝スピード実行
Boundaryless/Team Player＝協力
Development＝人材育成
Change＝変革
Global Mindset/Diversity＝グローバル適応
Integrity＝規範遵守

第1章第3節　リーダーシップ行動モデルの実践　まとめ

1．リーダーシップ行動技術モデル

　リーダーシップ行動を実践するには、4つのリーダーシップ行動領域に該当する行動技術（コンピテンシー）と行動事例を理解し、状況に応じて再現する。リーダーシップとはこれらの行動技術と行動事例の再現力である。

2．リーダーシップ行動技術モデルの体系
　競争行動
　　目標達成の行動技術（受信と発信の行動技術）―行動事例
　　戦略実行の行動技術（受信と発信の行動技術）―行動事例
　影響行動
　　価値創造の行動技術（受信と発信の行動技術）―行動事例
　　人材育成の行動技術（受信と発信の行動技術）―行動事例
　制御行動
　　自己制御の行動技術（受信と発信の行動技術）―行動事例

3．リーダーシップ行動技術モデルの活用法

　ロールモデル活用法、組織コンティンジェンシー強化法、360度多面評価法の3つが挙げられる。ロールモデル活用法と組織コンティンジェンシー強化法がいずれも、リーダー自身の観察と認識に基づく主観分析手法であるのに対して、360度多面評価法はリーダーの周囲360度の関係者の観察と認識情報を反映したデータを活用する客観分析手法である。

第2章

変革リーダーシップの技術

第2章の概要と構成

　第2章では、第1章で取り上げた「リーダーシップ行動モデル」の現代のビジネス環境への応用として、「変革リーダーシップの技術」を考察する。
　リーダーシップは、大きく「管理型」と「変革型」に分けることができる。リーダーシップ行動モデルの4領域も、**図表2-0**に示すように、管理型リーダーシップに該当する領域と、変革型に該当する領域に分けられる。
　20世紀後半の高度成長時代に重視されたのは、管理型リーダーシップであった。しかし、現代においては、グローバルな競争環境に適合するため、変革型リーダーシップが注目されている。そこで本章では、特に変革型リーダーシップを発揮するために必要な技術——変革ビジョン設計、変革共有コミュニケーション、コーチング、動機づけ、変革実行管理——について具体的に考察する。
　なお、5つの技術のうち、「変革実行管理」は技術としては管理型リーダーシップに分類できるが、本章では、「変革を実行するうえでの管理」という側面から考察している（**図表2-1**）。

図表2-0　変革型リーダーシップと管理型リーダーシップ

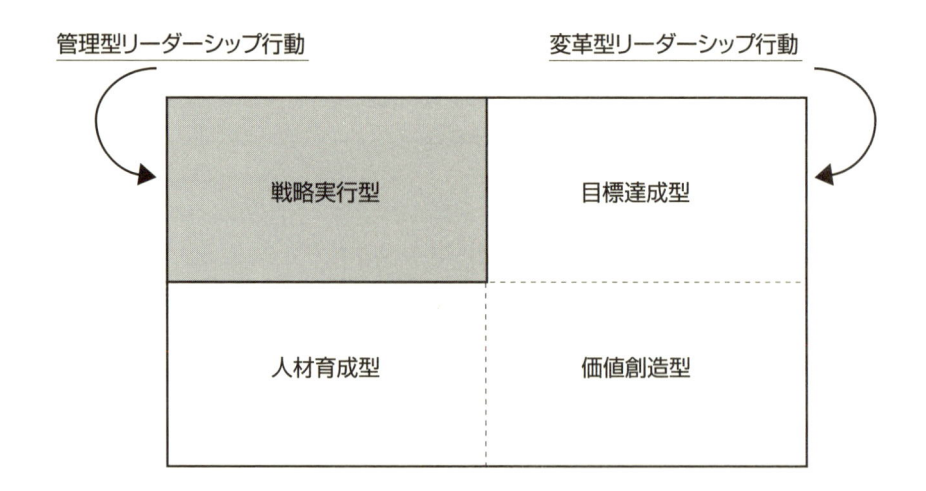

管理型リーダーシップ行動	変革型リーダーシップ行動
戦略実行型	目標達成型
人材育成型	価値創造型

図表2-1　変革型リーダシップの5つの技術

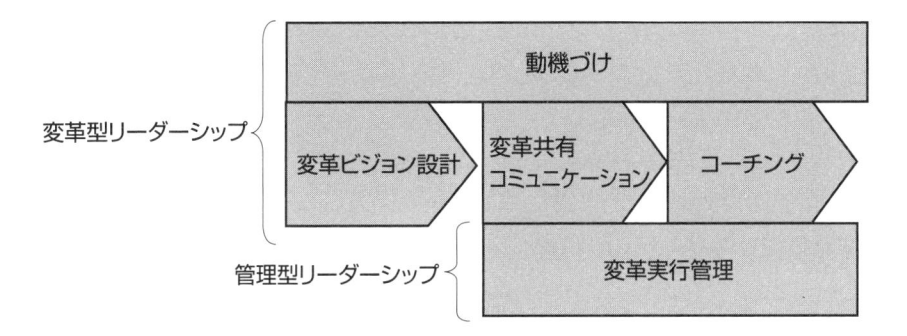

変革型リーダーシップ
- 動機づけ
- 変革ビジョン設計
- 変革共有コミュニケーション
- コーチング

管理型リーダーシップ
- 変革実行管理

第1節 変革と管理のリーダーシップ

1●変革型リーダーシップ行動

　現代企業は、ビジネス市場における世界規模での過当競争と、資本市場における株主価値増大競争の2つの競争に直面している。グローバル競争環境では、過当競争による供給過剰が、企業の利益幅を減少させる方向に働き、一方で強大化する株主要求は、利益幅の増大を求める。これらの2つの相反する力に挟まれつつも、企業には継続的に競争力を維持し、利益を実現することが求められている（**図表2-2**、92ページコラム参照）。

　このようなグローバル競争環境要件に適合するリーダーシップ行動は、要約すれば、競争力の維持のために、「ビジネスモデルと組織能力を継続的に革新する」行動、すなわち変革型リーダーシップ行動である。

図表2-2　グローバル競争環境

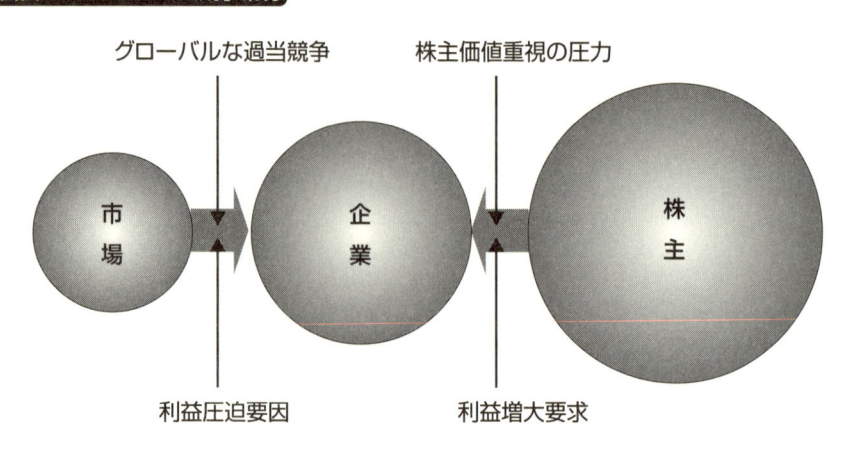

グローバルな過当競争　　　株主価値重視の圧力

市場　→　企業　←　株主

利益圧迫要因　　　利益増大要求

(1) 変革能力と管理能力

　変革を実現するには「自立革新型人材」と「学習する組織」を育成する必要がある。
　自立革新型人材とは、組織への順応は意識しつつも、独自の認識と思考力で市場の変化を直視し、現状の管理体制そのものを否定し再構築しようとする人材である。この対局にあるのが組織順応型人材で、彼らは協業と調和に優れているがゆえに、現状を否定し新たなビジネスモデルを実現することは期待しにくい。
　学習する組織とは、自立革新型人材と組織順応型人材の両方で構成され、市場の変化から生存機会を発見し、追求していく組織である。また学習した情報と経験を共有し、自らの知的成長を目指す集団でもある。
　20世紀初頭の経営学者、フレデリック・テイラー以来重視されてきている「管理能力」では、自立革新型人材と学習する組織は育成できない。管理能力は現状を維持することを使命とする能力であり、現状に対する変化の芽を無意識のうちに嫌い、摘み取ってしまうからだ（詳しくは次項で解説）。とはいえ、組織順応型人材と管理能力は、「ものつくり」に強みを持つ企業にとって、今後とも必要不可欠な能力であり続けることには疑いの余地はない。
　したがって、この管理能力の重要性を十分意識しながらも、これを抑制して変革を推進する、新たな能力が求められている。これが現代に必要とされている変革能力、すなわち変革型リーダーシップの技術である。

図表2-3　コッターによる管理能力と変革能力

リーダーシップ ＝変革能力	マネジメント ＝管理能力
変化に対応する	複雑さに対応する
1.変革ビジョンを設計する	1.計画立案
2.変革ビジョンの共有	2.組織人材配置
3.方向づけ	3.コントロール
4.動機づけ	4.問題解決

図表2-4　管理能力と変革能力の差異

どこが異なるのか	変革能力：現状を否定する
	管理能力：現状を維持する
目的	変革能力：社員の自立と多様性の実現
	管理能力：社員の統制と均一性の実現
目標設定の考え方	変革能力：現在から未来へ
	管理能力：過去から現在まで
成功要件	変革能力：感情を活用して不確実さを実現
	管理能力：感情を抑制して本質課題を追究

（2）コッターの変革型リーダーシップ

　ハーバード・ビジネススクール元教授のジョン・コッターは、管理能力と共存しつつもこれを抑制・補完し、変革を実現する能力を「リーダーシップ」と呼んでいる。すなわち、グローバル競争の時代に求められるマネジメントの技術体系として、従来型の「管理能力」のみならず、彼がリーダーシップと定義する「変革能力」との両立が不可欠であると主張している。

　コッターは論文「リーダーシップ強化法」[7]の中で、この変革能力を管理能力と対比させて**図表2－3**のように行動要素に分解している。その両者の差異を**図表2－4**に示した[8]。

（3）変革型リーダーシップの技術

　ジョン・コッター・モデルに基づくと、変革型リーダーシップの技術は、次の4つに分解することができる。

① 変革ビジョン設計＝魅力ある明快なビジョンを設計する
② 変革共有コミュニケーション＝変革ビジョンを共有するコミュニケーションを実行

図表2-5　変革型リーダーシップの技術

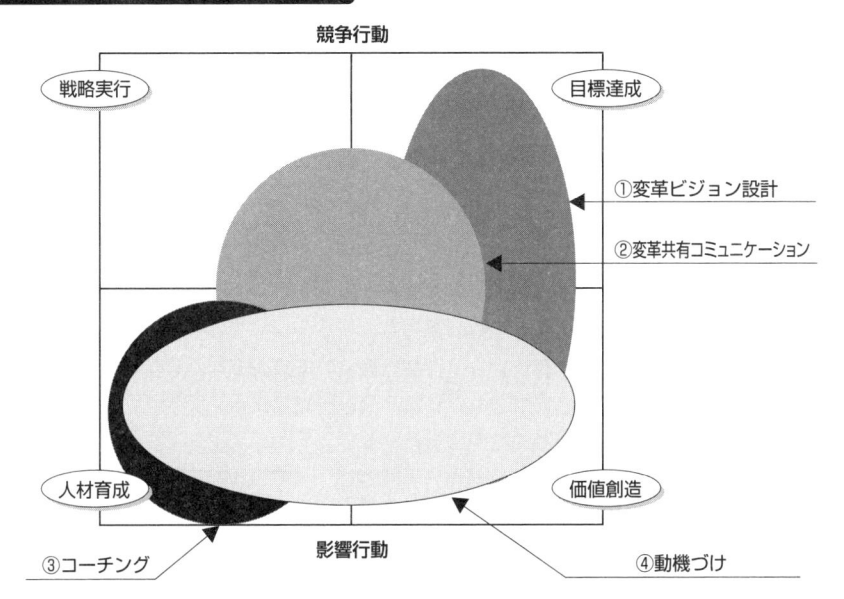

競争行動

戦略実行　　　　　　　　　　　　　目標達成

①変革ビジョン設計
②変革共有コミュニケーション

人材育成　　　　　　　　　　　　　価値創造
③コーチング　　影響行動　　　　　④動機づけ

する
③ コーチング＝変革ビジョン実現のための技術的支援を実行する
④ 動機づけ＝変革ビジョン実現のための心理的支援を実行する

　これらを、リーダーシップ行動モデルの4領域に分類すると、**図表2－5**のようになる。ここで特徴的なのは、コッターのリーダーシップ・モデルは、目標達成行動の一部を含む以外は、感情領域行動に傾斜しており、戦略実行型行動を積極的には含んでいない点である。戦略実行型行動はコッター・モデルでは、現状の問題解決行動であり、管理行動リーダーシップの主要な行動領域となっている。

7　DIAMONDハーバード・ビジネス・レビュー　1990年9月号掲載
8　「リーダーシップ強化法」でコッターが「マネジメント」と呼んでいるのは、必ずしもマネジメント全般を指しているのではなく、いわば狭義のマネジメント能力であり、むしろ「管理能力」と呼んでよい行動能力である。同様に、「リーダーシップ」と呼んでいるのは「変革能力」と呼んでよい行動能力である。すなわち、「グローバル競争時代のマネジメントには従来から重視されている管理能力に加えて、これと同等に変革能力が必要」というのが「リーダーシップ強化法」の示すマネジメント技術体系である。

2●管理型リーダーシップ行動

(1) 変革における管理型リーダーシップの技術

　管理能力は、20世紀初頭にフレデリック・テイラーによって提唱され、20世紀後半の高度成長期までの約1世紀にわたり、最も重要なマネジメント行動の能力とされてきた。しかしながら、現代の熾烈な資本主義ビジネス競争のなかでは、逆にその現状維持力が弱みとなっている。

　とはいえ、管理能力を発揮するための管理型リーダーシップの技術は、依然として重要である。まず、変革型リーダーシップ行動を最終的に実現するためには、変革実現のための戦略実行を管理する必要がある。また、変革行動によって実現された新たな状況を維持するためには、管理行動の技術は欠かせない。

　要約すれば、管理行動一辺倒であった時代は終わったものの、プロセスや状況を維持・管理する、あるいは変革戦略の実行を管理する技術である、管理型リーダーシップの技術は、変革型リーダーシップの技術の補完として、リーダーシップ行動を実現するために依然として不可欠なのである。

(2) 管理型リーダーシップの技術

　おもな管理型リーダーシップの技術には、戦略実行型リーダーシップ行動に求められる①課題設定、②意思決定、③指示統率がある。これらをリーダーシップ行動モデルの4領域で示すと、**図表2－6**のようになる。

　なお、これらの技術の強化方法については第3章第1節で具体的に考察する。

コラム ◎ 変革型リーダーシップ行動が求められる背景

....

①ビジネス市場におけるグローバルな過当競争

　1990年代からのグローバルビジネスにおける一貫した特徴として、世界規模での工業製品の過当競争が挙げられる。従来のグローバル生産拠点である日本、北米、欧州の3極と韓国、台湾、香港などの極東グループ、タイ、マレーシアなどの東南アジアグループなどに加えて、2000年以降は高品質低価格の生産国として、中国と

図表2-6　管理型リーダーシップの技術

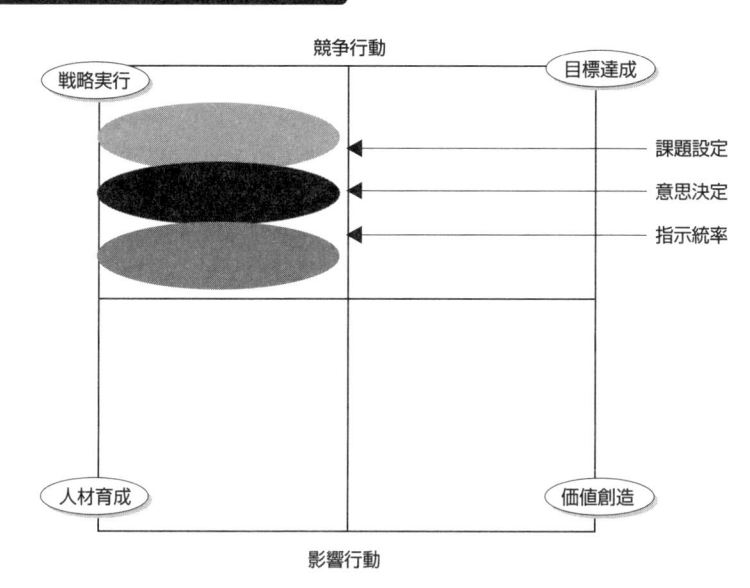

競争行動

戦略実行　　　　　　　　　　　　目標達成

　　　　　　　　　　　　　← 課題設定
　　　　　　　　　　　　　← 意思決定
　　　　　　　　　　　　　← 指示統率

人材育成　　　　　　　　　　　　価値創造

影響行動

インドが加わった。その結果、自動車、コンピュータ、家電、半導体、ホテル・旅行、医療などほぼすべての工業製品とサービス分野で、世界規模の供給過多状況が出現している。

② **資本市場における企業価値の増大化競争**

　グローバルな過当競争がマーケットにおける生存競争を激化させている一方で、先進諸国の少子高齢化傾向に伴う年金基金などの投資需要は増大し、優良な投資先を求めて、仲介運用ファンド主導の年金投資競争が激化しつつある。また、これらの根底には、ドルの世界規模での供給過多もある。

　この資金の供給過多が、株主の投資効果を厳しく要求する圧力となっており、企業の価値配分関係者（ステークホルダー、第3章 第4節「企業経営マネジメント」参照）のなかで株主が極端なまでに重要視される状況になっている。

　これらの圧力が、経営者や経営力評価に大きく影響を及ぼすことになった結果、長期的な成長を前提としながらも、短期的な業績を最大化させる持続的な変革行動に企業全体で取り組まざるをえなくなっている。

第2章第1節　変革と管理のリーダーシップ　まとめ

1．変革型リーダーシップ行動の重要性

20世紀の管理型リーダーシップ行動偏重に対して、21世紀には変革型リーダーシップ行動がより重要となってきている。管理型リーダーシップが抑圧しがちな、自立変革型人材や学習する組織が、グローバル競争時代の生存要件となっていることがおもな理由である。

2．変革型リーダーシップ行動が求められる背景
1）ビジネス市場における世界規模での過当競争
2）資本市場からの圧力による株主価値の増大競争

3．変革型と管理型リーダーシップ行動の補完性

管理型リーダーシップ行動の主要な領域は、リーダーシップ行動モデルの4領域のうちの戦略実行であり、変革型リーダーシップ行動の主要な領域は、残りの3領域、すなわち価値創造、目標達成、人材育成である。変革型と管理型のリーダーシップ行動は相互補完的にリーダーシップ行動を実現している。

4．主要な変革型リーダーシップの技術
1）変革ビジョン設計＝理念設計、革新設計、目標提示、体制構築など
　＝＞第2章第2節
2）変革共有コミュニケーション＝情報共有
　＝＞第2章第3節
3）コーチング＝技術支援
　＝＞第2章第4節
4）動機づけ＝意欲支援
　＝＞第2章第5節

5．主要な管理型リーダーシップの技術
1）変革実行管理＝課題設定、意思決定、指示統率など

＝＞第2章第6節
＝＞第3章第1節

第2節　変革ビジョン設計の技術

ケース 2-2

ホンダの創業期

　あの本田さんにしても、当時は、世界のオートバイ技術から見ると、"井の中の蛙"でしかなかったのでしょう。世界の最高水準の技術と、自分のところの技術のあまりに大きな差を見せつけられて、本田さんもさぞ愕然としたと思います。しかし、そこでへこたれてしまわないのが、いかにも本田さんらしいところです。

　マン島のレースに勝つためには、いままでと同じようなエンジンをつくっていてはだめだ、それにはどうしたらいいか——持ちまえの集中力を発揮して、本田さんは考えつづけたことでしょう。（中略）

　そして、本田さんが出した結論が、エンジンの回転数を上げるということでした。それも、それまでオートバイのエンジンは、三〇〇〇回転ぐらい、最高でもせいぜい四〇〇〇回転ぐらいだったのを、八〇〇〇回転とか一〇〇〇〇回転にしようというのです。（中略）

　もし、このマン島レースでのショックがなければ、本田さんは、ただの"ちょっとおもしろいオートバイ屋のおやじ"で終わっていたかもしれません。少なくとも、その後の本田さん自身の技術開発への取り組み方や、会社の雰囲気などを見ていると、このショックが大きな起爆剤になったことは否定できないでしょう。

　とにかく、エンジンの回転数を、従来のものの倍以上にするという大目標を、このときの本田さんはいきなりかかげてしまいます。この技術を使えばできるだろうという当ても、最初はそれほどなかったわけですが、あとは、目標に向かって突っ走ります。

（井深大著『わが友本田宗一郎』ごま書房、1991年）

＊このケースに関しては、「変革ビジョンの構成要素」で考察を加える。

1●変革ビジョン設計と構成要素

(1) 変革ビジョン設計とは

　一般的に「ビジョン」は、「自己と外部との未来関係イメージ」（将来どんな関係になっているか）である。「変革ビジョン」は、何らかの変化情報（変化に関する情報）に基づいて、自己と外部との関係の変革を意図した設計図である。
　すなわち、変革ビジョン設計は、1）自己と外部社会との**未来関係**イメージを、2）**変化情報**から設定した**目的**、**目標**、**戦略**で表現する行動である。

1）自己と外部社会との未来関係イメージ

　第1章第3節で紹介した、池田勇人首相の施政方針演説は、岸内閣の日米安全保障条約改定などをおもな課題とした政府と国民の関係を基点に、経済成長と経済的豊かさを提供する政府と国民の未来関係を目指した変革ビジョンである。また、同じく第1章第3節でマイケル・デルの自伝から紹介した箇所も、従来のPC単体を提供するメーカーと顧客との関係を基点に、企業内PCをネットワーク管理するサービスを提供する、メーカーと顧客との未来関係を目指した変革ビジョンである。
　一般に「ビジョン」を設計することは、日本社会にはなじみの薄い外来の概念であると思われがちだが、たとえば日本社会でよく行われる寺社仏閣での祈願行動は、自己と外部社会との未来における関係をイメージする行動であり、典型的な変革ビジョン設計である。アメリカ社会などでいわれる「ビジョン」は、自立心に基づいた自分の思いであり、寺社での祈願とは別物のように思われるかもしれない。しかし、両者はいずれも「こうありたい」という未来をイメージしているという点では共通である。すなわち、変革ビジョン設計は、日本社会でも日常生活に深く根づいた行動なのである。
　ただし、ビジネスにおける変革ビジョンとは、単に自己の祈願する「実現したい関係」のイメージのみではない。現実的に「実現できる関係」、および「市場の求める関係」の3条件を満たす未来のイメージである（**図表2－7**）。

2）変化情報から目的、目標、戦略を設計する

　変革ビジョンは、何らかの変化情報に刺激された個人が、自己と外部との未来関係をシナリオ化し、何通りかのシミュレーションを試みることで形成される。
　祈願行動を考えると、どのような祈願も「新年になった」「子供が生まれた」「収穫の

図表2-7　自己と外部の未来関係イメージ

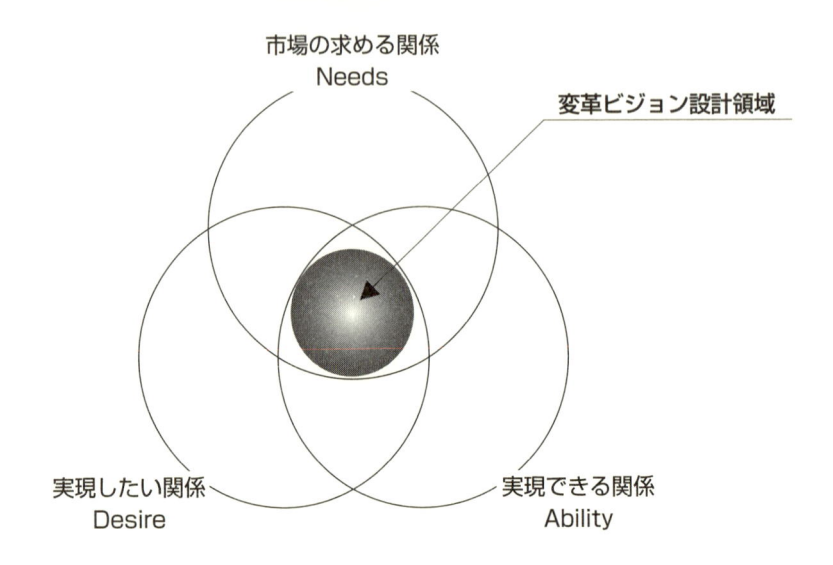

```
        市場の求める関係
           Needs
                        変革ビジョン設計領域


  実現したい関係              実現できる関係
    Desire                    Ability
```

時期が近づいた」「予想外の出来事に直面した」「ある結果が出た」というような、時間的変化も含めた変化情報に対応して形成されたイメージであることに思い当たるだろう。

　本田宗一郎のＦ１進出へのきっかけは、海外のオートバイレースでの惨敗であったとも、行政が４輪メーカー数を規制しようとしているという情報であったともいわれている。いずれにせよ、大きな変化に対応して新たなビジョンを形成したことがわかる。また、「船中八策」と呼ばれる明治政府の基本綱領を作成した人々は、欧米列強のアジア植民地化の状況を見聞し、それに先立つフランス革命やプロシア帝国の成立といった変化情報を学習している。

　前述の池田首相の施政方針演説は、日米安保条約により軍事支出が限定されるという状況変化や、世界的な工業化の潮流という変化情報に着目した変革ビジョンとなっている。仰木監督の場合、野茂やイチローなどの異才との遭遇も変化情報に該当するだろう。

　このように変革ビジョンは、体験した変化情報に基づいてつくられた、設計者と外部社会との関係の未来イメージである。ただし、このイメージは個々人の頭の中に形成されたいわば画像情報であり、外部と共有するには、何を何のために（＝目的）、どこまで（＝目標）、どのようにしてやるか（＝戦略）という３つの言語情報で表現する必要がある（**図表２−８**）。この「目的、目標、戦略」を論理的にも具体的にも十分なレベル

まで仕上げたものが、一般企業の年間予算や中期経営計画、週間・月間業務計画である。これらを作成する行動も、直近の業績という変化情報に基づいている点で、変革ビジョン設計にほかならない。次項では、この「目的、目標、戦略」について解説する。

図表2-8　変化情報から設定した目的、目標、戦略

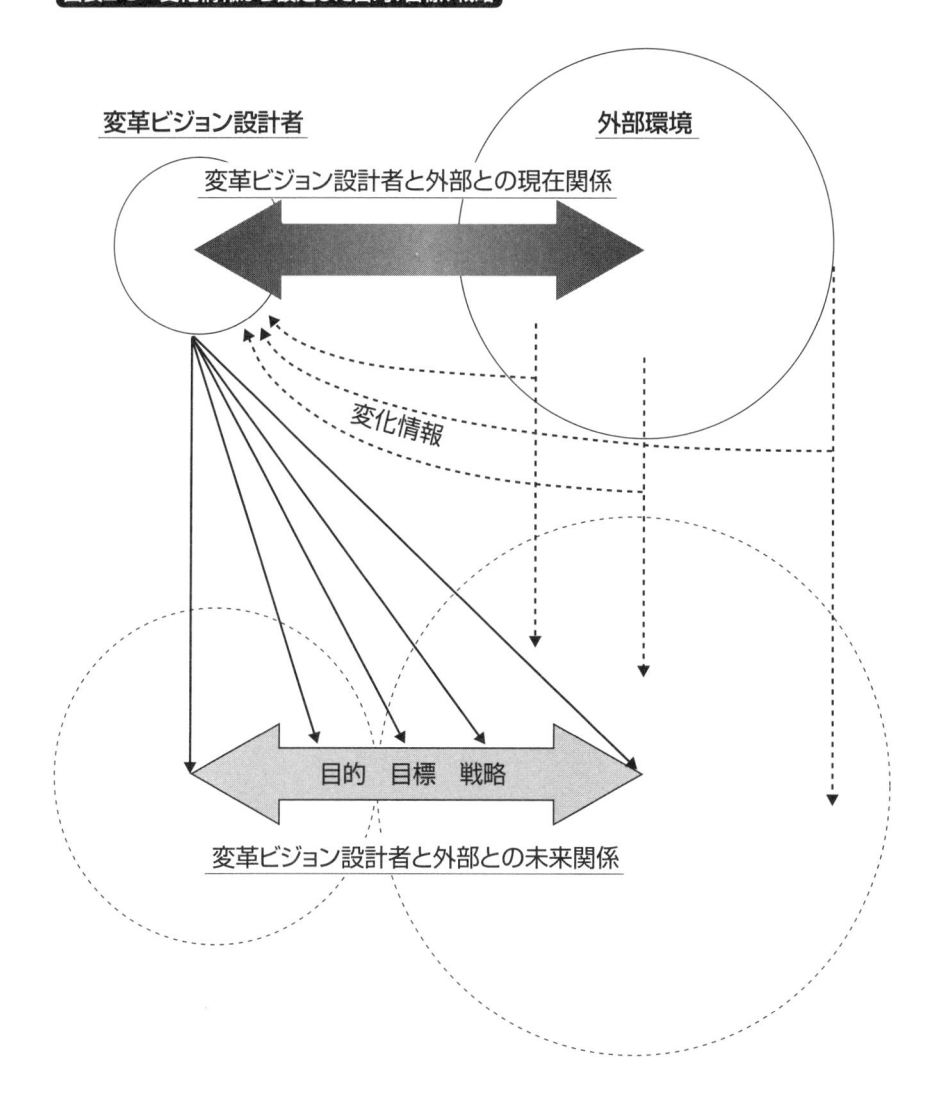

（図：変革ビジョン設計者と外部環境との現在関係から、変化情報を経て、目的・目標・戦略という変革ビジョン設計者と外部との未来関係へ至る概念図）

(2) 変革ビジョンの構成要素

1) 目的 (Objective)

　目的は、ビジョンの意義や内容の要約である。5W (Who, What, When, Where, Why) 2H (How, How Much) の中では、WhyとWhatに相当する。すなわち、どのような理由により、どのような行動をとり、どのような状況を実現するのかを、要約して表現したものだ。「的（まと）」を表現する情報といってもよいだろう。

　Whyの前提には、理念やミッションがある。理念、ミッションは、ビジョン設計の当事者である個人や組織が重視している価値観で、一般的にはビジョンの中には直接表現されないが、前提として「なぜビジョンの目的を選択し実行するのか」を説明する役割を果たす。その意味で、理念やミッションも目的情報の一部分であり、変革ビジョンの構成要素となっている。

　ビジョンと理念、ミッション[9]は混同されることも少なくないが、理念やミッションは重視している価値や行動規範を示すのみで、具体的な目標値や戦略行動は示さない。それゆえに、理念やミッションには具体的な使用期限が設定されず、変革ビジョンに比べて寿命が長くなる。また、ミッションや理念は「ビジョンの方向がビジョン設計者や組織の価値観に適合した設計図であるのかどうか」を判定するために、不可欠な情報である。

2) 目標 (Goal)

　目標はビジョンの中核をなすもので、Whatを定量的に表現している。目的をどこまで追求するのかを示す、具体的な限界値でもある。「標（しるべ）」を表現する情報といってもよいだろう。目標はまた、目的が実現できたかどうかを確認するためのベンチマーク（目途）でもあり、証明値と考えてもよい。

　目標となる値は、「いつまでに」あるいは「どのくらいの時間で」という時間軸 (When) と、「どの程度」という規模やインパクトを示す空間軸 (Where, How Much) の2つの次元で示される。

3) 戦略 (Strategies)

　戦略は目標を実現するための手段と資源の活用に関する情報である。具体的には、手段と資源の活用の、
　① 優先順位
　② 選択集中
　③ 構造化

④ 障害対応方針
⑤ 競争優位性

などを表現した情報である。

これらは、5W2HのHowに相当し、方針と行動計画から構成される。戦略そのものも、戦略ごとの目的、目標、その実行行動に分解できる。実行行動はWhoを規定し、変革ビジョンは5W2Hのすべての情報で表現される。

〈ケース 2-2 の3要素分解〉

本節の冒頭で紹介したホンダのケースでは、本田宗一郎が初めての海外レース参加で惨敗し、まったく相手にならないほどの技術格差を見せつけられて、「海外強豪が参加する最難関のオートバイレースで優勝する」変革ビジョンを設計した経緯が述べられている。

これを、ビジョンの構成要素に基づいて説明すると次のようになる。マン島レースで世界のオートバイ技術の進歩と、自社製品との格差という変化情報を得た本田宗一郎が、「マン島レース（＝目的）で優勝する（＝目標）」ことを掲げ、それを実現するための主要戦略（＝8000回転のエンジンを搭載したオートバイを製作する）に到達した。

さらに拡大した視野で推測すれば、本田宗一郎は、戦後日本の工業立国としての国家経営方針を変化情報として認識し、世界に誇れる技術を実現するという「理念と目的」に基づいて、世界に誇れるオートバイを製作するという「目標」を設定し、海外の著名なレースで優勝することをそのための「戦略」の1つと設定しているともいえる。

（3）変革ビジョン設計の効果

変革ビジョン設計のおもな効果としては、1）変革を起動し、2）関係者を方向づけ、3）関係者の参画意欲を引き出すという3点がある。

1）変革起動（Commitment）

変革ビジョンを提示するという姿勢や行動、あるいは、変革ビジョン設計に周囲の関

---

9 ミッションについては、映画の題名で「Mission Impossible」と使用された場合のように、具体的な役割行動まで意味する「使命」についての情報である場合、目的、目標、戦略から構成される構造としてはビジョンとほぼ同じといってよいだろう。ただし、上記の映画ではMissionは、それを与えられた実行者（トム・クルーズ演ずる主人公）が自ら設計したビジョンではない。

係者を巻き込む姿勢や行動は、リーダー自身のコミットメントを如実に表す。これらを含めて、変革ビジョンは関係者を巻き込み、変革を起動する情報となっている。

2）方向共有（Orientation）

変革ビジョンは、変革関係者の行動指針となり、プログラムや航海図の役割を果たす。変革ビジョンにより関係者は、その狙い（目的と目標）、狙いめ（最重要な成功要件）、力配分（優先順位と手段選択）、段取り（手順決定と障害解決）、勝ちめ（競争優位性の活用）、役割（組織構造と個人分担）などを理解し共有する。これらの情報が共有されていなければ、関係者は場当たり的で拡散した行動をとり始める。

3）意欲喚起（Engagement）

変革ビジョンは、その狙い（目標）、魅力（目的）、実現できる根拠（戦略）を示すことにより参加者の意欲を高める、いわばエンジンの役割も果たす。変革ビジョンの主要3情報、目的、目標、戦略は、人々を動機づけするフレームワークである期待理論の3情報である。魅力的な報酬、明確な目標、必要十分な戦略とも対応している。

2●変革ビジョン設計のプロセス

変革ビジョンは、外部環境の変化がもたらす機会に、自己の顕在・潜在の強みを適合させて設計する。この設計プロセスは、外部環境分析、目標設定、内部環境分析、戦略展開の4段階で実行される**（図表2-9）**。それぞれの段階の詳細については、次項「変革ビジョン設計の技術と留意点」で解説するが、まずは各段階の大まかな内容について見てみよう。

図表2-9　変革ビジョン設計のプロセス

外部環境分析 → 目標設定 → 内部環境分析 → 戦略展開

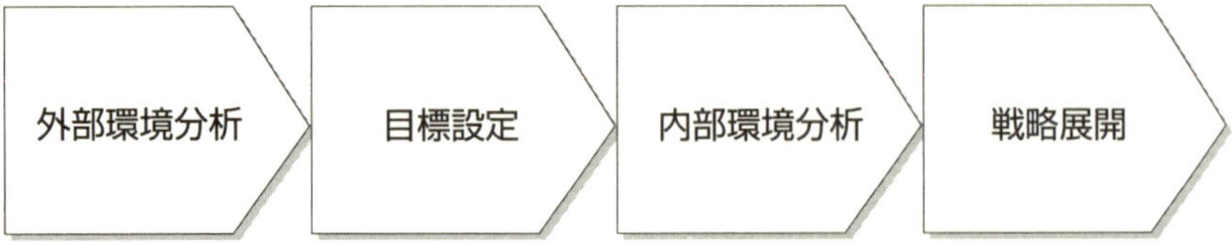

図表2-10　機会と脅威の定量化

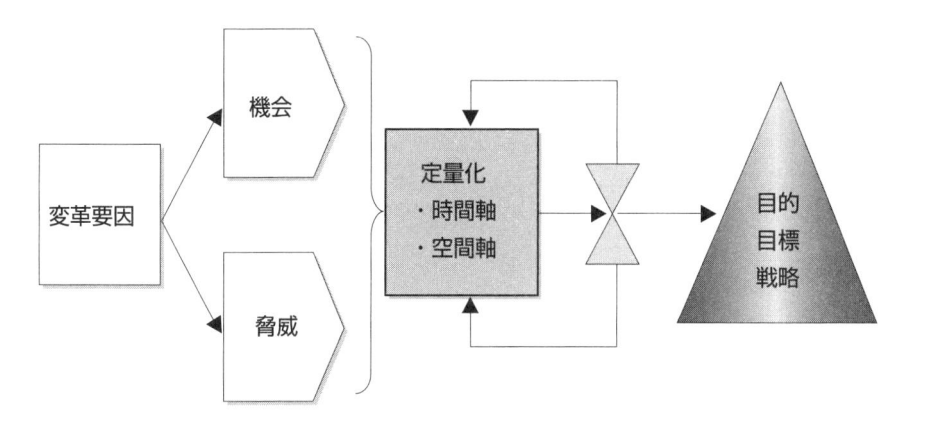

変革要因 → 機会／脅威 → 定量化（・時間軸　・空間軸）→ 目的・目標・戦略

1）外部環境分析

　前述のように変革ビジョンは自己と外部環境との「実現できる関係、実現したい関係、市場の求める関係の3条件を満足する未来イメージ」である。したがって、その設計は、まず社会や市場のニーズを把握すること、すなわち外部環境分析から始まる[10]。

　外部環境分析では、自組織と外部環境との関係の変化と、その影響を把握する。外部環境を社会環境と市場環境に分類し、さらにこれらをいくつかの分析領域に分解して変化を探索する。

　次に、それぞれの環境および分析領域でどのような変化が起こり、それらがどのように関連し合い、最終的に自社、自組織にどのような影響を及ぼしているかを把握する。

2）目標設定

　外部環境分析の結果に基づいて、社会や市場の新たなニーズを把握し、その情報に基づいて目的と目標を設定する。具体的には、1）外部環境分析結果に基づいて変革要因を選定し、2）変革要因のもたらす機会と脅威を定量的に予測し（**図表2－10**）、3）ビジ

10　現実には3条件のうちの市場の求める関係以外の2条件から変革ビジョンの設計を始めることも少なくはないが、この場合、自己に都合のよい発想になりがちである。さらに危険なのは、できる行動や、やりたい行動から考えると、いつまでも変革が発想できない可能性がある。「できる」とか「やりたい」という認識やその前提となっている価値観そのものも実は変革の対象であり、これを前提条件として将来を考えても、変革の発想にはつながりにくい。

図表2-11　内部環境分析から戦略設計へ

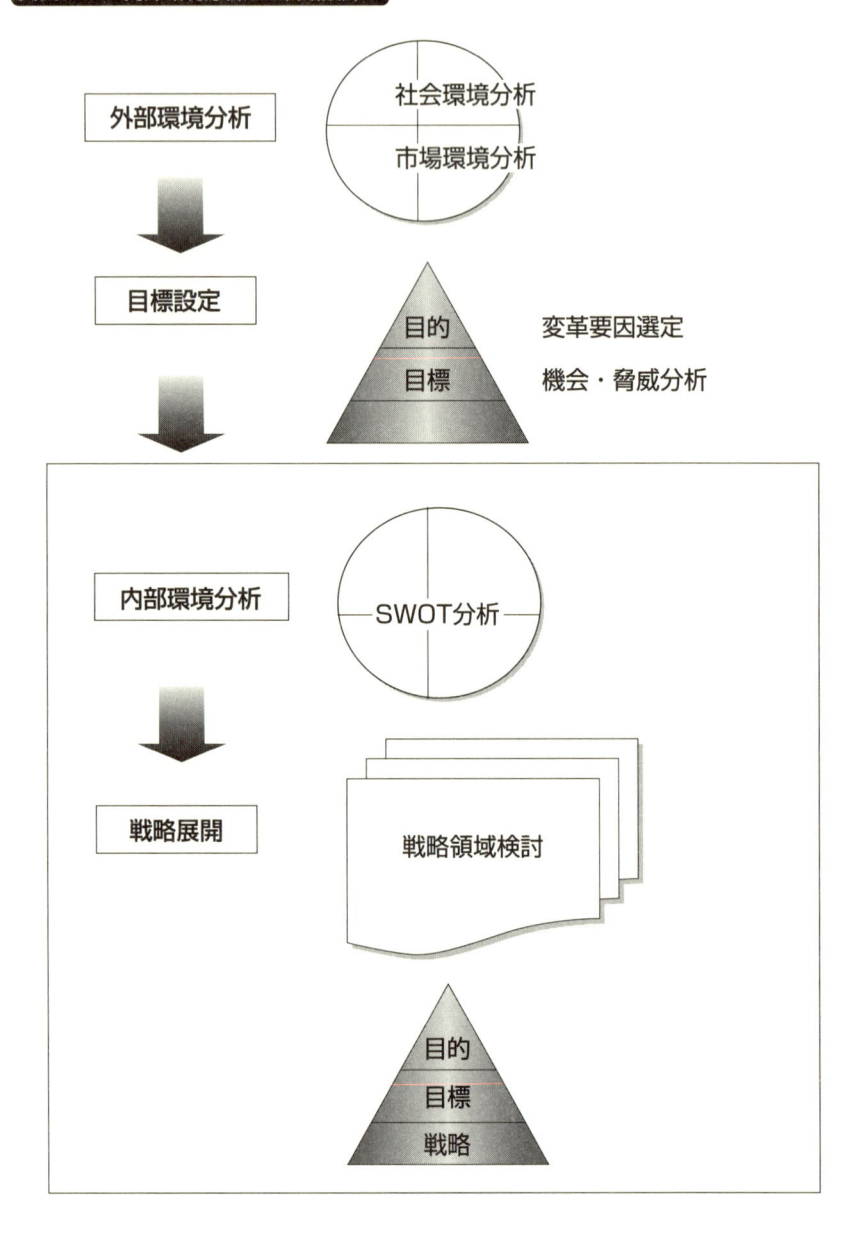

外部環境分析
- 社会環境分析
- 市場環境分析

↓

目標設定
- 目的
- 目標

変革要因選定
機会・脅威分析

↓

内部環境分析
- SWOT分析

↓

戦略展開
- 戦略領域検討
- 目的
- 目標
- 戦略

ネスの対象となる市場セグメントを選び、自組織の実行すべき目的と目標を設定する。

3）内部環境分析

目的と目標を設定した後に[11]、目的・目標実現に関係する、自組織の強み、弱み、機会、脅威を棚卸しする「SWOT分析」を用いて内部環境分析を行う。内部環境分析により、目的・目標が自社で実現できることを確認し、優位性を実現するための「強み」が存在することを確認する。同時に、実現の妨げとなる自社の「弱み」も確認する。

4）戦略展開

戦略展開[12]では、目的・目標実現のために、SWOT項目をコントロールして自己の優位性や、選択と集中を実現する方針と行動を決定する。すなわち、強みを生かし弱みを解消する方針と行動や、機会と脅威に備える方針と行動を決定する（**図表2−11**）。

戦略展開には、経営戦略を領域分解した、旧プライスウォーターハウスコンサルタント（現IBMビジネスコンサルティングサービス）の6レバーモデルや、マッキンゼーの7Sモデルなどを活用する。

コラム ◎ 変革要因の発想法

変革ビジョン設計の特徴を理解するために、一般的な問題解決手法と比較してみよう。両者には根本的な発想方法に違いがある。まず、課題解決では経営の観点からの問題点すべてが対象課題となりうるのに対し、変革ビジョン設計では、自己と市場との関係についての変化のみが課題設定の対象となる。言い換えると、ビジョン設計は顧客視点あるいは顧客起点の課題設定である（**図表2−12**）。

◎――最初から「あるべき姿」を考えない

また、問題解決の発想法は、まずあるべき姿（状況）を設定して、次にあるべき状況と現実とのギャップを発見し、それを問題点として設定するところから始まる。

---

11 現実のプロセスでは、内部環境分析の後に再び目的・目標の変更や調整を含めた試行が繰り返される。
12 一般的には「戦略」の定義は必ずしも同一ではない。本書では、戦略とは目標を実現するための方針と行動、あるいは、目的、目標値とともに、変革ビジョンを構成する3要素の1つと定義する。

> **図表2-12　変革要因発想法と課題解決発想法の違い**
>
> **課題解決発想法**
> 「あるべき状況」を設定し、
> 現状との「ギャップ」から課題（目標）設定
>
> **変革要因発想法**
> 顧客市場との関係の「変化」を特定し、
> 変化がもたらす「機会」から目標設定
>
> 一方で、変革ビジョン設計では、最初にはあるべき姿は考えない。
> 　あるべき姿は、現在までの知識や価値観、思考パターンや習慣などに基づいたイメージである。このあるべき姿を最初に設定してしまうことで、変革しなければならない対象や本質的な体質、あるいは過去からのしがらみなどを、未来の設計図に自動的に組み込んでしまうことになる。
> 　変革ビジョン設計は、必ずしもこれらの過去の遺産にこだわらず、むしろ必要な場合にはこれらを否定する見方である。この発想法の根本的な違いを理解していないと、ビジョン設計を意識しながら、結局、過去のしがらみを断ち切れない設計図を作成してしまうことになる。
> 　すなわち変革ビジョン設計では、あるべき姿などを考えずに、まずできるだけ客観的に、市場と自己との関係の変化、およびその変化がもたらすであろう「機会と脅威」のみに着目する。そして、機会と脅威が、どのようなスピードで、どのようなインパクトでもたらされるかという情報から、自社の目標を設定する。この発想法は、特定した変化に起因して自身の新しい変化、変革を設計するという意味で、変革要因（Change Driver）の発想法と呼ばれている。

3●変革ビジョン設計の技術と留意点

本項では、変革ビジョン設計の各段階の中身と留意点を細かく見ていく。

（1）外部環境分析の技術と留意点

1）分析領域

変革要因を特定するには、まず外部環境の重要な変化を網羅的に把握することが前提となる。この場合に、外部環境という漠然としたとらえ方ではなく、外部環境を社会環境（一般的な社会全体の環境）と市場環境（自己のビジネスに関連した環境）に二分し、

次いでそれぞれをいくつかの分析領域に分解することで、より網羅性の高い分析が可能となる。

◎──社会環境の分析領域

社会環境は以下の6分析領域に分解して分析する。

政治：政治形態、紛争、社会秩序、治安、財政、規制、政策　など
経済：通貨、景気、所得、金融、株価、貿易　など
社会：人口、生活、気象　など
資源：天然資源、食料資源　など
科学：技術、素材　など
環境：廃棄物節減、再利用、自然環境保護　など

(ピーター・シュワルツ著『シナリオ・プランニングの技法』東洋経済新報社、2000年を参考に作成)

◎──市場環境の分析領域

市場環境の分析領域としては、経営学者のマイケル・ポーターが提唱した「市場の5つの力」[13]と、それに付随する2つの関係──特に日本社会おいて特徴的な、「行政規制(直接自社の市場に関係するもの)」と「流通チャネル」──の合計7つが考えられる。ただし、この場合にも中心となるのは、自社と市場、顧客との関係である。**図表2－13**は、自社と顧客関係という市場の中心的な存在に対して、そのほかの6つの要素が影響を及ぼすことを示している。

2）変革要因の連鎖分析

社会・市場環境の分析領域ごとに変化を把握したら、次にそれぞれの変化の因果関係を考える。分析領域を超えてさまざまな変化の因果関係を把握することにより、変革要因を絞り込んでいく。**図表2－14**に連鎖分析の一例を示す。

13　5つの力とは、「新規参入の脅威」「代替品の脅威」「買い手の交渉力」「売り手の交渉力」「業界内の競合他社」を指す。

図表2-13　市場環境の分析領域

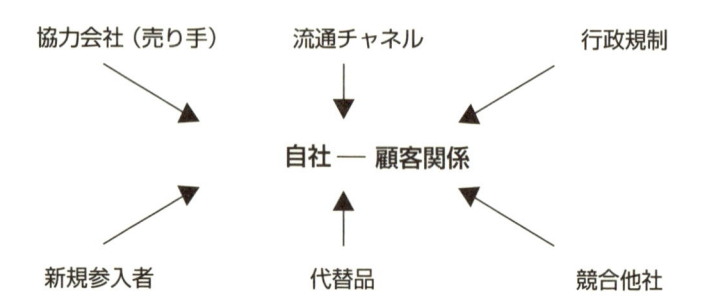

```
協力会社（売り手）    流通チャネル      行政規制
        ↘              ↓              ↙
              自社 ── 顧客関係
        ↗              ↑              ↖
   新規参入者          代替品          競合他社
```

図表2-14　変化の連鎖、グルーピングの例

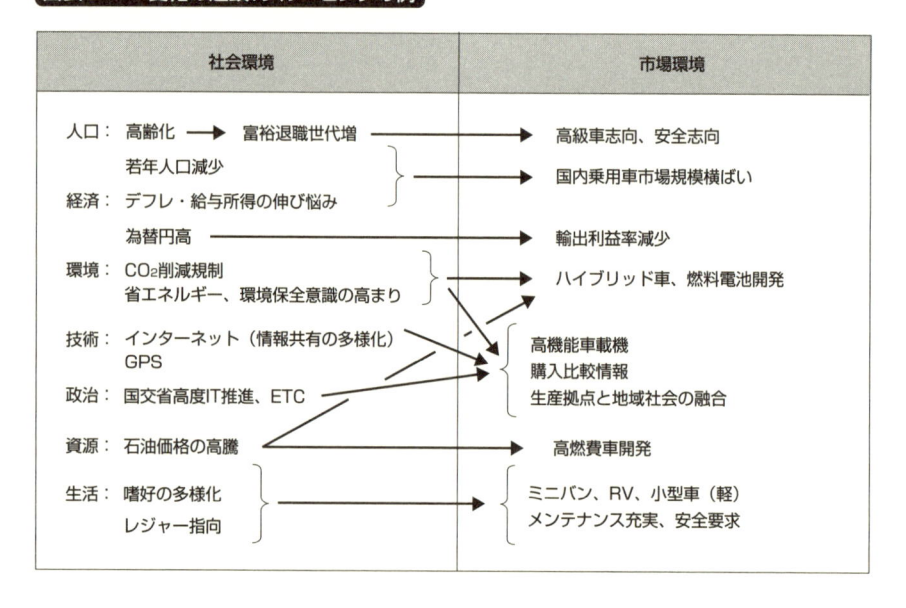

社会環境	市場環境
人口： 高齢化 → 富裕退職世代増	高級車志向、安全志向
若年人口減少	国内乗用車市場規模横ばい
経済： デフレ・給与所得の伸び悩み	
為替円高	輸出利益率減少
環境： CO_2削減規制	ハイブリッド車、燃料電池開発
省エネルギー、環境保全意識の高まり	
技術： インターネット（情報共有の多様化）	高機能車載機
GPS	購入比較情報
政治： 国交省高度IT推進、ETC	生産拠点と地域社会の融合
資源： 石油価格の高騰	高燃費車開発
生活： 嗜好の多様化	ミニバン、RV、小型車（軽）
レジャー指向	メンテナンス充実、安全要求

（2）目標設定の技術と留意点

　目標設定の段階では、最も重要な変革要因を特定し、その変革要因がもたらす「機会」と「脅威」を定量化し、目標値を設定する。

1）最重要な変革要因の特定

　外部環境分析で絞り込んできた変革要因の中から、自組織の未来に最も重要な影響を及ぼす可能性のある変革要因を選定する。

　最も重要な変革要因とは、自社の「既存」ビジネスに対して大きな脅威をもたらす変化である。イノベーションの観点からは、自社の「未来」ビジネスの機会を示す変化でもある。たとえば、保険業界や証券業界においては、銀行業界の規制緩和による再編と、保険や証券の窓口販売への本格進出という脅威、ベビーブーマー世代の退職による個人資産運用ニーズの増大といった機会が挙げられるだろう[14]。

　また、何が重要な変革要因であるかは、設計する変革ビジョンの対象時期や期間によって異なる。たとえば、日本の自動車業界のサプライヤーが、アメリカ自動車市場を想定して2006年からの5ヵ年を考える場合には、最重要な変革要因は「石油価格とガソリンコストの動向」、あるいは、「アメリカ市場の環境敏感度」などが該当するだろう。一方で2006年度だけを考えた場合には、ビッグスリーの経営動向と日本メーカーのシェア動向、自動車メーカーの「ハイブリッド技術」や「燃料電池技術」の開発状況・実用化戦略などが、最重要な変革要因となるだろう。

2）機会と脅威の定量化

　最も重要な変革要因を特定した後に、この変革要因のもたらす機会と脅威を、36〜60ヵ月の範囲で定量的に予測する。実際には、変革要因を選定する過程で定量化が試行されていることも多いが、ここでは「目標値設定の精度を高めることを意識して」機会と脅威を定量化する。

　国内自動車業界を例にとって考えてみよう。**図表2−14**の老齢人口増から、富裕退職者や富裕な年金生活者の人口増を最重要な変革要因と特定する。そうすると、変革要因がもたらす機会として、高級車や高齢者用の安全志向車の市場が考えられる。ここでは、その市場を時間軸と空間軸[15]で定量化する。

　また、ガソリン価格の高騰や、他社のハイブリッド車、燃料電池の開発を変革要因と認識する場合には、市場が高燃費車志向へと推移する脅威や、あるいはその背後にある

14　現実的には、重要な変革要因が直感的に選定できるわけではなく、変革要因ごとに、それがもたらす機会と脅威を定量化し将来予測を行うという試行錯誤と検証の結果選定する。これらは大規模なシミュレーションが必要となることも多い。

15　時間軸とは、「いつまでに」、あるいは「どのくらいの時間をかけて」など、機会と脅威の開始時期、継続時間、消滅時期などの情報。空間軸とは、機会と脅威の「数と量」。

図表2-15　機会・脅威の定量化：アメリカのハイブリッド車市場規模予測と石油価格予測

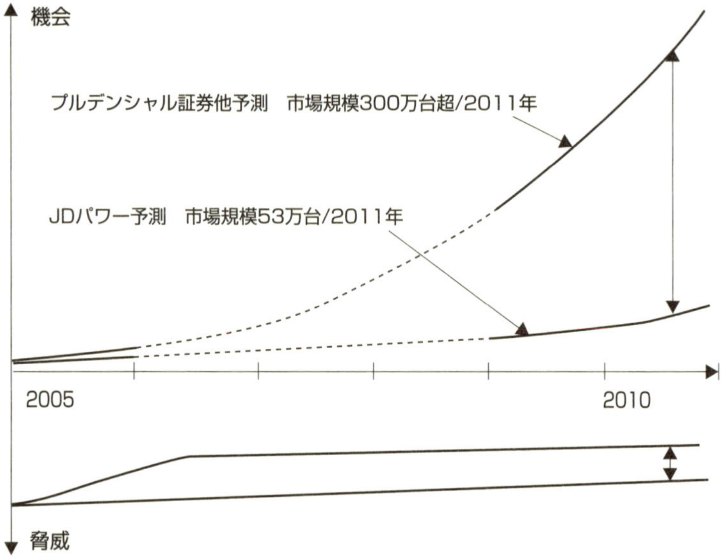

機会

プルデンシャル証券他予測　市場規模300万台超/2011年

JDパワー予測　市場規模53万台/2011年

2005　　　　　　　　　　　　　　2010

脅威

出典：国際通貨基金ドバイ石油価格予測　US＄39〜56/1バレル

　新たなハイブリッド車市場の機会について定量化する。
　なお、この過程で、最も楽観的な状況と最も悲観的な状況を把握することが一般的である。たとえば、アメリカにおけるハイブリッド車の市場規模については、2011年で300万台規模の市場が出現するという予測（プルデンシャル証券、ブーズ・アレン・ハミルトンほか）と53万台（JDパワー・アソシエイツ）とする予測がある。また、原油価格については、国際通貨基金は2030年まで中長期的に高値が続き、1バレル39ドルから56ドルのレンジで移行するという振れ範囲を予測している**（図表2−15）**。

3）市場セグメンテーションと目標値設定

　最重要な変革要因がもたらす機会と脅威を定量化したら、目標値を設定する前に、目標の対象となる市場（市場セグメント）を選別する。この市場セグメントの定義により、定量化の精度を決定するビジネス機会をもたらす人口（企業数）がより明確に算定できるようになる。

◎──市場セグメンテーション

　法人ビジネスでは、顧客となる企業の集合と、その集合に共通なニーズの2つの要素でセグメントを定義する。消費者ビジネスでは多様なセグメント定義があるようにも見えるかもしれないが、消費者ビジネスにおいても市場セグメント定義の基本要素は、顧客集合（の人口動態情報：年齢、性別、職業、収入レベル、生活パターン、地域、人口など）と、それらの集合グループに共通なニーズの2つである。たとえば、2010年までの日本の高級車の市場セグメントとしては、「50歳代後半から60歳代前半の富裕退職者および年金生活者（集合）で、乗用車に500万円以上を投資しても安全性と高級感を手に入れたい（ニーズ）消費者層」「30～40歳代の高額所得者層（集合）で、高級でスポーティな車を好む（ニーズ）消費者層」といった定義が考えられる。

◎──目標値の設定

　対象となる市場セグメントが決まったら、そのセグメントにおける機会と脅威を定量化し、その結果に基づいて目標値を設定する。目標値は、最も楽観的なレベル（最大目標値）と最も悲観的なレベル（最小目標値）を設定し、両者の間で最も現実的で妥当と思われるレベルを、標準目標値として採用する**（図表2-16）**。

　自動車業界のハイブリッド車の事例では、現時点で予測されている市場規模のうちのどこまでを獲得するかが、直接的な目標値になるだろう。続いて、設定された目標値を実現するための車種ごとの目標値を、同様のプロセスで決定する。あるいは逆に、まず車種ごとの目標値を設定し、それらの集積で統合的な目標値を決定することもあるだろう。

◎──目的を言葉で表現する

　最後に、目標を実現する意義や価値を「目的」として表現する。
「目的」が示す変革ビジョンの意義や価値は、本章第1節で述べた「変革ビジョンの未来関係の3要素」で具体的にイメージする。

① 市場の求める関係：社会と市場への貢献

　市場ニーズへの貢献、あるいは、どのような魅力的なビジネス機会をとらえているかを表す。
　　例：「地球環境との共存を目指して、『ノンフロン』冷媒を使用し、かつ従来よりも『省エネ』を実現できる冷蔵庫を」

② 実現できる関係：根拠となる技術や資源

　自分たちの独自能力、あるいは、自社のどのような強みを活用することができるのか、

図表2-16 目標値設定

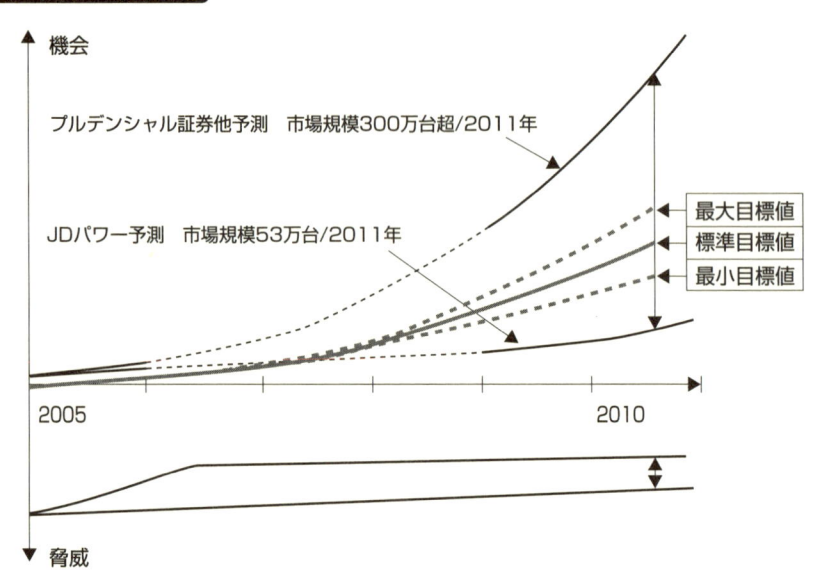

機会

プルデンシャル証券他予測　市場規模300万台超/2011年

JDパワー予測　市場規模53万台/2011年

最大目標値
標準目標値
最小目標値

2005　　　　　　　　　　　　　2010

▼ 脅威

出典：国際通貨基金ドバイ石油価格予測　US＄39〜56/1バレル

実現への手ごたえを表す。
　例：「家庭用冷蔵庫トップメーカーとして、過去から蓄積してきた『安全性技術』と、他社の保有していない独自の『真空断熱材』技術とにより」
③ **実現したい関係：自社の価値観**
　実現によりもたらされる成果、あるいは、自分たちのどのような価値観、欲求、期待が満たされるのかを表す。
　例：「史上初の『脱フロン』冷蔵庫を実現する」

（3）内部環境分析の技術と留意点

　内部環境分析では、SWOT分析を行う。「目標値実現のために活用できる」資源や状況、強みや機会と、目標達成のための障害となる資源や状況、弱みや脅威を棚卸しして整理する[16]。
　内部環境分析として行うSWOT分析は、変革ビジョン設計の最大の難所でもある。

この段階で変革ビジョン設計が頓挫する、あるいは意味のない表面的な議論になってしまうことがきわめて多い。それを防ぐためにも、次に述べる3点を意識する。

1）SWOTの変化を意識する

　企業として一般的に意識しているSWOTは、必ずしも変革目標達成のためのSWOTと同一ではない。市場における変化から何らかの機会や脅威を感じたとすれば、それはいままでの強みや弱みが何らかの影響を受けるという信号である。その変化情報を受けて設定した目標を実現するために、従来どおりのSWOTを活用できるということは通常はありえない。逆に現在の強みが、新たな強み開発のための障害（弱みや脅威）となることも多い。

　外部の変化によるSWOTの変化（たとえば、代替技術や代替素材によって急速に市場での影響力を失いつつあるなど）に加えて、内部経年変化によるSWOTの変化もある。たとえば、強みとなる技術を保有している人が組織を去り、その強みが継承されていない状況などである。このように、変化を受けて、何が強みとなり、何が弱みとなるかを、十分に考える必要がある。

2）SWOTの実態を定量的に把握する

　SWOTの実態を、消滅時期や起動時期、継続時間や育成リードタイムといった空間軸と時間軸で定量的に確認する（**図表2-17**）。このようにしてSWOTの変化を把握することにより、目標実現のための戦略を、どのような実行スピードで、どの程度のインパクトで実行すべきかが見えてくる。

3）新たな独自能力を開発する

　SWOT分析は、従来の強みを発展させ、「新たな市場機会に向けてどのような独自能力を開発すべきか」が確認できて初めて完了する。現在までの自社の経験を活用しながら、その経験に基づく実績をはるかに凌駕することのできる独自能力を発見することが、企業にとって最も優位性の発揮できる革新であるからだ。たとえば、アメリカの環境規制法である「マスキー法」の実施に対して、ホンダでは創業以来育ててきたエンジン開発技術力で対応している。

　一方で、新たな独自能力を実現する時に、既存の成功技術や体験が、弱みや障害となって能力の開発を阻害することがある。それも顕在的にではなく、リソース配分や人材

16　一般的にSWOT分析における「機会」と「脅威」は、社外の環境における機会と脅威を考えるものだが、ここでは「機会」を将来的に獲得できそうな強み、「脅威」を将来的に実現しそうな弱みと考える。機会とはたとえば企業内での基礎研究、脅威とは代替技術の登場による自社技術の市場競争力低下などである。

図表2-17 SWOTの定量的な把握

(1) SWOT項目選別

S 強み	W 弱み
O 機会	T 脅威

(2) SWOT実態確認

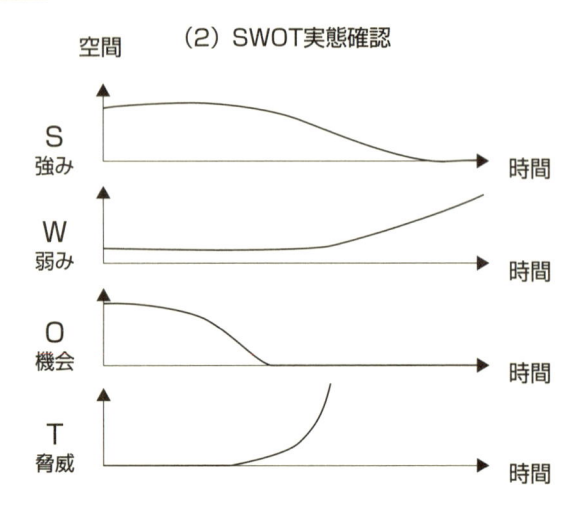

縦軸：空間、横軸：時間

- S 強み
- W 弱み
- O 機会
- T 脅威

育成の遅延、無意識の抵抗などの見えにくい部分で足を引っ張ることが少なくない。独自能力をいかに開発するかを検討する際には、こういった障害に関する具体的な予測も含めて行う。

たとえば、ハイブリッド車開発に関しては、ハイブリッド装置そのものが追加コンポーネント化しつつあることにより、従来大手自動車メーカーが大原則としてきた、駆動系装置の社内開発方針（自動車の最重要機器である駆動装置の開発製造は、他社に依存しないという原則）を見直さざるをえない可能性も出ている。

（4）戦略展開の技術と留意点

1）領域分解モデルを活用する

SWOT分析に基づいて戦略を立案する際に必要不可欠なのが、経営戦略の領域分解モデルである。単に「経営目標を実現する戦略を考えよ」といわれても、なかなか先に進めないが、経営戦略に含まれる要素を示したフレームワークやモデルがあれば、それぞれの項目について考えることで、優先順位や網羅性を確認しつつ戦略を設計できる。

経営戦略の領域分解モデルとしてよく活用されているフレームワークとしては、マッキンゼーの7Sモデル、旧プライスウォーターハウスコンサルタント（PwC：現IBM

図表2-18①　領域分解モデル

経営戦略7Sモデル

経営のハードウエア
Strategy＝戦略
Structure＝組織構造
System＝システム

経営のソフトウエア
Skill＝スキル
Staff＝人材
Style＝スタイル
Shared Value＝価値観

経営変革の10領域モデル
（旧PwCの経営変革の6領域モデルを参考に作成）

外部戦略領域
1) 市場・顧客セグメント選択
2) 流通チャネル
3) 製品・サービス
4) 原料調達
5) 資金調達

内部戦略領域
1) 組織構造
2) ビジネス・プロセス
3) 人材育成
4) 人事制度
5) IT・設備

ビジネスコンサルティングサービス）のモデルをベースとした10領域モデル（大中忠夫ほか著『戦略リーダーの思考技術』ダイヤモンド社）などがある（**図表2－18①**）。10領域モデルの中身をさらに詳細に示したものを、**図表2－18②**に示す。

4●変革ビジョン設計の影響力判定

　前述した変革ビジョン設計の効果（①変革を起動し、②関係者を方向づけ、③関係者の参画意欲を引き出す）を実現するためには、変革ビジョンの内容が関係者に対して強い影響力を発揮しうる内容であることが重要である。

　変革ビジョンの影響力を判定するためには、**図表2－19**に示した変革ビジョン成立の3要素、（1）市場にとって価値があるか（本質的な市場ニーズに応えているか）、（2）自組織のSWOTに合致しているか（自組織で実現できるか、強みを活用できているか）、（3）実現したい未来イメージであるか（自組織の価値観に合致しているか、自組織メンバーの実現意欲を喚起しているか）を分析する。その結果、必要であれば前段階に戻り、影響力不足の原因となった点を解消する。

図表2-18② 経営変革の10領域モデルの詳細

外部戦略領域

市場・顧客セグメント選択
・人口動態情報
・ニーズ情報

流通チャネル
・流通方式
・流通協力会社
・流通コスト
・流通量
・流通スピード

製品・サービス
・機能
・仕様
・品質
・原料
・原価
・価格
・ブランド

原料調達
・調達先
・調達コスト
・調達量
・調達スケジュール
・調達契約

資金調達
・調達先
・調達コスト
・調達量
・調達スケジュール
・調達契約

内部戦略領域

組織構造
・買収、売却、解散
・提携
・分社
・CFTチーム
・プロジェクトチーム
・アウトソーシング
・機能別組織と顧客別組織
・階層
・直接部下数（Span of Control）

ビジネス・プロセス
・リエンジニアリング
・アウトソーシング
・自動化

人材育成
・採用
・ローテーション
・集合内部トレーニング
・外部トレーニング
・昇格・降格
・権限委譲
・プロジェクト担当
・職務職責変更
・コーチング
・コミュニケーション
・ビジョン設計と共有

人事制度
・評価
・報酬
・育成

IT・設備
・自動化
・標準化
・スピード
・省力化
・情報共有

図表2-19　変革ビジョン成立の3要素

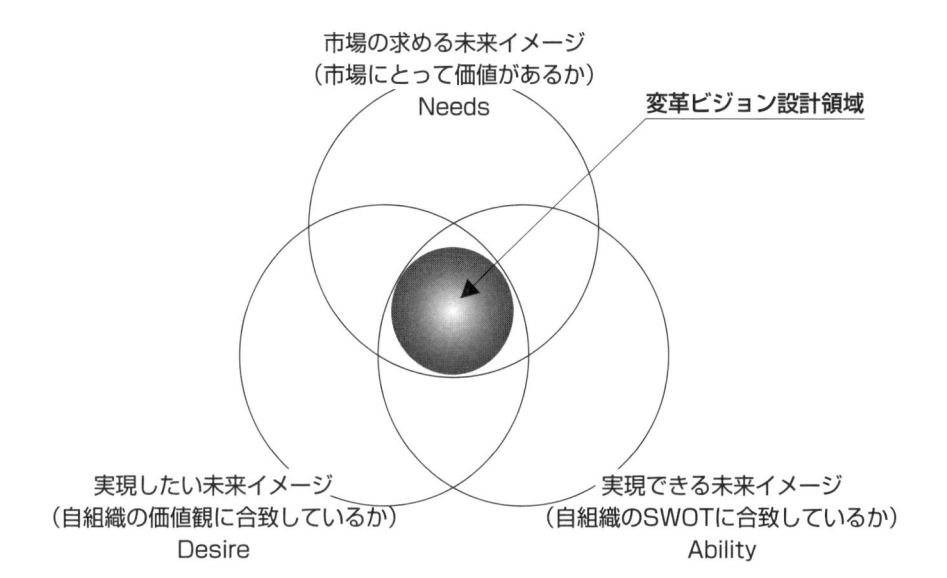

市場の求める未来イメージ
（市場にとって価値があるか）
Needs

変革ビジョン設計領域

実現したい未来イメージ
（自組織の価値観に合致しているか）
Desire

実現できる未来イメージ
（自組織のSWOTに合致しているか）
Ability

（1）市場のニーズに応えているか

　市場セグメントとそのニーズに関して、明確で定量的な把握と説明ができているかを確認する。すなわち、どのような市場がどのような規模とタイミングで生まれようとしているのか、あるいは変化しようとしているのかが明確に説明できていることが必要である。

　たとえば、週間、月間、年間などの業務計画は、必ずしも顧客や市場と自己組織との将来関係を定量化せずに、現在の経営資源と組織の事情に基づく目標を設定し、戦略展開をしていることが少なくない。また、昨年や前回の実績に何らかの論理的な配慮を加えて作成しただけの計画は、外部の変化を反映したつもりでも、外部変化がもたらす機会と脅威を見極めきれていないために、本質的な自己変革の機会を見逃している可能性も少なくない。

（2）自組織で実現できるか

1）目標値の現実性の確認

　実現できる設計図になっているかどうかを確認するには、まず論理矛盾のない現実的な目標値が設定されていることを確かめる。具体的には以下の3点を確認する。

◎──市場機会と矛盾しない目標値となっているか

　どのような市場機会をとらえた目標値なのか。市場で認識されている機会と目標とが、矛盾なく適合していることが問われる。

　たとえば、成長期にあるビジネスでは売上高の伸長率が重視されるが、ここで利益率にかかわる目標設定をすることは、ビジネスサイクルに矛盾している。極端な事例として、起業の初日から利益率の最大化を最優先の目標とすることを想定してみればわかるだろう。逆に、成熟期にあるビジネスでは利益率の伸長や維持が重視されるが、ここで売上高の伸長にかかわる目標設定をすることも、ビジネスサイクルに矛盾している。

◎──矛盾した目標値が同じ優先順位で設定されていないか

　売上高や市場シェアの最大化と利益額や利益率の最大化は、どのような市場環境においても一般的には相互に矛盾する目標設定である。もちろん両者ともに健全経営にとっては不可欠な業績指標であるが、売上高の最大化と利益率の最大化は最終的には相反する関係とならざるをえない（そうでないのは両方の最適化を目指している場合であるが、これは言葉では表現できても現実にはその曖昧さが現場での混乱を招き、結局中途半端な結果になることが少なくない）。これらのいずれかを最大化しようとする場合には、片方をその場合の所与条件、あるいは拘束条件と位置づける。

◎──統合的な目標値が存在するか

　複数の目標値が優先順位や関連性も明確にされないまま列挙されていると、資源の集中と選択ができず、実現からは程遠くなる。最も重要な変革ビジョンを統合する目標値と、それを実現するために必要な戦略目標値群に明確に区分されている必要がある。

2）自組織の独自能力が活用されているか

◎──潜在能力を見直しているか

　SWOT分析で考察したように、自組織の現在までの強みがそのまま変革ビジョンを

実現するための強みとなるとは限らない。それらを陳腐化させるような状況が、変革を促しているからだ。かといって、自組織の過去の経験と無関係な強みを必要とする変革ビジョンでは実現性が低い。そこで、変革ビジョンの実現のために、どれだけ自組織の潜在能力を見直しているかが重要となる。

日産自動車のV字回復に際してカルロス・ゴーンが着目し期待した強みは、日産自動車社員全体のインテリジェンスの高さであった。彼は就任初期に、「過去からの経営のしがらみによって抑え込まれている社員の優秀なインテリジェンスを発揮させられれば、変革は実現できる」と表明している。ホンダがアメリカの大手自動車メーカーより早くマスキー法に合致したエンジンを開発できたのも、エンジン開発に対する選択と集中の経営を行っていたという潜在的な強みが大きく影響していた。

◎──チャンピオン人材の存在を確認する

組織としての強みは、潜在的であれ顕在的であれ、必ずしも具体的に把握できているとは限らない。漠然とした過去の経験や思い込みで、強みが存在すると社員や経営陣の多くが感じているものの、実際にはほとんど存在しないことも決して少なくない。

組織の強みを確認するには、業界レベルで比較して卓越している「チャンピオン人材」が存在しているかどうかを確かめる。その表現からは、かなり大掛かりな存在を想像しがちだが、巨大企業においても現実には1人か、あるいはきわめて限られた少人数のチャンピオン人材が組織的強みの中核となっていることが少なくないし、現実的にはそれで十分でもある。このようなチャンピオン人材が具体的に見つからない場合には、想定した強みが存在すると仮定することは、むしろ危険である。

3）外部変化の速度と自己変革の速度の対応

変革を実現するための成功要件や強みを育成する「時間」が現実的であるかどうかも、確認する必要がある。具体的には、自己変革の速度が市場の要求スピードと合致しているか、競合他社のスピードを凌駕しているかを確認する。市場の要求スピードとは市場成長の可能性のスピードであり、市場環境の7つの変化要素（自社と顧客、競合他社、協力会社、新規参入者、代替価値、流通チャネル、行政規制）によって決定される。

（3）実現したい未来イメージであるか

1）設計者の意思・コミットメントの表現

実現したい未来イメージであるためには、まず設計者自身の意思とコミットメントが

表現された内容になっていることが大前提となる。すなわち、「設計責任者が特定」できて、設計者の「ビジョン実現の意思とコミットメント」が何らかのかたちで織り込まれていることが必要である。また、設計者と実行者が同じであることは、コミットメントを証明するための基本原則である。

そのほかにコミットメントを示す要素としては、
1. 目標値の設定が意欲的な、いわゆるストレッチ・ゴールである
2. 目的の表現のなかに、本音で理解し共感できる意義が説明されている
3. 設計者の不安感が十分にコントロールされている
などがある。

2）関係者の欲求と期待の反映

また、組織のメンバーにとっても「実現したい未来イメージ」になっているかを確認する。関係者の「大部分の」欲求を満たして、実現意欲を喚起する内容となっているかどうかがチェックポイントとなる。

5◉変革ビジョン設計の意識設定

変革ビジョン設計は、いわば「外部の変化情報から、自己の強みを発揮できる機会を見つけ出して、目標設定する」行動である。この行動を習慣化するには、以下の4つの意識を持つ必要がある。

1）変化に対する感受性

まず、変化に対する感受性を養っておく。身の回りの変化に対する好奇心を高め、変化こそがビジネスの革新の源泉であるという、変化に対する肯定的な意識を持つ。これが変化の予兆を積極的に分析する習慣につながる。

1974年に、世界最速のLSIコンピュータを開発した池田俊雄（富士通専務＝当時）は、若手社員に対して次のようなメッセージを発信した。

「電子計算機屋というのは自分の進歩を止めた瞬間に必ずつぶされてしまうんですね」
「絶えず進歩する、自分を進歩させ続けることに、本当の生きているという意義があるんだと私はそう思います」

(NHK プロジェクトX 「電子計算機屋の夢」)

2）心理の流動性

　自身の「思い込み」や「こだわり」を流動させる意識も必要となる。この心理の流動性[17]があって初めて、変化をとらえたうえでの、新たな行動をイメージすることが可能になる。

　心理の流動性は、「What-If」の自己問答を、どれだけ頻繁に実行しているかで確認できる。「もし自分がその立場であれば」「もしそうなった場合には」「もしそれが事実であるとすれば」などの問答である。ビジネススクールにおける主要メソッドとなっているケーススタディは、まさにこの仮想問答により心理の流動性を刺激し、引き出すものである。

3）学習意識

　学習意識とは、変化のなかに「機会」、つまりポジティブな情報を発見しようとする意識である。変化は通常、現状に対する異常や、現状を否定する情報として最初に認識される。しかしながら、視点を変えることで、変化には必ず活用すべき利点や機会が見つかる。これを素早く学習しようという意識が、学習意識である。たとえば、失敗は最もネガティブな変化情報であるが、一方で自己強化の最も重要なポイントを明示してくれる「機会」であるともとらえられる。

　学習意識を自己チェックするには、以下の質問を自分に投げかけてみるとよい。
　「変化に直面した時に、これを避けようとしてあれこれと言い訳するのではなく、むしろ変化の中に機会を見出そうとするか」
　この質問は、GEの90年代のマネジメント評価指標の1つである。

4）イノベーションのジレンマ認識

　変化情報はまず現在うまくいっているビジネスが経年劣化（＝脅威）していることを警告し、その次には、経年劣化の原因となっている新たなニーズと市場の可能性（＝機会）を示唆してくれる。

　現在のビジネスのニーズと新たなビジネスのニーズは異なっているのみでなく、後者が前者を駆逐する関係にある場合が多い。したがって、新規ビジネスを実現するための行動パターンや技術、価値観も、現在のビジネスを実現させているそれらを凌駕し、場合によっては否定するものである場合もある。この現在と新規のビジネスの葛藤が、

17　心理の流動性は、加藤秀俊氏によれば、「人間が社会を自由な、変動するものとして知覚するための必要条件」（『情報行動』中公新書、1972年）であり、自分を仮想の立場におくことができるイメージ力でもある。

図表2-20　イノベーションのジレンマ

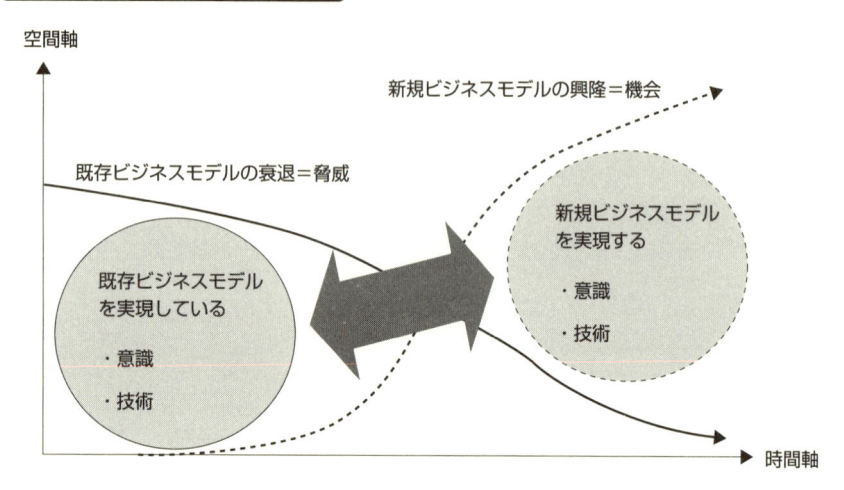

空間軸

新規ビジネスモデルの興隆＝機会

既存ビジネスモデルの衰退＝脅威

既存ビジネスモデルを実現している
・意識
・技術

新規ビジネスモデルを実現する
・意識
・技術

時間軸

出典：クレイトン・クリステンセン著『イノベーションのジレンマ』翔泳社、2001年　を参考に作成

「イノベーションのジレンマ」である。この考え方は、近年、クレイトン・クリステンセンほかにより提唱されている**（図表2－20）**。

　変革ビジョンを作成する際にこのイノベーションのジレンマを意識することで、通常、大部分の人々が脅威と感じる変化の中に機会を見出すことができる。すなわち、既存のビジネスの退潮現象に多くの人々は脅威を感じるが、その退潮をもたらしている原因となっている新たな市場や潜在ニーズが生まれつつあるという確信があれば、目前の脅威にとらわれずに、その背後にある機会を見極める行動にいち早く移れるのである。イノベーションのジレンマへの対応については、第3章第3節で詳述する。

コラム ◎ 自立と順応のジレンマ

　心理の流動性を維持することにより、自立革新的な意識を確立することができる。この自立革新的な意識に対立するのが、「組織順応」の意識である。組織順応意識とは、組織内の協力を尊重する意識で、特に高度成長期に重視され、20世紀後半の日本社会においては、個人の成功要件でもあった。一方で自立革新意識は、この協働・協調の和を乱す方向で働きがちである。

変革ビジョン設計者が直面するのが、組織順応と自立革新のジレンマである。これらをどのように両立すればよいだろうか。

　まず重要なことは、変革は自立革新型人材と組織順応型人材のチームワークで初めて実現するという事実を意識することである。組織順応型の人々を保守頑迷であるからといって排除しようとしたり、これらの人々と対立する状態のままでは、変革ビジョン実現に現実的な見通しは立たない。

　また、組織順応型の人材は、変革に対して保守的な姿勢をとりがちであるが、それはまさに組織順応型人材の特質であり、強みでもあるという事情を理解することも重要だろう。組織順応型の保守的行動の「事情」を理解する行動、すなわち共鳴行動はまた、対象人材に対する動機づけにもなる（共鳴行動については、第2章第5節で述べる）。

　さらに、最終的に意識すべき目標は、組織順応型人材を「変革革新の文化に順応させる」ことだ。高度成長期に浸透したQCサークルは、必ずしも経営戦略の本質に関与する内容ではなかったが、大多数の人々を確実に改善文化に順応させることに成功していた。

第2章第2節　変革ビジョン設計の技術　まとめ

1．変革ビジョン設計と構成要素
　1）変革ビジョンは、自己（組織）と外部環境との未来関係の設計図。
　　　設計する未来関係は以下の3要素で表現する。
　　　・市場の求める関係（＝Needs）
　　　・実現できる関係（＝Ability）
　　　・実現したい関係（＝Desire）
　2）変化情報から設定した、目的、目標、戦略で設計する。
　3）変革ビジョン設計の効果は、変革起動（＝Commitment）、方向共有（＝Orientation）、意欲喚起（＝Engagement）の3つである。

2．変革ビジョン設計のプロセス
　1）外部環境分析
　2）目標設定
　3）内部環境分析
　4）戦略展開

3．変革ビジョン設計の技術と留意点
　1）社会環境と市場環境の分析領域モデルの活用
　2）変革要因の機会と脅威の定量化
　3）市場セグメンテーションに基づく目的、目標設定
　4）SWOTの経年変化分析
　5）戦略展開フレームワーク・モデルの活用

4．変革ビジョン設計の影響力判定
　変革ビジョン成立の3要素に照らし合わせて判定する。

5．変革ビジョン設計の意識設定
　変化への感受性、心理の流動性、学習行動、イノベーションのジレンマ認識など。

第3節　変革共有コミュニケーションの技術

ケース 2-3（A）

大手外資系コンサルティングファーム日本法人X社　ERPプロジェクト・ミーティング　1998年9月20日

　大手外資系コンサルティングファーム日本法人X社の会議室では、最近受注した大型ERP[18]案件のプロジェクトチーム・リーダー東山が、先ほどから8名のサブプロジェクトリーダーを前にして、プロジェクトの重要性について話し続けていた。
　東山は、このプロジェクトがグローバルな事例で見ても最大規模であり、またグローバル最重要顧客リスト企業である石油業界大手のE社との長期的な関係維持のためにも、失敗は許されないことを強調していた。また、このプロジェクトが成功すれば、サブリーダーを含めた80名近くの全メンバーが、経験能力グレード評価でも、業績評価においても高い評価を得られ、昇格や高額の変動報酬を手にすることができるともつけ加えた。これらはすでに全員が周知のことではあったのだが、改めてこのプロジェクトチームのメンバーであることのメリットを確認させようとしていたのだ。
　しかしながら、90年代中盤から数々のERPプロジェクトを経験し、プロジェクトリーダーとしての力にも絶対の自信を誇っている東山でも、さすがに連日の睡眠不足による疲労と苛立ちが隠せなかった。このプロジェクトは開始以来6カ月で、すでに3カ月のスケジュール遅延を生じていた。
　東山の話を聞いているメンバーのほうは、彼に直接顔を向けているのは2～3人で、大部分は手前に置いたノートパソコンを眺めたり、ほかのメンバーの様子を眺めたりしている。何人かは、プロジェクトに関する部下とのやり取りのメールに意識を集中している。
　前回のプロジェクトから、引き続いて東山のサブリーダーを務めている坂本が、この

18　Enterprise Resource Planning：ドイツSAP社などの製品に代表される企業の基幹ITシステム・パッケージの総称

場の雰囲気を変えようと手を挙げた。
「このような話をいまさら出してみても仕方がないかもしれませんが、今回のプロジェクト遅延のそもそもの原因は、契約時にＥ社の丸投げ要求を安直に受けすぎたことにあるのではないでしょうか。メンバーの皆が、連日のようにさまざまな部署から提出される要求仕様の山に埋もれてしまっています。まずＥ社側に、顧客要求の全体を取りまとめられるプロジェクトリーダーを選定してもらわないと、状況は悪くなるばかりです」
　東山はほかのメンバーを見渡しながら、坂本の話を聞いていたが、坂本の話が終わると口を開いた。
「出発時点の大盤振る舞いの契約交渉を、いまさら取り上げても仕方ないじゃないか。この大型案件を、Ｅ社がグローバル契約しているＹ社ではなく、うちのほうに例外的に発注してもらうためにはやむをえない状況だった。それは君もわかっているだろう」
　先ほどからPCに向かって忙しく手を動かしていた若手の秋山がここで口を開いた。
「たしかに契約時のやり取りでは難しかったかもしれません。しかし、このような状況になってしまった以上、坂本さんのおっしゃるように、Ｅ社側で全体を取り仕切れる人を、至急プロジェクトのトップに据えてもらうように強く要求すべきだと思います。このままさらに遅れれば、来年６月の納期にもとうてい間に合いませんし、契約条項にあるように遅延によるコスト負担はほぼお客様側に発生するわけですから、だれか社内に影響力がある専任プロジェクトリーダーを決めてくれというのは妥当な話だと思うんですが」
「そうはいっても、その人選だって難しいだろう。そうこうしている間に時間もなんだかんだで１カ月や２カ月はかかるだろう。ほかに何かいいアイデアはないのか」

〈ケース2-3（A）考察課題〉
　１．プロジェクトチーム・リーダーの東山は、コミュニケーションの目的と成功要件を実現できているだろうか。
　２．コミュニケーションの目的と成功要件を実現するために、あなたが東山の立場であればどのように行動するだろうか。

*考察課題については、本節の「まとめ」で解説する。

1●変革共有コミュニケーションの定義と成功要件

(1) 変革共有コミュニケーションとは

　変革共有コミュニケーションとは、**情報の受信者を変革ビジョンに共鳴させ、参画のコミットメント（約束）を得る**行動である。

　変革共有コミュニケーションでは「情報を形成し発信する行動」だけでなく、受信者側の**理解**を得ることも、行動の範囲に入る。さらに、理解を得たうえで受信者側に**共鳴**させることで、発信者が意図した変革行動に参画させることができ、最終的に変革共有コミュニケーションの目的が実現できる。

(2) 変革共有コミュニケーションの成功要件

　先に述べた「共鳴」とは、受信側が変革ビジョンを自分のイメージとして再生し、変革ビジョンへの参画を約束する（コミットする）行動である。

　共鳴を起こすためには、**論理情報**（言葉による情報・説明）とともに、**感情情報**（感情に訴えかける、必ずしも言葉によらない情報）の形成が必要である。**感情情報が共鳴の成否を決定し、最終的に参画を実現する「カギ」**となる。なぜなら、論理情報を徹底的に検証、検討しても、結局は未来に関する情報を完全に把握できるわけではなく、受信者側の最終決断は、「直感」や「意志」と呼ばれる、感情的な判定に依存せざるをえないからだ。

　また、論理情報は内容を伝えるための必須情報ではあるが、論理情報を完全に転送・伝搬することは、人間同士ではまずありえない。まして、内容量の大きな変革ビジョンを、右から左に、あるいは、個人から集団に完全に「転送」することは期待できない。変革ビジョンの共有は、受信側が変革ビジョンの目的と目標、主要な戦略などの論理的情報とともに、同時に受信する「感情情報」に促されて自ら発信側の変革ビジョンを「**再生する**」ことで実現している。ここでも、受信側に発信側の変革ビジョンを再生する意欲を持たせるための感情情報がカギとなる。

　つまり、変革共有コミュニケーションの成功要件は、論理情報とともに感情情報を効果的に形成して発信し、理解と共鳴を実現することである。

2● 変革共有コミュニケーションのプロセス

　変革共有コミュニケーションは、**図表2−21**に示すように5段階で実行する。
　このうち、理解と共鳴を実現するプロセスは、**関係、提案、共鳴、参画**の4段階で、これは一般的なシナリオ展開の4段階である「起承転結」や、交渉プロセスの4段階である「Relationship（関係づけ）、Proposal（提案）、 Listen（傾聴）、Closing（合意締結）」にも該当する。これらの4フェーズの前に、発信情報内容と伝搬シナリオを選択する**形成**の段階がある。
　詳しい内容と留意点に関しては、次項で解説することとし、ここでは大まかな内容のみ述べる。
　なお、変革共有コミュニケーションの方向としては「トップダウン型」と「ボトムアップ型」の2つがあるが、ボトムアップ型はトップダウン型の応用変形であるから、本項および次項では、まずトップダウン型を考察し、次に補完的にボトムアップ型を考察する。

1）形成
　変革ビジョンを共有可能な内容と構造に構成し、適合する伝搬スタイルを選択してシナリオを準備する。トップダウン型とボトムアップ型の違いはない。
　①内容形成：共鳴を可能にする論理情報と感情情報を整理する。
　②構造形成：受信可能な構造に構成する。
　③伝搬スタイル選択：受信側スタイルと発信側スタイルの適合を計画する。

2）関係
　発信側と受信側の連帯関係を確認し、同時に現状認識を共有する。トップダウン型とボトムアップ型の違いはない。
　①連帯確認：受信者と発信者の連帯関係を確認する。

図表2-21　変革共有コミュニケーションのプロセス

形成　→　関係　→　提案　→　共鳴　→　参画

②現状共有：現状分析結果を共有する。

3）提案
　変革ビジョンを提案する。このフェーズでは、トップダウン型では変革ビジョン設計者（変革リーダー）が提案発信者であるのに対して、ボトムアップ型では変革関係者がブレーンストーミング型提案の発信者となる。
　トップダウン型：
　①変革ビジョンの3構成要素を発信する。
　②情報発信時間を抑制する。
　③傾聴を意識し実行する。

4）共鳴
　双方向の情報受発信を実現する。このフェーズでは、トップダウン型では提案受信側の変革関係者がおもな情報発信者であるが、ボトムアップ型ではブレーンストーミング型提案の受信側である変革リーダーが発信者、あるいはファシリテーターの役割を担う。
　トップダウン型：
　①共鳴情報の発信：提案発信側が受信側に対する共鳴情報を発信する。
　②共鳴情報の受信：提案発信側が受信側からの共鳴情報を受信し増幅する。

5）参画
　全員の変革ビジョン実行への参画コミットメントを確認する。

3●変革共有コミュニケーションの技術と留意点

（1）形成フェーズの技術と留意点

1）内容の形成
　発信者が納得しており、受信側が共鳴できる情報を準備する。

　◎──**発信者側が納得している内容**

　受信者を共鳴させるためには、まず発信者自身が内容に納得できていることが大前提となる。ここでは、前節の「変革ビジョンの成立3要素」（①市場ニーズ、②実現可能性・独自能力、③実現したい未来イメージ＝魅力）が具体的に把握できていることが納

得の根拠となる。特に①②の論理情報に加えて、③の感情情報が納得できているかが重要となる。

◎──受信者側が共鳴できる内容

一般的なコミュニケーションにおいても、「コミュニケーションが不成立だった場合の原因が相手側にもある」という考え方や見方が、コミュニケーション能力を強化するうえでの最大の障害となっている。コミュニケーションをとりたいというニーズが発信側にある以上、それを実現できるまで、発信側が問題点を解決するという責任意識と姿勢が、コミュニケーション能力の向上には不可欠である。またこの責任意識なくして、円滑なコミュニケーションを実現することは難しい。

同様に、変革共有コミュニケーションにおいても、受信側を共鳴させることは発信者の責任であり、変革実行に不可欠な「関係者が共鳴できる内容と表現」を実現することが形成フェーズの重要なポイントである。

受信者が共鳴できる内容のおもな要件としては、以下の3点がある。
①受信者の参画機会が設定されている。
②受信者のメリットが明示されている。
③受信者の事情に配慮している。

2）構造の形成

受信可能な論理構造で構成する。おもな留意点は、単純明快な構造、論理明快な構造、パッケージ化の3点である。

◎──単純明快な構造

論理的に矛盾がなく、同時にそれらが単純明快に表現できている必要がある。言い換えると、情報の全体であれ、部分であれ、「一言でいえば」と要約できる状態になっていることが必要である。

◎──論理明快な構造

論理的思考の基本である、論理階層展開（結論から先に述べ、それをサポートする材料を展開していく、ピラミッド型の論理構造）とMECEで構成することが必要である[19]。ただし、これらにこだわりすぎると、情報発信のタイミングを失したりインパクトを薄めてしまうことがある。論理的な階層展開とMECE構成を基本としながらも、最も重要な情報の発信を優先する意識も重要だ。すなわち、まず決定的な決め手となる最重要情報を選

択して表現することに集中し、ほかの2次的な情報は割愛する。このための発想法としては、パレート発想がある（パレート発想については、第3章第1節を参照）。

◎──パッケージ化

受信者側の思考と記憶プロセスの容量に合わせて、発信情報のパッケージ化を図る。これは電子情報の受発信の場合のパケット化と同じ考え方である。受信側の受信容量を超える情報を一度に発信しないように、分割して発信する。

一般的に、マイクロソフト社のソフトウエア「パワーポイント」によるプレゼンテーションが効果を実現しているのは、パワーポイント各ページの容量制限によって、自動的に一度に発信できる情報が制限され、パッケージ化されていることが大きな原因となっていると考えられる。口頭でのコミュニケーションにおいても、文章でのコミュニケーションにおいても、パワーポイント活用と同様のイメージで、情報のパッケージ化を実践する。

3）伝搬スタイルの選択

受信側のコミュニケーション・スタイルと、発信側のコミュニケーション・スタイルを適合させる。またトップダウン型かボトムアップ型かの、情報受発信方向を選択する。さらに、対面のコミュニケーションとするか、何らかの情報機器を介するか、口頭でのコミュニケーションなのか、ビジュアル効果を含めた文章でのコミュニケーションを活用するのかなどの選択もある。

◎──情報受発信スタイルの選択

以下で、第1章で紹介した「状況応変型リーダーシップ・モデル」に基づいて、受信者のタイプに適合した情報発信のスタイルを検討してみよう。

状況応変型リーダーシップ・モデル（**図表2－22**）で4分類される受信者の特徴に合わせた、情報伝搬スタイルの要点は以下のとおりである。

結果重視型（Directive）の特徴は、文字どおり結果を重視することである。このような受信者には、まず何をおいても結論を早い段階で明示し、それから説明を行う。伝達する情報の内容も、議論を誘発したり、明瞭さやコミットメントに欠けるような内容は受容されにくい。

19　論理階層展開、MECE構成の詳細については、バーバラ・ミント著『新版考える技術・書く技術』（ダイヤモンド社）などの関連書を参照のこと。

図表2-22　状況応変型リーダーシップ・モデルの特徴

	論理重視	
分析重視型		**結果重視型**
◎ 論理や説明の緻密さや正確さ × 論理の飛躍や粗さ		◎ 明快な結論とコミットメント × 仮説や条件つきの結論
要因重視		結果重視
◎ 人情や感情に対する配慮 × 論理性や結果への偏重		◎ 共有すべき価値観や規範を体現 × 過剰な技巧や権謀術数
感情重視型		**理念重視型**
	感情重視	

　分析重視型（Analytical）は、いきなり結論に入ることや、論理の飛躍や端折りを嫌悪する。結論の明確さよりも、結論に至る論理の緻密さや正確さが求められる。感情に訴えることはほとんど効果がなく、むしろ逆効果の場合もある。また、具体的であることをきわめて重視する。

　感情重視型（Amiable）には、論理的でありすぎること自体が嫌悪感の対象になることもある。また人の感情を配慮しない情報は、内容にかかわらず低く評価される。表面上は穏やかに受信しているようでも、実質的には何も理解されず、むしろ反発されていることすらある。理解度や感情を確認しつつ、配慮あるコミュニケーションをとる必要がある。

　理念重視型（Expressive）には、あくまでも共有すべき価値観や規範に則した情報内容を実現する必要がある。「筋が通らない」内容は往々にして拒絶されてしまう。また、必要以上のコミュニケーションの技巧や配慮には、むしろ嫌悪を感じる傾向もある。具体的な内容よりも、概念化された内容のほうが理解されやすい。

コラム ◎ 状況応変型コミュニケーション・モデルの応用事例　その１
　　　〈内容（Content）重視と文脈（Context）重視〉

　受信側の「情報受信形態」の１つである、内容（Content）重視型か文脈

(Context)重視型かの2分類に着目することで、伝搬効果を高めることもできる。

　ここでいう文脈重視とは、情報発信者の本音や意図、狙い、背景などに注目する受信スタイルで、情報発信者の本音やコミットメント、あるいは誠実さなどを吟味する行動パターンをいう。感情重視にも似ているが、いわゆる「情報の裏」を読むことに専念する。論理情報と感情情報の両方に着目しながら、情報の発信源の意図を探索・考察する行動といってもよいだろう。

　これに対して、内容重視とは、情報内容そのものに意識を集中する受信スタイルで、論理性や希少性、意外性などに着目する。

　一般的に、コミュニケーション経験が少ないほど、情報内容に意識を集めやすく、人間関係についての経験が増えると、情報の裏側にある心理を読むことにより意識を集中し始める。しかしこれは、情報内容の論理性や明快さにうといということではない。そういった点も合わせて、発信者の意図や心理を把握する材料にする行動パターンが、文脈重視型といってよい。また、情報内容そのものにこだわる内容重視型は、分析と理念を重視するスタイルであるのに対して、情報内容の裏や真意にこだわる文脈型は、結果と関係（人情）を重視するスタイルであることが多い。

コラム◎状況応変型コミュニケーション・モデルの応用事例　その2
〈「話し手」と「聞き手」〉

　受信側の「情報処理形態」に対応して伝搬スタイルを選択することで、効果を高めることもできる。

　情報処理形態としては、「双方向の議論によって納得しながら情報を記憶、あるいは整理する」タイプと、「一方向で情報を受け入れておいて、後で吟味する」タイプがある。前者は「話し手」と呼ばれるタイプであり、後者は「聞き手」と呼ばれるタイプである。

　話し手に対しては、さまざまな角度からの議論に簡潔明瞭に答えることや、受信者の議論の主旨や意図を、明確に理解しながら発信することが必要になってくる。さらに、これらの議論の中から、発信者自身が新たな発見をする学習意欲も求められる。受信者側の意見が最終的な結論に反映されないと、受信側は十分に納得しない可能性が高い。話し手に対しては、議論を通じた共同作業で結論に到達したという実感が持てるコミュニケーションを実現することが必要である。

　一方で、聞き手タイプの受信者には、その受信能力を理解し、それに応じたレベルの簡明さを実現することが重要だ。また、情報のビジュアル化や、コミュニケー

ションの途中で、簡単明瞭な質問を投げかけることも有効であろう。また、情報量が多い場合には、文章によるコミュニケーションを活用することが有効であるかもしれない。聞き手タイプは共同作業の実感による巻き込みをあまり好まないために、聞き手側の理解、共鳴、反応を観察するための別の工夫が必要になる。

◎──**情報受発信方向の選択**

おもに**自立型人材**から構成される集団や組織に対しては、協働行動に合致した、ボトムアップ型コミュニケーション・シナリオとプロセスを選択する。おもに**順応型人材**から構成される集団や組織に対しては、トップダウン型コミュニケーション・シナリオとプロセスを選択する。

◎──**情報発信メディアの選択**

文章コミュニケーションの強みは、聴覚能力に依存する口頭コミュニケーションよりも、受信側が比較的大量の情報を視覚からスピーディに取り込むことができる点である。一方で、対面の口頭コミュニケーションの強みは、受信側が視覚も活用して、発信側の感情面の情報を直接把握できることである。これにより受信側は、信頼関係を確立するか否かの判断をスピーディに行える。これらの特徴を活用し、状況に応じてメディアを選択する。

また、情報発信側のリーダーシップ・タイプに応じて、得意なメディアを選択することによりコミュニケーション効果を大きくすることができる。一般的に、戦略実行型や価値創造型の「**自己の内部思考に埋没することで、情報を創造する**」ことの得意なタイプは、文章コミュニケーションによる情報発信を効果的に活用できる傾向が強い。また、目標達成型や人材育成型の「**対面している他者の思考や感情を把握することで情報創造を支援する**」ことの得意なタイプは、対面の口頭コミュニケーションを効果的に活用できることが多い。

なお、文章コミュニケーションは、変革共有コミュニケーションの成功要件である「共鳴」ができない点がネックとなっているようにも見える。しかし、むしろ作成時に受信側の反応をじっくりと推測し、シミュレーションする余裕があるために、発信者の意識次第では十分に共鳴を実現できる。

また最近は若い世代を中心に、インターネットの掲示板などを活用した情報のやり取りが定着しているが、これは一般的には、内部思考の価値創造型が、情報発信メディアを活用することにより口頭コミュニケーションに類似した双方向を実現できる機会を獲得しているといってよいだろう。

(2) 関係フェーズの技術と留意点

関係フェーズは、情報発信側と受信側との関係や連帯感を確認する**連帯確認**と、ともに直面している現状に対する認識を共有する**現状共有**から構成される。

起承転結の「起」であり、交渉プロセスの「Relation(関係づけ)」に相当する。トップダウン型にもボトムアップ型にも共通に必要な行動である。

1) 連帯確認

連帯確認では、発信者と受信者の過去の協働経験や成功事例を引用して、連帯感や共同体意識を共有する。アメリカの南北戦争終盤の、リンカーン大統領のゲティスバーグ演説にも顕著に観察できる。

八十七年前、われわれの父祖たちは、
この大陸に新しい国家を打ち立てた。
その国は自由の理念により身ごもり、
すべての人間は平等につくられたという理念に捧げられた。

（ゲリー・ウィルズ著『リンカーンの三分間』共同通信社、1995年）

アメリカ大統領選挙の際のテレビ討論におけるクリントンの対応からも、この連帯確認がいかに大きな効果をもたらすかがわかる。

一九九二年十月十五日、第二回目の「大統領候補テレビ討論会」が行なわれた。討論参加者はジョージ・ブッシュ、ビル・クリントン、ロス・ペローの三人。その時、会場に来ていた若い黒人女性が、三人の候補者に同じ質問をした。「不景気で、あなたはどのような影響を受けたのですか」。答えは、三者三様で実に興味深く、各候補の考え方の違いも浮き彫りにした。

ペローは、出馬のためにどれほど私生活を犠牲にしたかを語った。だが、ほとんどの聴衆にはとても犠牲とは思えない内容である。一方ブッシュは、質問そのものに困惑した様子で、完全にしどろもどろになってしまい、「ご質問の趣旨がよくわからないのですが」と聞き返した。

ところが、クリントンの答えは見事だった。質問した女性のところまで歩み寄り、不況にあえぐ南部の小さな州で知事を務めた時の個人的経験や、不況のため生活苦に追い込まれた人たちのことを語り始めたのである。もう少しでその女性を抱きしめるほどの

「共感ぶり」だった。彼女の痛みはクリントン自身の痛みとなっていた。アメリカ政治で大きな「世代交代」が起きた歴史的瞬間であった。この時、クリントン陣営の戦略を担当していたジェームズ・カービルは、「これでクリントンの勝ちだ」と確信した。

（ディヴィッド・ハルバースタム著　小倉慶郎、三島篤志訳『静かなる戦争』
PHP研究所、2003年）

2）現状共有

連帯感の確認に続いて、連帯した全員が直面している現状を発信する。この情報は、提案の必要性を納得させるためのものであるが、同時に、過去の成功体験とその変質などに触れることにより、連帯確認ともなる。

「わが国経済は、ここ数年来、著しい成長を遂げて参りました。特に、昨年度は十七％という目ざましい拡大を示し、本年度に入ってからも、おおむね順調に推移し、予想以上の拡大が期待されております。このような過去の実績から見ましても、わが国経済は強い成長力を持ち、今や歴史的な発展期にあると認められます」

（前出「池田勇人首相　施政方針演説」）

今、われわれは大いなる内戦のさ中にあり、
この国が、またこのように育まれ、このように捧げられたあらゆる国が、
永く持ちこたえられるかどうかの試練にさらされている。
われわれはこの戦争の激戦地に集っている。

（前出『リンカーンの三分間』）

現状共有には、直面している課題を率直に共有することにより、相互に信頼関係を確立するという目的もある。信頼関係の確立に必要な行動としては、以下の3点が挙げられる。

①**現実の直視（Reality）**：厳しい現状から逃避することなく率直に受け入れて対応する。
②**本音の表現（Authenticity）**：うわべだけの表現や、自分自身が納得できていない表現ではなく、本音を語る。ただし、関係者を傷つけたり、自分自身の立場をむやみに損なうことのないよう注意する。
③**不安感の抑制（Confidence）**：変革提案の原因となっている現状は、通常は大部分の人々に未来に対する不安感や脅威を感じさせる。これを率直に表現する際に、

変革共有リーダー自身は、その不安感を抑制できていることが重要である。「根拠のない自信」を持てることも、この状況における大きな強みとなる。また、このような状況をユーモアを交えて表現してしまえる感覚も同様である。

(3) 提案フェーズの技術と留意点

提案フェーズは、シナリオ展開4段階の起承転結の「承」に対応し、交渉プロセス4段階の「Proposal（提案）」に対応している。前フェーズの関係構築と現状認識に基づいて、トップダウンで変革提案を示す、あるいはボトムアップの変革提案を促すフェーズである。まず、トップダウン型コミュニケーションについて述べる。

トップダウン型コミュニケーションでは、変革ビジョンの主要な情報を発信し、次フェーズで受信側が変革ビジョン内容を再生するために必要な、論理情報と感情情報を提供する。

1) 変革ビジョンの3構成要素を発信する

変革ビジョンの3構成要素「目的、目標、戦略」を発信する。このなかで、「目的」に含まれる、変革ビジョンの成立3要件を明快に表現する。特に、なぜこの変革ビジョンを実現しようとしているか、感情的な根拠となっている「魅力」について、いかに誠実かつ的確に表現できるかが重要となる。これが、関係者の動機づけのための最も重要な情報となる。

高度成長期のマネジメント・スタイルに影響されてしまっている場合には、「魅力」に関する情報をあまり重視しない傾向がある。高度成長期という、未来に意欲を燃やせる魅力が社会全体に充満している時代のマネジメントは、個々の変革ビジョンごとの魅力をあえて強調する必要がなかったからだ。

しかし、現代ではこの点がまさに関係者を共鳴させるための中核情報となる。魅力を率直に誇張なく、効果的に表現できるかが変革共有コミュニケーションの重大な関門の1つである。

前出の池田首相の施政方針演説や、リンカーン大統領のゲティスバーグ演説でも、関係確認の次に、変革提案が示されている。

われわれはこの戦場の一部を献じるためにやってきた。
この国が存続するようにと、ここで命を捧げた者たちへの
最後の安息の地として、である。

われわれがそうすることは
全く理にかない、正しいことである。

(前出『リンカーンの三分間』)

「そこで、政府は、今後十年以内に国民所得を二倍以上にすることを目標とし、この長期経済展望のもとに、さしあたり来年度以降三ヵ年間につき、年平均九％の成長を期待しつつ、これを根幹として政府の財政経済政策の総合的な展開を考えているのであります」

(前出「池田勇人首相　施政方針演説」)

2）情報発信時間を抑制する

　さらにこのフェーズでは、次フェーズで必要となる**「受信側の自発的なイメージ再生」**を促すために、双方向の情報受発信を開始する。特に、実質的な双方向の議論が可能な小集団に対して提案フェーズを実施する際には、発信側が情報発信時間や発信情報量を自ら抑制することで、受信側の理解、思考、検討、さらに、質問、反論などの余地をつくり出す。

　受信側に自発的にイメージを再生させるためには、受信側の**「理解する時間」**のみならず**「考える時間」**と**「再生する時間」**を提供することが不可欠である。現実のコミュニケーションにおいては、この間合いが確保できていない場合が多い。

　この受信側の間合いを実現するために、すぐに取り組める行動は、**情報発信時間の短縮**である。情報発信時間を短くするには、**発信情報の内容を取捨選択**して密度を高くする。たとえば、リーダーが発信する情報を優先順位づけすると**図表２-23**のようになる。この５段階のうち、リーダーが一方的に多段階にわたる発信をすればするほど、双方向性は乏しくなり、コミュニケーションに人々が反応する効果は低くなる。

　また、発信情報の密度を高めるためには、受信側のイメージ再生を強く促しうる、**簡明で印象的な数語で、第一優先の情報を表現する**ことがきわめて大きな効果を発揮する。

　次のような、よく知られている古今の例も参考になるだろう。

　「菜の花や月は東に日は西に」「賽は投げられた」「皇国の興廃はこの一戦にあり」「郵政民営化、賛成か反対か」「安心、あったか、明るく、元気」。

3）傾聴を意識し実行する

　双方向の実現のためには、**傾聴する**意識と行動が必要である。傾聴は「聞いているそぶり」などではなく、（聞くことによって）受信者の自発的な情報再生を支援するため

図表2-23 情報発信量のコントロールと情報選択

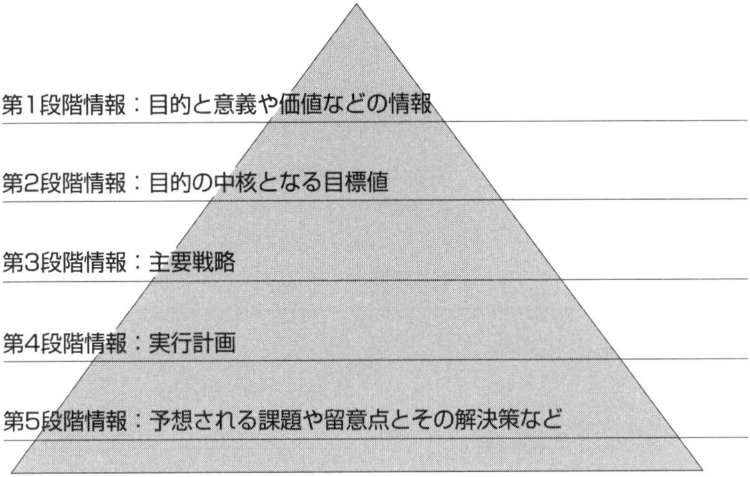

- 第1段階情報：目的と意義や価値などの情報
- 第2段階情報：目的の中核となる目標値
- 第3段階情報：主要戦略
- 第4段階情報：実行計画
- 第5段階情報：予想される課題や留意点とその解決策など

の補完情報を、積極的に見極める行動である。その際、発信者は自分の情報発信と同様の発信効率を受信者に期待せず、受信者の反応を質問や確認、言い換えなどで支援する。

このようなコミュニケーションの双方向性は、**図表2-24**の波長のイメージで表現できる。

〈ボトムアップ型コミュニケーション〉

提案フェーズでボトムアップ型コミュニケーションを促すのは、上位マネジメントで変革ビジョンが明確に準備できていない場合や、部下側が上位マネジメントよりも的確な変革ビジョンを提案できる場合である。

この場合上位マネジメントは、ボトムからの情報発信を促し支援する「ファシリテーター」の役割に徹する。その典型例としては「**ワイガヤ**」[20]がある。「ワイガヤ」は参加者全員で自由度の高い参画提案を実現できる。

以下で、ボトムアップ型コミュニケーションを行う際の留意点を見てみよう。

20　ホンダの経営役員会のコミュニケーション・スタイルの表現として使われた、「わいわい、がやがや」と勝手なことを話し、他者の情報を自己の思考に反映させながら、結論を収束させていくスタイル。

図表2-24　双方向コミュニケーションのための受発信時間の均衡

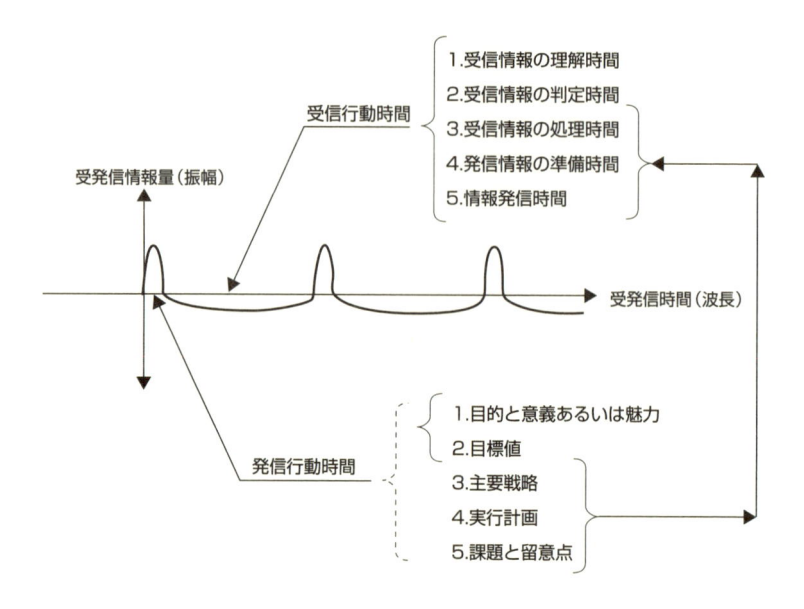

受信行動時間
1. 受信情報の理解時間
2. 受信情報の判定時間
3. 受信情報の処理時間
4. 発信情報の準備時間
5. 情報発信時間

受発信情報量（振幅）

受発信時間（波長）

発信行動時間
1. 目的と意義あるいは魅力
2. 目標値
3. 主要戦略
4. 実行計画
5. 課題と留意点

1）ブレーンストーミングの鉄則を重視する

　最大の留意点は、ボトムからの情報提案を損なわないことである。具体的には以下の3点が挙げられる。

　① 個々の提案を評価しない、また相互に評価させない。
　② 提案のポジティブな面のみに着目して、機会を指摘する。
　③ 先入観やあらかじめ期待していた方向にこだわらず、意外性を尊重する。
　いずれも、徹底的な傾聴を実現するための要件でもある。

2）共通の判定基準で優先順位づけする

　ブレーンストーミングにより提案された課題案や解決案を、関係者全員が合意できる判定基準で優先順位づけし、「目的、目標、戦略」の候補を絞り込む。この際、顧客市場や顧客企業の視点から優先順位を判定することで、上位マネジメントの主観的な介入や、内部事情による選択を避けることができる。

(4) 共鳴フェーズの技術と留意点

共鳴フェーズは、起承転結の「転」、交渉プロセス4段階の「Listen(傾聴)」に対応する。すでに前フェーズから「傾聴」が効果を発揮し始めているが、傾聴が最大の効果を発揮するのが共鳴フェーズである。

このフェーズのコミュニケーションにもトップダウン型とボトムアップ型があるが、ここでもトップダウン型から見てみよう。

1) 共鳴情報の発信

受信側からの共鳴を獲得したければ、まず発信側が受信側に共鳴を実践して見せることが大前提となる。このために、まず「共鳴情報」を発信する。共鳴情報には、論理情報と感情情報がある。

◎──論理的共鳴情報の発信

論理的共鳴情報とは、相手側が前フェーズの提案を受けて感じた**課題や事情を共有していることを示す情報**、あるいは、**相手側の課題や事情の解決に参画する意思を示す情報**である。また、提案を実行するために必要な能力と経営資源を十分に保有していることを受信側に想起させる情報でもある。したがって、受信者側が変革提案を受け取った結果感じている**課題や事情に対する対応策についての情報**も提供される。

前出の池田首相の施政方針演説では、国民の能力が高度成長を実現させる原動力となりうることを示し、多くの受信側に生じたはずのインフレ懸念に対して、経済均衡政策を実行する対応策を示している。

「経済が国際的にも国内的にも均衡を維持しつつこのような高度の成長を遂げることは、もとより国民の自由な創意に基づくたくましい活動力によるものであります。私がかかる経済成長を無理に国民に押しつけようとしているのでは決してないのであります。わが国民は、過去十年間において、変動する国際経済にさおさしつつ、年平均九％以上のインフレなき経済成長を遂げて参りました。私は、政府の施策よろしきを得れば、今後もそれに劣らない成長を生み出すに違いないし、その成長をささえる条件にも恵まれていることを確信するものであります。この経済の成長は、旺盛な設備投資による企業の合理化、近代化を通じて、生産の順調な増加をもたらしますので、物価の騰貴、通貨不安定等のインフレ的現象が生起する心配はないのであります。世界においてわが国の物価が一番高い安定度を示し、輸出の増進と国民の実質所得の着実な向上を示してい

ることは、このことを物語るものであります」

(前出「池田勇人首相　施政方針演説」)

　また、リンカーンは前出のゲティスバーグ演説で、ただ戦場の記念碑を建てるだけのためにここにいるのではないという受信者たちの思いに対応した情報の発信を続けている。

だが、彼らがここで成し遂げたことを
世界が決して忘れ去ることはない。
ここで戦った彼らが、
このように気高く推し進めた
未完の事業にここで身を捧げるべきは、
むしろ生きている者たちである。

(前出『リンカーンの三分間』)

　ビジネス分野における共鳴情報発信の事例として、ゴールマンの著作『EQリーダーシップ』の冒頭に、英国の巨大メディアBBCが、200人からなる報道部門の閉鎖を関係者に伝える事例が紹介されている。
　この事例で、最初に部門閉鎖の決定を伝えた役員は、ライバル社の業績がいかに好調であるかとか、直前まで出張していたカンヌの気候は素晴らしくてといった、目前の人々の気持ちに無頓着な発言を繰り返した後に、部門閉鎖の決定を知らせる。この対応がスタッフの反感を買い、警備員を呼んで役員を退出させる騒ぎにまで発展してしまう。
　一方翌日、別の役員が同じスタッフメンバーに対して、まったく違う態度で説明を行い、スタッフからの共感を得ることに成功した。この役員は共鳴情報を発信することに成功したといえるだろう。

　翌日、別の役員が同じスタッフを訪ね、前日の役員とはまったくちがう態度で話をした。この役員は、ジャーナリズムが活気あふれる社会を作るために重要な役割をはたしていること、皆が使命感に燃えてこの仕事に飛びこんできたことを、心をこめて語りかけた。そして、ジャーナリズムの世界に飛びこむ者に金目当ての人間はいない、と指摘した。ジャーナリズムは金銭面では報われない職種だ、ジャーナリストの雇用はいつも経済の波に翻弄されてきた、ジャーナリストとして仕事にかけてきた情熱や献身を忘れないでほしい、と語りかけた。そして最後に、今後のみなさんの健闘を祈る、と締めく

くった。
　この役員のスピーチが終わったとき、スタッフのあいだから拍手と歓声が上がった。
(前出『EQリーダーシップ』)

◎──**感情的共鳴情報の発信**

　言葉で情報を伝える「論理情報」のみでなく、直接は言葉にならなくても感情に訴えかける「感情情報」も、共鳴には大きな役割を果たす。

　これを、情報が加速的に伝搬する条件を考察してベストセラーとなった『ティッピング・ポイント』(マルコム・グラッドウェル著、飛鳥新社)では、**「感情の模倣と伝染」**
「相互同調性(Interactive Synchrony)」と表現している。同著ではその事例として、1984年の大統領選挙戦で行われた実験を紹介している。

　選挙に先立つ8日間前に、シラキュース大学のブライアン・ミューレン率いる心理学チームが、3大全国ネットワークのニュースキャスター(Anchor)、ABCのピーター・ジェニングス、NBCのトム・ブロコウ、CBSのダン・ラザーが立候補者に言及している部分を37箇所、それぞれ2秒半ほどの切れ切れのテープとして抜き出し、3人の男性の顔に浮かんだ感情の表れ方について、最低点を「きわめて消極的」、最高点を「きわめて積極的」として21段階で評価させた。その結果は次の表に示された数字だった。

	モンデール(民主党)	レーガン(共和党)
ダン・ラザー(CBS)	10.46	10.37
トム・ブロコウ(NBC)	11.21	11.50
ピーター・ジェニングス(ABC)	13.38	17.44

　ミューレンの心理学チームは、3大ネットワークの夜のニュースをいつも見ている全米各地の有権者に電話をかけ、どちらの候補に投票したかをアンケート調査した。すると、ジェニングスによるABCのニュースを見ている人でレーガンに投票した人は、CBSやNBCを見ている人よりもはるかに多いことが判明した。

　共鳴効果は、場合によっては論理情報以上に感情情報によって実現する。自民党が圧勝した2005年の選挙でも、「政策論争(論理情報)がない」という野党側の激しい指摘にもかかわらず、小泉首相の任侠的なリーダーシップ・スタイル(感情情報)と、これに反応した大部分のメディアの好意的な感情情報が、爆発的な共鳴を実現したといえる。先に引用したBBCの事例でも、論理情報とともに、役員の発信する感情情報(受信者側への思いやりや配慮の姿勢)に、受信者側が敏感に反応している。

2）共鳴情報の受信と増幅

　発信者側だけが共鳴情報を発信するのではなく、受信者側も発信者側の発言に共鳴していることを示す共鳴情報を発信する。ここでは、受信者側からの共鳴情報を受信することについて見てみよう。

◎──非公式な共鳴情報を感知する

　トップダウン型コミュニケーションにおいては、発信側が共鳴情報を言葉として受信することは必ずしも多くないだろう。だが、共鳴情報は言語以外では積極的に発信されている。これらを観測して受信側の共鳴レベルを把握することで、発信側の自信に変化が生じ、これがさらに受信側に連鎖反応を生じさせる。

　前出の『ティッピング・ポイント』では、発信側の共鳴情報を観測しようとする意識と経験が、受信側のさりげないしぐさや表情から共鳴情報を感知することに役立っているとしている。

> 「優れたミュージシャンはそれを知っている。話の上手な人もそうだ」とペンシルベニア大学のコミュニケーション学部で教鞭をとるジョゼフ・カペラは言う。「彼らはいつ聴衆が自分と一体化するかを知っている。注意が集中する瞬間の動作や同意のしぐさや静止の状態から、いつ彼らが自分と文字どおり同調するかを心得ているんだ」
> 　　　　　（マルコム・グラッドウェル著『ティッピング・ポイント』飛鳥新社、2000年）

◎──学習する意欲と姿勢で共鳴情報を増幅する

　共鳴情報を受信者の間で増幅させるには、日常化している**拍手**を十分に活用する。また、**肯定的な質問**を十分に評価し、さらに、**反抗的な質問**のプラス要素を活用して共鳴グループに引き込んでしまう。特にネガティブな情報に十分以上の対応をすることで、共鳴者を増加させることができる。いずれの場合でも発信側が、受信者から学びたいという意志と学んだ結果を、本音で誇張なく具体的に示す**学習行動**が共鳴増幅のカギとなる。すなわち、受信者側のすべての反応から、変革共有のためのヒントを**学習**する意欲と姿勢、つまり「Learning Question」[22]（合意できない理由を相手から学ぶための、「学びたい」という意識に基づく質問）を繰り出す行動が、受信側の共鳴を増幅させる。

〈ボトムアップ型コミュニケーション〉

　続いて共鳴フェーズでのボトムアップ型コミュニケーションについて、その留意点を見てみよう。

1）上位マネジメントが統合しない

　ボトムアップ型の共鳴フェーズでは、提案を行ったという自立的行動を尊重することがカギとなる。一般的に、ボトムアップの提案群は玉石混交で、必ずしも直面する課題の本質を指摘できているとは限らないし、最も効果的な解が提案されているとも限らない。しかし、これらの提案を促した上位マネジメントが、提案された課題やその解決策を統合したり修正したりしないように留意する。

　前述したように、日産のV字回復の中核部隊となったCFTにおいても、上位マネジメントの対応は、「Yes」か「考え直せ」のみであった。また、1990年代前半にGEで同様のボトムアップ型ビジネス変革プログラム「ワークアウト」を実行した際にも、上位マネジャー（ワークアウト・スポンサー）に許される対応は、「Yes」か「再考」のみに、厳しく限定されていた。

2）ストレッチを検討させる

　しかし目標値の設定においては、上位マネジメントから、ストレッチ・ゴール（提案された目標値をさらに上回る努力目標）を、強制ではなく「問いかける」ことは、提案に対する共鳴を表現することになる。提案目標値が、慎重さや不安感を反映したインパクトの薄いレベルである場合には、ストレッチを考えさせる。

3）提案者に実行を任せる

　提案者に実行を任せることは、ボトムアップ型の必須要件である。提案リーダーと実行リーダーが同一でない状況では、まず本格的な変革実現は期待できない。また、目的や目標を実現するための戦略群が、実行メンバーの責任範囲内であり、自己コントロールができる範囲内に収まるようにし、自己完結的なパッケージとして権限委譲する。

（5）参画フェーズの技術と留意点

　参画フェーズは、関係者全員の変革提案への参画のコミットメントを確認するフェーズである。シナリオ展開4段階の「結」、交渉プロセスの「Closing（合意締結）」に相当する。

22　フィッシャー＆ユーリ著『ハーバード流交渉術』三笠書房・知的生きかた文庫

1) コミットメントする意義を表現する

　参画フェーズのコミュニケーションは、参画のコミットメントを引き出し、確認することで完了する。トップダウン型、ボトムアップ型にかかわらず、このフェーズでは前フェーズまでで構築し共有した、目的や目標、主要戦略を再確認し、コミットメントする意義を印象つける。

　リンカーンのゲティスバーグ演説が、歴史的なメッセージとして広く共有されることになった最大の要因は、有名な結語で示されるように、国民のコミットメントを示していることである。

これら死者たちの死を無駄にしないように、
ここにいるわれわれは決意を高く掲げる。
神のもとで、この国に
自由と新たな誕生をもたらそう──
そして、人民の、人民による、人民のための
政治は、地上から決して滅びない。

（前出『リンカーンの三分間』）

2) コミットメントのレベルや内容を示す

　単に参画へのコミットメントを示すだけでなく、それがどの程度のコミットメントなのか、どのような内容であるのかも明らかにする。松下では、以下のような表現がされたという。

「きみたちは<u>チャンピオン・エンプロイー</u>にならなきゃだめだ。熱狂的に目標に向かって突き進み、<u>周囲を巻き込んで引っ張っていく</u>エネルギーを持たなければいけない」

（片山修著『なぜ松下は変われたか』祥伝社、2004年）

注：下線は執筆者が強調のために入れたもので、原文には含まれない。

第2章第3節　変革共有コミュニケーションの技術　まとめ

1．変革共有コミュニケーションの目的と成功要件
　変革コミュニケーションの目的は、情報発信や受信側の理解を実現することだけではなく、受信側の共鳴と参画に対するコミットメントを実現することである。

2．変革共有コミュニケーションのプロセス
　形成、関係、提案、共鳴、参画の5つのフェーズで構成される。

〈ケース2-3（A）考察課題のポイント〉
　このケースは、ボトムアップによる変革共有コミュニケーションの状況を示している。上位マネジメントである東山は、形成、関係、提案、共鳴、参画の各フェーズで必要な行動を実行しているだろうか。たとえば、関係フェーズでプロジェクトの重要性とその参加者にとっての価値を確認しようとしているが、これはこの時点での連帯感の確認や現状の共有、現状を直視する姿勢を示しているといえるだろうか。また、提案フェーズでは、ブレーンストーミングの鉄則を守れているだろうか。また共鳴フェーズを意識した、双方向の論理的情報、感情的情報の交換が実現できているだろうか。
　以下のケース2-3（B）は、ケース2-3（A）と同一の状況で、異なったコミュニケーションを実行した場合の情景である。コミュニケーションの目的と成功要件、技術と留意点の観点から、どのような違いが観察できるか、考えてみよう。

ケース2-3（B）

大手外資系コンサルティングファーム日本法人X社　ERPプロジェクト・ミーティング　1998年9月20日

　X社の会議室。大型ERP案件のプロジェクトチーム・リーダーの東山は、8名のサブプロジェクトリーダー全員がそろったのを確認して、「明日以降、ぶっ倒れる予定があるやつはいないか」と全員を見渡しながら話しかけた。
「遠慮なく知らせてくれ。ただし多い場合はアミダだ」。東山のこの言葉で、重苦しい

雰囲気がほぐれていった。東山はさらに続けた。
「いま、最もコンサルティングが必要なのは俺たちじゃないか。納期の見通しを見失うまで、お客様の満足を追求してしまいましたといったら、俺たちは即刻お払い箱。間違いないな。とはいえ、みんなもよく連日の徹夜をこなしてくれている。ありがとう。もう将来どんなにひどいプロジェクトマネジャーに出会っても怖くない自信ができただろう。E社からの必注を期すためには仕方がなかったとはいえ、契約内容がいかにも大盤振る舞いだったことは、今後の反省材料にしなければいけない。しかしまずは、われわれ自身がいかにこの苦境を乗り切るかだな。現状をどう打開すればよいのか、君らのコンサルティングを受けたいね」

しばらくの沈黙の後に、坂本がこれを受けて話し始めた。
「現状では、E社のプロジェクト関係者のほとんどに、過大な期待を抱かせてしまっているようですね。阿部さんも、社内の要求をコントロールするのではなく、とりあえず出てくるユーザー要求はすべてうちに理解させようとしています。進捗管理責任者として私からも何度も要求仕様のコントロールをお願いしているのですが、暖簾に腕押しです」

ここで、若手の秋山が発言した。
「阿部さんは、その気になればお客様社内に影響力を発揮できるだけの力は十分あるのですが、国村常務さんとうちの松本パートナーとの大風呂敷合意に、現時点で自分からNoを出すことはないと思っているのでしょうね。国村常務さんはあれで結構ボトムアップのNoには神経質らしいですから」

この発言を待っていたかのように、最近競合A社より転職してきた野村が口を開いた。
「どうもうちは、ステアリング・コミッティをあまり活用していないようですね。A社では、プロジェクト計画の必須要件になっていたのですが。コンサルタント会社とお客様の最高責任者同士を巻き込んだ、定期的な進行検討会です」

ここで、再び坂本が発言した。
「野村君が言っているのは、要は2人のトップ契約当事者も含めた関係者全員で、仕様合意しようということですね。このプロジェクトの最重要課題が、Y2K（コンピュータの2000年問題）をクリアすることであるという原点に戻って考えれば、このまま納期遅れになってしまうと、根本的な投資効果が危うくなることは明白です。この点を理解してもらえれば、国村常務さんも話に乗ってくるでしょう。いいアイデアだね。これから10日間くらいで、いままでに提出されている追加ユーザー要求を優先順位づけして、どこまで反映すると納期がどこまで遅れるか、私のほうで整理してみます。東山さん、ステアリング・コミッティを10月上旬に国村常務さんとうちの松本パートナーを入れて設定していただけますか」

第4節 コーチングの技術

ケース 2-4（A）

X社日本法人の人事考課　1998年10月25日

　大手外資系コンサルティングファーム、X社のプロジェクトマネジャー東山は、先週末に完了した、大手総合商社向けERPプロジェクトの社内打ち上げの賑わいを、少し離れて楽しんでいた。過去12カ月間の緊張を一挙に解き放って、リラックスできる貴重な時間を十分に味わっていた。青山通りに面したビルの最上階にあるレストランのパティオは、都心とは思えない静けさがあって、これから始まる1週間のリラックス期間の幕開けにふさわしい雰囲気に思えた。
　東山が過去12カ月間のトラブルや葛藤、そして最後の顧客側との検収完了合意までの記憶を1つひとつ思い出しながら、身体中に充満している達成感を記憶の中にしまいこもうとしているところに、坂本が若手たちの喧騒から抜け出してきた。
　坂本は東山の向かいに座ってもよいかと確認した後で、若手の喧騒の気分を漂わせながら、「おめでとうございます」とワイングラスを掲げてきた。東山もこれに機嫌よく応えた。
　坂本は、このプロジェクト進捗管理においてきわめて貴重な役割を果たした。坂本のきめ細かなプロジェクト進捗管理と顧客との課題解決交渉能力がなければ、このプロジェクトは少なくとも数カ月は遅延していたであろう。坂本の緻密で責任感に溢れた貢献を思い出しながら、東山は言った。「ありがとう。君の進捗管理とタイムリーな交渉がなければ、いま頃はまだ、プロジェクト部屋でコンビニのサンドイッチとコーヒーで徹夜だっただろうな。君のほうも、これで最大規模のプロジェクト管理経験という能力証明ができたわけだ。お互いよかったな」と坂本の貢献をねぎらった。
　この言葉を確認するように、坂本は東山の顔を見つめながら、「ところで社内考課委員会のほうはいかがですか」とたずねてきた。東山はX社のディレクターとして、次年

度のマネジャー昇進候補者を選考する、最終考課委員会の評議員も務めていた。坂本も来年度のマネジャー候補に含まれている。坂本自身は今回のプロジェクトのタイムリーな完了に貢献できたことで、昇進の可能性が高まったのではないかという期待を持っている様子だった。

しかしながら、先週の15名の評議員からなる考課委員会では、坂本に関してはきわめて多くの見送り意見が出ていた。坂本の管理能力と課題解決能力、交渉能力は、東山の説明で十分マネジャーレベルを超えていることを証明できた。しかし、一方で坂本にはPD[23]経験がまったくない点が、致命的な弱点として指摘された。X社のマネジャー昇格要件としては、少なくとも最小レベル案件の提案と、契約成立までの営業責任を果たした実績が求められていた。

また、坂本自身はきわめて緻密で論理的思考力もあるのだが、ほかのメンバーに対しても同じレベルの思考力を要求しがちで、若手や同僚も坂本の管理能力は尊敬しつつも、一定の距離をおきがちであるということを指摘する意見もあった。

東山も、PDという顧客向けの営業行動に関しては、坂本の緻密で慎重な論理思考に偏りがちなコミュニケーション・スタイルは弱点となるだろうと推測していた。彼の断固とした論理的な交渉力が、契約済みのプロジェクトの進捗管理には大いに役に立ち、結果的には顧客側の信頼も深めているのだが、初対面の顧客との提案コミュニケーションにおいて、相手の信頼や満足を実現するものとは異なっていた。

東山は、坂本の質問にどのように答えるべきか、いくつかのシナリオを思い浮かべながら考え込まざるをえなかった。

〈ケース2-4（A）考察課題〉
1．あなたが東山の立場であれば、坂本に対して現状をどのように説明するか。
2．今年度の昇格不可を伝える場合、次年度に向けて坂本はどのように能力強化すべきか。その内容を、この場で坂本にどのようにコーチングするか。

*考察課題については、本節の「まとめ」で解説する。

1●コーチングの定義と成功要件

（1）コーチングとは

一般にコーチングとは、関係者に必要な技術情報を提供する行動である[24]。変革リー

ダーのコーチングとは、変革ビジョンの実行関係者に、それぞれが分担する役割に関して、必要十分な技術を育成させることである。したがってコーチングの目的は、変革ビジョン実現に貢献できる、関係者個々人の強みを確立させること、さらには、その強みを自立的に成長させる意識と行動を継続させることである。

（2）コーチングの成功要件

コーチングの成功要件は、**多様な状況に適合した情報提供**による、**長所の強化育成**である。

多様な状況に対応した情報提供に共通の成功要件としては、前節で考察した、双方向の情報交換を実現する「**傾聴行動**」がある。最もコーチングに適合した機会である「コーチングを依頼された瞬間」を逃さないためにも、傾聴は有効な手段となる。

多様な状況を把握するために、人々の多様性を、**意欲**に関係する要素（欲求や感情）と**能力**に関係する要素（技術や経験）の2分野に大きく分類する**技術－意欲分布モデル**を活用する。技術－意欲分布モデルを意識することで、コーチング対象者たちの日常的な観察の意識も高まる。

多様な状況の把握に基づいて、状況に適合する、**指示**、**指導**、**共同**、**委任**のコーチング・スタイルを選択する。さらに、**直接**、**間接**、**具体**、**抽象**の組み合わせからなる提供情報を選択する。この場合の**間接情報**の中心となるのが、コーチング対象者の強みと機会を確認し納得させる情報である。

2● コーチングのプロセス

コーチングの目的と成功要件を実現するプロセスは、以下の4段階で構成される（**図表2－25**）。

1）学習共有
コーチングの目的である「成長」の価値について、組織内の理解と合意を確立する。

---

23 PD＝Practice Development：X社などのコンサルティングファームで使用されている、顧客向けの案件提案から契約交渉までの営業活動を意味する用語。
24 コーチングは最近かなり広義に定義され、コミュニケーションや動機づけも含む総括的な行動という意味合いで使われることも多い。しかし本書では、コーチングを「技術や能力情報を提供する支援行動」と定義し、コミュニケーション、コーチング、動機づけを区分して考察する。

図表2-25　コーチングのプロセス

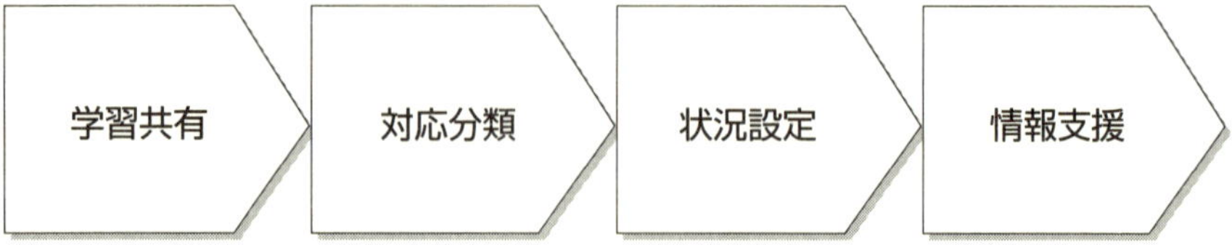

学習共有 → 対応分類 → 状況設定 → 情報支援

2）対応分類

　人材の多様性に対応するために、コーチングの対象をそれぞれが必要とするコーチング・ニーズ（内容とアプローチ）の違いに応じて分類し、それぞれに適合するコーチング・スタイルを設定する。

3）状況設定

　コーチングの「場」の条件を設定し、適切な場を選定する。

4）情報支援

　選定した場の特徴に対応して、現状評価スタイル、情報提供スタイル、情報形態を選択して情報支援する。

3● コーチングの技術と留意点

（1）学習共有の技術と留意点

　学習とは、目標実現のために必要な情報を積極的に収集する行動である。また、ネガティブな情報の中に機会を見つける行動でもある。学習行動を組織の中で共有することで、コーチングを受け入れる環境をつくる。学習を共有するために習慣づける行動としては、自己変革、失敗から学ぶ、変化から学ぶの3つがある。

1）自己変革

　学習を組織の中で習慣づけるためには、組織のリーダー自身が継続的な自己改良、自

己変革を意欲的に実践し、成長や自己変革のロールモデルとなることが大前提となる。「部下には口うるさく注意するが、自己の改良には無頓着」という状況では、スタート時点で学習行動の文化の育成を阻害する。上位マネジメントの自己変革に対する前向きな姿勢がコーチング環境の成立を左右している。

2）失敗から学ぶ

「失敗」は最も重要かつ効果的な学習機会である。「失敗」から積極的かつオープンに学ぶ習慣の有無が、人と組織の成長スピードに格差をつける最大の要因である。組織として、これを理解していながらも、実行できていないことは少なくない。

　失敗を容認し支援する合意ができあがっていないと、失敗が隠蔽される。まずは、組織のリーダーが、「失敗」は人間と組織に不可分な事象であるとの自然な認識を持っているかどうかが失敗から学ぶ機会を左右する。また、失敗の出現に対して、再発防止のための原因分析よりも、後始末に追われてしまうことや、原因責任を曖昧にすることも、失敗から学べない原因となっている。

「失敗を恐れるな」とはよく聞く表現だが、むしろ、「恐れる必要のない失敗をしよう」という表現ができることが適切だろう。

　また、失敗を恐れる必要のないマネジメント環境を維持することも重要である。裏側で暗黙の減点主義が存在しているような環境では、失敗から学びにくい。

3）変化から学ぶ

　変化の中から、他者に先んじて機会を見つけ出すことを奨励し、尊重する。変化のネガティブな情報の中から、ポジティブな情報を見つけ出す素早さを競わせるようにする。変化の報告や共有の場では、①事実の共有のみでなく、②それがどのような脅威をもたらすか、さらには、③それをいかに機会に変えていけるかまでを議論することを習慣化する。

　図表2－26に、以上の3つの行動がどの程度定着しているか、それらを促し支援する環境設定がどの程度できているかをチェックする、おもなポイントを示す。

（2）対応分類の技術と留意点

　このフェーズでは、コーチングの対象をそれぞれが必要とするコーチング・ニーズ（内容とアプローチ）の違いに応じて分類し、それぞれに適合するコーチング・スタイ

図表2-26　学習行動定着のチェック・ポイント

〈学習共有環境を定着させる行動〉
・リーダーが自ら自己変革に意欲を示す
・工夫やアイデアを尊重している
・他の最良事例を積極的に活用する
・失敗から積極的に肯定的に学ぶ
・変化に対して好奇心と観察意欲を示す

〈学習共有環境を定着させる環境設定〉
・成長の目標値となる能力ランク定義
・ストレッチ・ゴール（挑戦目標）の活用
・情報共有データベース
・情報共有ミーティングの習慣化
・情報共有貢献を評価する指標

ルを設定する。

1）対象対応型リーダーシップ・モデルの活用

　コーチングを対象に応じて行うために応用できるリーダーシップ・モデルとしては、1960年代にケン・ブランチャードとポール・ハーシーにより提唱された「対象対応型リーダーシップ・モデル」がある（第1章第1節参照）。このモデルは、コーチングの対象である組織構成人材を、技術（Skill）と意欲（Will）のレベル（High-Low）で4分類し、対象ごとの特徴に応じたコーチングを適用するというものだ。技術と意欲の4分類とそれに適合するリーダーシップを**図表2-27**に示す。

2）ロールモデルの活用

　対象対応の4分類は、組織のロールモデルとなりうる人材の抽出にも活用できる。すなわち、技術と意欲が両方高いと分類される人材群がそれである（**図表2-28**）。4分類のそれぞれにリーダーが何らかのかたちで直接的にコーチングを仕掛けることは必要であり、またそれがリーダーの価値である。しかし、この場合に目標となるロールモデルがあるのとないのとでは効果が異なる。技術と意欲の両方を高く装備している人材を、ほかの人材群にロールモデルとして示すことで、競争心を煽るなどの効果を狙う。

　ただし、このモデル人材群への称賛や優遇は効果的ではなく、逆効果すら生じかねない。リーダーは、この突出人材をさらに突出させるべく刺激し、さらに高い目標を与えることでロールモデルにできる。その場合に、この刺激に応えた結果業績には的確に応え、困難に直面した場合には真摯に支援する姿勢を示す。そうすることにより、ほかの

図表2-27 対象対応型リーダーシップ・モデル

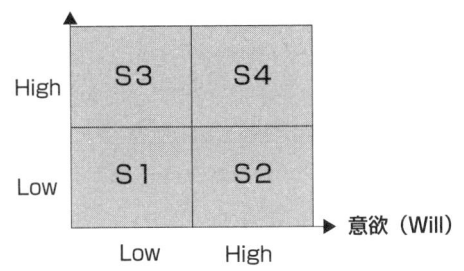

技術（Skill）

	Low	High
High	S3	S4
Low	S1	S2

意欲（Will）

人材の分類と対応するリーダーシップ

- S4： 意欲 High＋技術 High
  ＝ Delegating（委任）：できるだけ自主性に任せて指示型の対応を避ける。
- S3： 意欲 Low＋技術 High
  ＝ Participating（協働）：価値創造し、意欲低迷の原因を解決する。
- S2： 意欲 High＋技術 Low
  ＝ Selling（指導）：能力強化のための的確な情報を与える。
- S1： 意欲 Low＋技術 Low
  ＝ Directing（指示）：意欲を引き出し、方向を示す明確な指示や介入が必要。

3分類に属する人へのメッセージとなり、またこれらのロールモデル人材を失わないためにも重要である。

3）起業FS（フィージビリティ・スタディ）トライアングルの活用

　個々人の特性を活用するために、それぞれのできる行動、やりたい行動、やってほしい行動の3要素が共通する領域[25]を特定する（図表2-29）。これらは、第2章第1節で考察した、変革ビジョン成立の3要素にも対応している。

　前述の技術―意欲分類で、技術も意欲も高い人は、この3条件の共通領域が明確になっているが、それ以外の3分類の人は、3条件のうちどれかが明確になっていない。どこが明確になっていないかを確認して対応することで、コーチングの効果を上げる。

---

25 これは起業のフィージビリティ・チェックの基本判定条件でもあるので、起業FS（Feasibility Study）トライアングルとも呼ばれる。

図表2-28 ロールモデルの活用

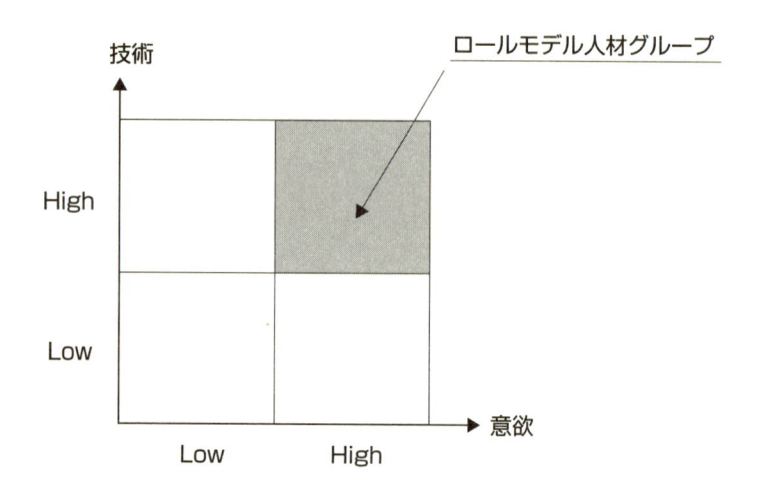

```
技術
 ↑
 │    │
High │    │ロールモデル人材グループ
 │    │████│
 │────┼────│
Low  │    │
 │    │
 └────┴────→ 意欲
   Low  High
```

（3）状況設定の技術と留意点

学習する文化の下地をつくり、組織構成人員をそのコーチング・ニーズに基づいて分類した次の段階は、「どのような状況でコーチングするのか」という場の設定である。

1）コーチング依頼による場の設定

コーチング対象者から、何らかのコーチング依頼を受けた時こそが、最高の投資効果を上げられるタイミングである。その瞬間を逃さず対応する。

このタイミングは、必ずしも「コーチング依頼」という大げさなものではなく、ちょっとした質問や不満、悩みの相談などという形態であることが多い。このタイミングを優先、尊重することが、コーチングの最も重要な成功要件となる。このような機会を逃さず対応することで、リーダー自身が恒常的にコーチングを歓迎し、受け入れている姿勢を見せる。

とはいえ、コーチング依頼を受けた時に、すぐに対応できる余裕や準備ができていることはむしろ稀である。何か別の優先順位に取りかかっていることが普通で、時間も予定されていない。また、的確な解を提供できないことも多いかもしれない。このような状況で、いかに効果的にボールを返すかに、コーチングの成功要件がある。

図表2-29　起業FSトライアングル

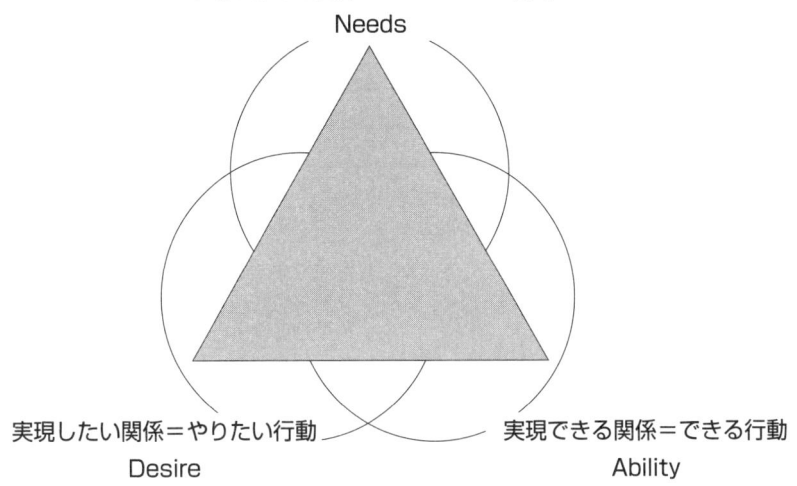

```
        市場の求める関係＝やってほしい行動
              Needs

                △

実現したい関係＝やりたい行動      実現できる関係＝できる行動
      Desire                      Ability
```

　ここでのポイントは、前節で考察した「共鳴行動」である。効果的な傾聴と、相手の「事情」を本音で理解したことを示す共鳴情報の発信ができれば、まずは緊急措置は完了する。

2）ストレッチ・ゴールによる場の設定

　意識的にコーチングの「場」を設定することは、コーチング対象者に何らかの背伸びをさせる機会を与えることでもある。ホンダの伝統的な育成伝説となっている「2階に上げてはしごを外す」という比喩が、この条件を表現している。

　ただ、この表現では誤解されやすいが、2階に上げる前に、本人の現状での意欲と技術、および背伸び（ストレッチ・ゴールの達成）を可能にする学習能力、スタミナを算定することを見落としてはならない。対象人材の意欲や欲求を日常的に観察し、それぞれに応じたストレッチの舞台を適用する。とはいえ、現実的には対象人材のストレッチ能力の限界を予測することは容易ではない。ストレッチ能力の限界が見えないからといっていつまでも躊躇しないで、どこまで挑戦意欲と学習意欲を維持できるのか、ともかく挑戦させてみることも必要となる。

3）LOC（ローカス・オブ・コントロール）に対応した場の設定

　対象人材のLOC（ローカス・オブ・コントロール）を把握することで、より効果的な「場」の設定を実現する。

　LOCは、行動を統制する意識の所在（ローカス）が内（自己）か外（他者）かで、自己解決型と他者依存型とに分類する考え方。

　自己解決型は、自分自身の行動とその結果は自ら統制できると考えるタイプである。GEのCEOであったジャック・ウェルチが社員に示した行動指針「Control your destiny or someone else will（自分の生き方については自分自身でコントロールすべきだ。さもなければほかのだれかによってコントロールされてしまう）」のような考え方ができるタイプだ。

　これに対して他者依存型は、自分自身の行動とその結果は、外部の力や影響によって決まると考えがちなタイプである。他者依存型は表面的には外部のコーチングを受け入れやすそうに思われるが、自己責任の感覚が薄いために、コーチングに対する反応、効果もそれほど高くは期待できない。したがって、本人が他者からの支援が期待できないと納得した状況など、自己解決型の意識を持たざるをえなくなった状況を積極的に「場」として活用する。

　一方、自己解決型はコーチングの頻度や必要性も他者依存型に比較すれば少ないが、自己責任意識や自立意識が高い分だけ、外部からのコーチングを受け入れる柔軟性に乏しくなりがちだ。自己解決型はその特徴により、他者から学ぶ学習行動に対する認識が低いことも多く、その場合には他者依存型よりも工夫が必要となる。予想外の困難に直面して本人の自信が揺れ動きつつある状況を積極的に「場」として活用する。

　前述のストレッチ・ゴールは、自己解決型、他者依存型のいずれの人材にも効果的だ。自己解決型には自信に揺さぶりをかけ、他者依存型には自己解決意識を高めさせる。

4）「教育」と「育成」に区分した場の設定

　コーチングの場の設定には、一般的に意識されている「教育」と「育成」の場の区別が重要となる。

　教育の場は、一般的には何らかの知識情報を提供し、提供者側のレベルに導く場と認識されている。したがって、基本技術の習得などには最も重要な場である。ただし、この行動では情報提供側の認識や経験が、成長の上限となりがちである。

　育成の場は、成長を促すために、上限を設定せずに本人の未知の可能性を試させる場である。情報提供はむしろ必要なく、本人の自発的な挑戦の場を設定することにより、実現することも多い。

（4）情報支援の技術と留意点

この段階では、選定した場の特徴に応じて、現状評価スタイル、情報提供スタイル、情報形態をそれぞれ選択して支援する。

1）現状評価スタイルの選択

コーチングの最終フェーズである情報支援は、まずコーチング対象に現状に対する評価を与える行動から始まる。

この現状評価には、フィードフォワード（Feedforward：FF）とフィードバック（Feedback：FB）の2つのアプローチがある。フィードフォワードとは、「成功イメージを提示する行動」であり、フィードバックとは、（一般的なフィードバックよりも狭い意味で）「失敗の原因を分析する行動」である。

◎──**自己解決型にはFFとFB**

この2つのアプローチは、アメリカのエグゼクティブ・コーチングの草分け的存在であるマーシャル・ゴールドスミスの提唱する手法で、要約すると「しかる」時にはフィードフォワード、「ほめる」時にはフィードバックと表現される。失敗を、直接の当事者と検討する場合には、その失敗の原因を突きつけるのではなく、むしろフィードフォワードして成功イメージを示唆し、本人に原因分析を委ねる。

逆に、成功評価の場合には、本人のどのような強みが、どのように業績につながったのかその場で両者で原因分析し共有、共鳴する。

ただし、これらは、エグゼクティブ・コーチングの鉄則とされていることことからも推測できるように、LOCが自己解決型の場合、すなわち自負心や自己責任感が強い人材に有効な技術である。

◎──**他者依存型にはFB**

LOCの他者依存型、あるいは技術－意欲分類で指示や指導の対象には、成功、失敗いずれの場合も「FB」、すなわち原因分析を徹底する。この場合、指導対象には質問による誘導が中心となり、指示対象には簡単明瞭な、直接原因の指摘に焦点を絞る。

2）情報提供スタイルの選択

情報提供のスタイルとしては、技術－意欲分類に応じた、指示、指導、協働、委任の4スタイルがある（155ページ、**図表2－27**参照）。

指示は、意欲も技術も低い人に適用する。文字どおり、不足点や解を直接指摘する行動であり、命令もこの分類に入る。指示スタイルは、部下の自立革新意識の育成には直接影響しないか、あるいは依存心をさらに強める場合もある。したがって、成長を促すために、本人自身が考える余地を少しずつ拡大する工夫、たとえば、指示内容から徐々に手法に関する情報を省いていくなどの工夫が必要となる。

指導では、指示のみではなく質問による誘導をより多く活用して、コーチング対象者に考えさせることが主体となる。この場合の質問は、Yes-No型質問ではなくオープンな自由回答式の質問とし、相手の気づきや新たな発想を促す。指導スタイルは、部下の自己解決意識が強く、自立革新の習慣があり、意欲の高い場合に有効である。

質問を発するリーダーには、質疑応答を最終的に意味のある目標に収束させる意識と行動が求められる。ただし、コーチング対象との会話から、より付加価値の高い方向や予想外のユニークな方向を発見した場合には、初期の方向にこだわらない柔軟性も必要である。

協働は、技術は高いが、意欲はマンネリ化していたり自己満足の状態にある対象者に適用する。変革に対しては、最も抵抗者となりやすいグループである。このグループに対しては、コーチとコーチング対象者が一緒に学ぶ場を活用する。いわゆるブレーンストーミングや課題解決ワークショップ、協働トレーニングなどが典型例となる。また、逆にコーチング対象者に第三者をコーチングする場を与えることや、コーチ自身がコーチング対象から学ぶ課題を決めて、定期的に学ぶ関係をつくることも有効となる。

委任は、技術も意欲も高い人材グループに適用する。これらの人材に対しては、前述のFFとFB対応が鉄則となる。また、恒常的にストレッチ・ゴールを与え、新たな技術レベルへの挑戦を促して、当該人材が自己成長の実感を失わないよう留意する。上位マネジメントの補完人材として、あるいは後継者候補としての育成も積極的に実施する。

3）情報形態の選択

コーチングは、部下が直面する課題を解決するための支援であるにとどまらず、コーチング対象が今後同類の課題を自分で解決できるようにするための支援でもある。そのためには、具体的な直接解のみでなく、コーチング対象に「考えさせる」情報形態も活用する。

提供する情報は、直接解、間接解、具体情報、抽象情報の4種類を、以下のように組み合わせる。

①具体情報による直接解

おもに指示、指導スタイルで提供する。行動の解や手順、手法などの具体的な情報。

②**抽象情報による直接解**
　おもに指導、協働スタイルで提供する。行動の解や手順、手法などの詳細を考えるためのフレームワーク。
③**具体情報による間接解**
　指導、協働、委任などのスタイルで提供する。自立的な人材を育成するための情報で、相手の思考プロセスを進行させるためのリンク（連結）、幾何学でいう「補助線」に相当する情報。
・コーチング対象が持っていない情報
　（情報不足の解消を促す情報、考え方、見方など）
・コーチング対象が見逃している情報
　（コーチング対象の強みや機会）
・コーチング対象が誤解している情報
　（混乱や誤解の解明を促す情報）
・コーチング対象が見失っている全体像
　（大局的な全体フレームワーク）
④**抽象的な間接解**
　委任スタイルでコーチング方針を模索する場合などで、コーチング対象者の価値観や変革ビジョンを確認し形成支援するための、人間観、社会観、歴史観などに関する情報。

第2章第4節　コーチングの技術　まとめ

1．コーチングの目的と成功要件
　コーチングの目的は、コーチング対象の自立的成長の意欲と行動の実現である。成功要件は、分類対応である。コーチング対象人材群を、意欲と技術のレベルで4分類し、それぞれの対象に対応したコーチングを意識的に実行する。

2．コーチングのプロセス
　1）学習共有
　2）対応分類
　3）状況設定
　4）情報支援

3．コーチングの技術と留意点
　1）学習共有
　　・変革リーダー自身の自己変革習慣
　　・失敗から学ぶ習慣
　　・変化から学ぶ習慣
　2）対応分類
　　・対象対応型リーダーシップ・モデルの活用
　　・ロールモデルの活用
　　・起業FSトライアングルの活用
　3）状況設定
　　・日常的なコーチング機会の優先活用
　　・ストレッチ・ゴールの活用
　　・LOCの認識と活用
　　・教育と育成の場の区分
　4）情報支援
　　・現状評価スタイルの選択
　　・情報提供スタイルの選択

・情報形態の選択

〈ケース2-4（A） 考察課題のポイント〉
　本節冒頭ケースでは、コーチングを成功させるために以下のポイントを考察する。
1．このコーチングの最終的な目的と目標をどのように設定すべきか。
2．コーチングの場とタイミングとして、ケースの状況をどう認識、評価すべきか。
3．東山と坂本の関係で、どのようなコーチング・スタイルを選択すべきか。
4．坂本にマネジャー昇格に対する自己責任意識を持たせるにはどうすればよいか。
5．坂本にはどのような間接解を提供すべきだろうか。坂本が、「持っていない情報」「見逃している情報」「混乱している情報」は各々どのような情報か。

　以下でそれぞれ解説しよう。
1．坂本の適性も考慮する必要があるだろうが、今回の昇格見送りの結果をバネに、次回の昇格を狙うための意欲と技術を確立させることが、最終的な目的である。この場の目標としては、それを可能にする坂本の強みや機会を確認することが考えられる。

2．坂本がコーチングを求めている場である。

3．PDという特定の技術力が不足しているが、坂本の意欲やそれ以外の技術力などから考えて、指示や指導は適当でないだろう。一緒に考え支援する、協働あるいは委任に属する行動スタイルが適切だろう。

4．坂本はマネジャーの昇格に関して、やや他者依存型の姿勢になってはいないだろうか。その傾向が強いとすれば、自己責任型の意識、マネジャーに必要な要件を自ら経験し、証明する機会を見つける意識を持たせる。

5．持っていない情報＝PDの成功要件、見逃している情報＝PDに活用できる本人の強み、混乱している情報＝マネジャーの選考要件の意味など。

以下の〈ケース2-4（B)-1〉、および〈ケース2-4（B)-2〉は、冒頭ケースの結末を2とおりのシナリオで表現したものだ。コーチングの目的と成功要件および技術の観点から、これら2つのシナリオの結末が異なったものとなった原因を説明してみよう。

ケース 2-4（B）-1

　東山は坂本に話しかけた。
「君の昇格の件だけど、実はあまり状況がよくない。君もある程度予測しているのではないかと思うが、昇格のために必要なPD実績がないということで、見送り意見が大勢を占めている。今年度の昇格はちょっと難しいな」
　これを聞いて、いつもは表情を変えることの少ない坂本が、この時ばかりは失望感を隠せない様子で口を開いた。
「今回のプロジェクトを予定どおりに完了させるために、ずいぶん貢献できたと思っていたものですから、残念ですね。PD経験がないといわれても、過去１年間このプロジェクトで手一杯で、ほかのプロジェクトを立ち上げることなど無理でしたよ。このあたりの事情は勘案されないのでしょうか。プロジェクト・マネジメントに関しては、評議員の皆さんに十分以上にマネジャーランクを実証できていると思うのですが」
「それはたしかにそうだけれど、マネジャー昇格要件にはプロジェクト・マネジメントとPD経験の２つが大きなヤマだということは、君も知っているだろう。来年度に向けて、次のプロジェクトではPDが並行してできるポジションを務めてもらうのかな」
「ありがとうございます。とはいっても、実は正直な話、PDについてはどうも苦手意識が先に立って、あまり積極的になれないのです。プロジェクト・マネジメントのエクセレンス（最高度評価）分で、PD分を補完するということはできないものでしょうか」
「たしかに、君は論理的にはめっぽう強いし、途方もなく緻密だけど、逆にそれが潜在顧客との柔軟なやり取りの邪魔になっているかもしれないね。しかし、昇格は一芸評価主義ではないから、PD評価を高めなければどうにもならないな。今日のところはこれ以上アイデアが出そうもないし、来月休暇から帰ってきたところで一緒に考えよう」

ケース 2-4（B）-2

　東山は坂本に話しかけた。
「君としては今年度の昇格についてどう思っている」
「そうですね、今回のプロジェクトへの貢献については皆さんに十分ご納得いただいていますし、特に例の２月と６月の局面ではプロジェクト遅延を回避するために、メンバーを引っ張ってずいぶんがんばりました。このあたりの実績はどの程度評価していただけるのでしょうか」
「その点については、君は今年度候補者の中ではトップグループだということは皆がよ

く認識しているよ。そうすると、君は昇格に関しては自信満々ということなのだな」
「いやさすがに、そうはなかなか思えないですね。プロジェクト・マネジメントは昇格条件の3分の1ですし、この1年間プロジェクトからまったく離れられなかったので、PDについてはまったく実績ができていないのが気にはなっているのですが」
「そうだな、昇格条件が一芸主義ではないだけに、君らの世代からマネジャーに上がる時が一番しんどいし、難しいよな。プロジェクト・マネジメントだけなら君は文句なしにマネジャー昇格なのだが」
「PD能力をつけるためには、どうすればいいんでしょうか。いきなり私1人ではなかなか見当がつかないので、次のプロジェクトからはPDの段階からアサインしてもらおうかと思っているのですが。正直な話、PDに苦手意識があるのです」
「PDは論理でぐいぐい押していく君のようなタイプには、たしかにちょっと違和感のある世界かもしれないな。とはいえ、避けて通るわけにはいかない。そうだな、あまり一般的なPDを狙わずに、最初は、君の論理的で緻密な思考を評価するお客様に仕掛けるのがいいだろうな。そういえば君が1年間つき合った阿部さんが、引き続き今回の基幹システムにつなぐSCM開発の主担当になるらしいよ。Y社も今度は参入機会を狙っていて近々提案に来るらしいけど、君ならこの1年間の実績と信頼関係で十分に勝てるんではないかな。このPDやってもらおうか」

第5節　動機づけの技術

1●動機づけの定義と成功要件

(1) 動機づけとは

　動機づけとは、目標実現に必要十分な「行動意欲」を実現させる行動である。変革リーダーの動機づけとは、変革ビジョン設計、変革共有コミュニケーション、コーチングの行動を通じて、関係者の変革意欲を必要十分なレベルに高める行動である。また、動機づけを行うためには、意欲の源泉となる魅力と機会を、創造して共有する。

(2) 動機づけの成功要件

　動機づけの成功要件を考えるために、動機づけはなぜ難しいのかを考えてみよう。
　動機づけの難しさの原因の1つは、意欲を高める源泉となる「魅力」と「機会」が、だれにでも見つかるわけではないことである。むしろビジネス「機会」は、大部分の人にとって機会とは感じられないネガティブな状況で出現する。そこからポジティブな機会を見つけるのは、無意識にできることではない。この難しさを克服して意欲を高める機会を認識することが、第1の成功要件である。
　次に、人々が意欲をかきたてられる「魅力」の対象は、必ずしも同一ではない。動機づけは、「関係者に期待する行動と、その人々の欲求とを合致させること」とも表現できるが、人々は多様な欲求を持っており、それらすべてを満足させることは不可能といっていい。関係者の大多数の意欲を高めるのに必要な魅力を的確に創造することが、第2の成功要件となる。
　最後に、一般に人間はだれでも未来に対する不安感を持っている。同じ人間でありながら、ほかの人々の意欲を高めるためには、まず変革リーダー自身がこの不安感をコントロールして、意欲を維持・高揚させなければならない。不安感のコントロールが第3

の成功要件となる。

2 ● 動機づけのプロセス

　動機づけの代表的な理論である期待理論は、以下の2つの期待を連鎖的に成立させることで、動機づけを実現できるとしている**（図表2－30）**。
・期待連鎖その1：目標（Goal）実現により、魅力ある成果（Reward）を期待する
・期待連鎖その2：戦略群（Efforts）により目標（Goal）実現を期待する
　すなわち、「人は、どこまでやればよいかの限界値が明確で、どうやればよいかの戦略が必要十分であり、達成した目標の成果が魅力的であれば、その目標に向かって動機づけされる」という考え方が期待理論である。
　したがって、2段階の期待連鎖を実現するためには（1）魅力ある成果の設定、（2）成果を実現するのに必要十分な目標値の設定、（3）目標値を実現するのに必要十分な戦略展開の3フェーズが必要となる。以下で説明する動機づけのプロセスも、この考え方に基づいている。

3 ● 動機づけの技術と留意点

（1）魅力ある成果の設定

　人々が目標実現の成果に魅力を感じるのは、その成果が自己の何らかの欲求を満たしてくれると納得した場合である。したがって、魅力ある成果を設定するには、まず多様な個人の欲求の範囲と内容を把握する必要がある。人間欲求の全体像を5段階分類で総括しているマズローの5段階欲求説を、この目的に活用する。

図表2-30　期待の2段階連鎖

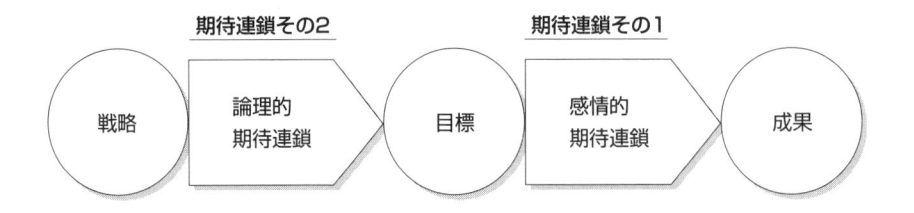

　　　　　　　　期待連鎖その2　　　　　　　期待連鎖その1

戦略　→　論理的期待連鎖　→　目標　→　感情的期待連鎖　→　成果

図表2-31 マズローの5段階欲求説

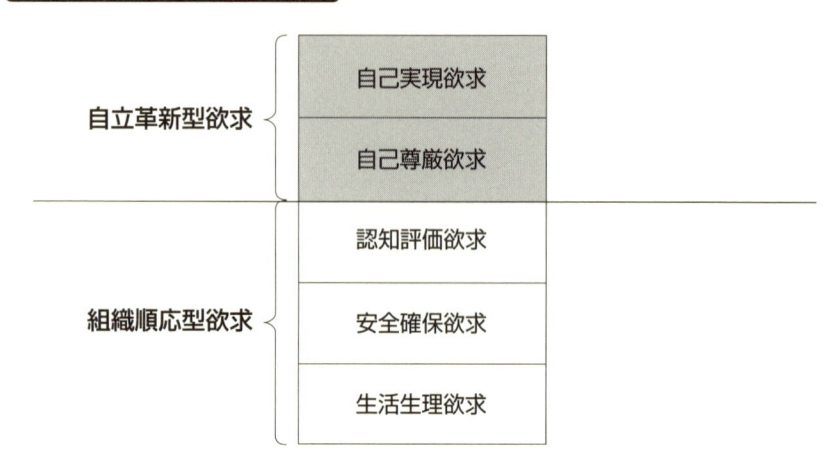

```
                    ┌─ 自己実現欲求 ─┐
   自立革新型欲求  ┤                  │
                    └─ 自己尊厳欲求 ─┘
                    ┌─ 認知評価欲求 ─┐
   組織順応型欲求  ┤  安全確保欲求   │
                    └─ 生活生理欲求 ─┘
```

1）マズローの5段階欲求説

組織行動論の定番理論ともなっているマズローの5段階欲求説（**図表2-31**）では、人間の欲求は以下の5種類に分類できる。
・生活生理欲求（衣食住の欲求）
・安全確保欲求（集団に属することでリスクや危険から身を守りたいという欲求）
・認知評価欲求（他者から評価されたいという欲求）
・自己尊厳欲求（他者から尊敬されたいという欲求）
・自己実現欲求（自己の存在意義を実現する欲求）

また、上記の5段階はさらに2つに区分することもできる。つまり、生活生理欲求、安全確保欲求、認知評価欲求の3つが組織順応型の意識や行動に対応する欲求であり、自己尊厳欲求と自己実現欲求の2つが自立革新型の意識と行動に対応する欲求である。なお、認知評価欲求は自立革新型であるようにも感じられるが、上司など他者からの評価を強く意識している行動である限り、組織順応型欲求に分類する。

2）マズローの5段階欲求説に対応する魅力の源泉

マズローの5段階欲求説を活用すると、リーダーは部下組織に提示している価値が魅力的であるかどうか、またその組織を構成している大部分の人々の欲求に合致しているかどうかについての観察・考察を簡易化することができる。ただし実際には、対象とす

る人や組織で、5段階分類のどの欲求が支配的であるかを見極めるのは簡単ではないし、結論も出しにくいかもしれない。現実的には、大きく分けて、自立型の欲求を追求しているのか、順応型の欲求を追求しているのかを判断する。

3）魅力の源泉の具体例

マズローの5段階分類に対応した「魅力の源泉」の具体例を以下に示す（**図表2－32**）。

◎──生活生理欲求に対する魅力の源泉

①業績評価・報酬制度

　業績評価には、プロセスを重視した年功序列的評価から、結果を重視した成果評価まである。生活生理欲求が通常は順応型の欲求に属することから、相対評価よりは絶対評価、結果評価よりもプロセス評価といった、「競争による選別を伴わない」評価と報酬制度が、生活生理欲求を満足させる傾向がある。

②社員満足

　生活生理欲求に応える重要な要素として、「社員満足」がある。ただし、満足度を

図表2-32　マズローの5段階欲求に対応した具体的な魅力

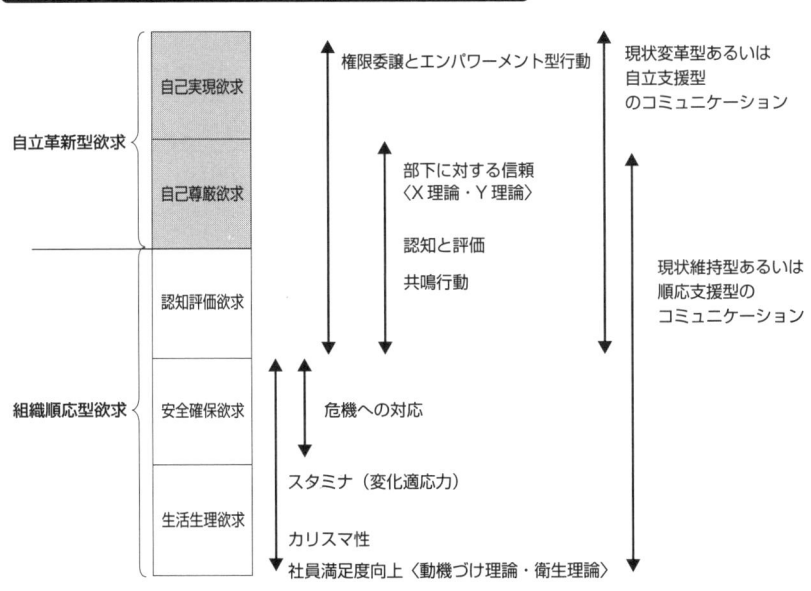

自立革新型欲求
- 自己実現欲求
- 自己尊厳欲求

組織順応型欲求
- 認知評価欲求
- 安全確保欲求
- 生活生理欲求

- 権限委譲とエンパワーメント型行動
- 部下に対する信頼〈X理論・Y理論〉
- 認知と評価
- 共鳴行動
- 危機への対応
- スタミナ（変化適応力）
- カリスマ性
- 社員満足度向上〈動機づけ理論・衛生理論〉

- 現状変革型あるいは自立支援型のコミュニケーション
- 現状維持型あるいは順応支援型のコミュニケーション

実現することと不満足度を解消することは必ずしも同一ではない。コラム（172ページ）に示した「動機づけ理論・衛生理論」では「不満足度の解消が必ずしも満足度の実現にはつながらない」という注意を喚起している。

◎──**安全確保欲求に対する魅力の源泉**

①**危機への対応**

存続の危機に直面した組織において、Ｖ字回復を目指すリーダーの行動は、安全確保欲求に対する典型的な魅力の源泉である。第１章のリーダーシップ行動モデルで考察した、目標達成と戦略実行を率先して実行する論理重視の行動がこれに相当する。一方、個々人の困難に対しては、共鳴や支援を行う感情重視行動が、安全確保欲求に対しての魅力の源泉となる。

②**カリスマ性**

カリスマとは、「ほかに影響を与えることに関して、何らかの根拠に裏づけされた自信を持って行動できる人材」である。このような「自信」を示すリーダーの行動そのものが、安全確保欲求に対しては魅力となりうる。

③**未来の不確実性に対する自信**

また、カリスマ性と類似しているが、未来に向かって変革をリードする自信も、安全確保欲求に対しては大きな魅力である。根拠のない自信を示せる人材もこれに相当する。逆に、不確実性に対して神経質であったり、弱腰であったりする行動は、安全確保欲求に対してはマイナスの要素となる。

④**スタミナ（変化適応力）**

変化に直面してどのくらい素早く機会を見つけ出せるか。いわば変化に直面した瞬間から、その変化のもたらす機会を発見する瞬間までの時間が、スタミナ（変化適応力）である。リーダーが示すこのスタミナ（変化に対する当惑や脅威から回復する「時間の短さ」ともいえる）も、安全確保欲求を満たしてくれる魅力である。

◎──**認知評価欲求に対する魅力の源泉**

①**ポジティブな評価と認知**

ポジティブな評価と認知、また一般的な常識に基づく「公平性」を意識した評価が、認知評価欲求に対する魅力となる。

②**共鳴情報**

エモーショナル・リーダーシップでゴールマンが強調する、「人々や状況に的確に共鳴できる（自己制御の効いた）行動」すなわち、「共鳴情報の発信」も、人々の感

情や自意識に対する配慮として、認知評価欲求を満たす魅力となりうる。
③ルール既定競争の達成感
　ルール既定競争の典型例は、大学や高校の受験競争である。企業においても昇格のための資格試験など、ペーパーテストへの挑戦意欲は認知評価欲求に基づいている。

◎――自己尊厳欲求に対する魅力の源泉

①リーダーの部下に対する信頼：ＸＹ理論
　自己尊厳欲求の強い部下組織に対しては、リーダーの部下に対する認知や信頼が大きな魅力となる。ダグラス・マクレガーが提唱したＸＹ理論は、この「信頼度」を確認する指標を提供してくれる。
　本来のＸＹ理論は、個々人の他者に対する姿勢に関して、性善説的認識（Ｙ理論：人は本質的には信頼できるという認識）を持っている人と、性悪説的認識（Ｘ理論：人は本質的に信頼できないという認識）を持っている人との２種類に分類できるという考え方である。もちろん現実的には、この２種類のどちらかにすべての人を明確に分類することは難しく、この両極端のＸ‐Ｙを結ぶ範囲のどこかに、すべての人が位置していると考えるべきであろう。
　これを自己尊厳欲求に対する魅力という点で考えてみると、Ｙ型の意識や行動が魅力の源泉となっているといえる。リーダーとしては、部下組織の自己尊厳欲求に対応して、意識的にＹ型行動を実践することが、ＸＹ理論の現実的な活用法となる。
②結果に対する尊敬
　日常業務の個々の結果に対するマネジャーの姿勢も、自己尊厳欲求を満足させる要件となる。重要なのは、個々の仕事の結果を十分に吟味することである。また、吟味の結果、プラス面とマイナス面を機械的、論理的にすべて指摘するといったフィードバックは避け、その仕事に従事した個人や組織に対する共鳴や共感に基づいたコメントで相手に対する尊敬を表現する。
　これらの行動は、表面的なテクニックでは実現できない。個々人の意欲と努力および能力に対する感動や納得感、さらには、個々人の行動に対する興味、好奇心を習慣的に持続できていることが、結果に対する尊敬を表現する前提条件となる。

◎――自己実現欲求に対する魅力の源泉

①エンパワーメント型権限委譲
　エンパワーメントの意識を伴った権限委譲、あるいは自立意識の実現を支援するための権限委譲は、自己実現欲求に対する魅力となる。

②自立支援のコーチングとコミュニケーション
　同様に、自立を支援する意識と行動を伴ったコーチングやコミュニケーションも、魅力の源泉である。
③社会貢献機会の認識
　マズローの5段階説には必ずしも明示されていないが、自己実現欲求は必ずしも自己の利益のための行動欲求とは限らない。「自己」ではなく「社会」に貢献したいという価値観に基づいた、自己実現欲求も存在する。社会貢献の自負心、社会貢献の機会に直面しているという認識が、自己実現欲求に対応する魅力になる。
④成長機会の認識
　成長の手応え、あるいは成長の機会に直面しているという認識は、自己実現欲求を持つ人がどのような状況でも魅力を感じる対象である。言い換えれば、どのような困難な状況も自己成長の機会と納得することができれば、困難さ自体が、自己実現欲求に対する魅力となりうる。

> **コラム ◎ 動機づけ理論と衛生理論**
>
> 　心理学者フレデリック・ハーツバーグによると、人間関係や上司、システムなどの（いわば本人の周辺環境に関する）不満を取り除いて衛生環境を整備しても、満足した状態にはならない。成長や責任、職務内容、達成感、表彰など（いわば本人の内部環境に関する満足）を実現することで、動機づけのための「満足」が実現する（図表2－33）。
> 　この理論は別の見方をすれば、環境衛生的な不満足を解消しても（すなわち、生活生理、安全確保、認知評価の欲求に対応する満足を実現しても）、動機づけの源泉となる「満足」になるとは限らず、後者の実現のためには、自己尊厳、自己実現といった、さらに高いレベルの欲求実現が重要という考え方を示唆しているとも考えられる。

（2）成果を実現するのに必要十分な目標値の設定

　目標実現の結果獲得できる成果に魅力があったとしても、そもそもの目標が手の届かないレベルであれば、動機づけの期待連鎖は成立しない。動機づけに必要な目標値は、

図表2-33　動機づけ理論と衛生理論

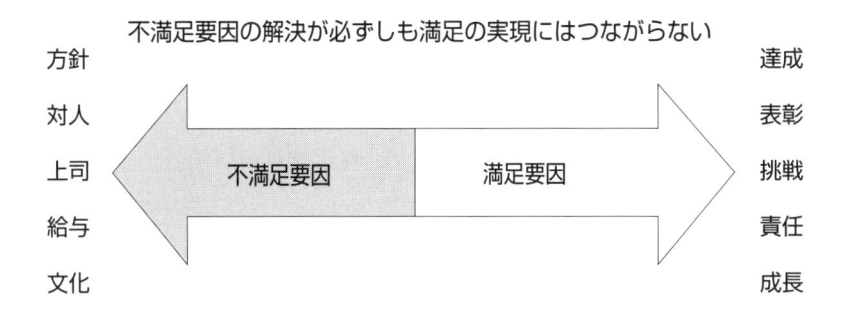

不満足要因の解決が必ずしも満足の実現にはつながらない

不満足要因	満足要因
方針	達成
対人	表彰
上司	挑戦
給与	責任
文化	成長

以下の3つの条件を備えている。
①**理解可能**
　曖昧さや恣意性がなく、明快である。
②**自己コントロール可能**
　保有している権限と資源で実現でき、実現レベルを自己の意志と行動でコントロールできる。
③**客観判定可能**
　達成できたかどうかが、客観的に判定できる。判定できない目標値は、その対価や実行戦略との関連も不明瞭となる。

（3）目標値を実現するのに必要十分な戦略展開

　魅力と目標値を設定したら、目標を実現するために必要十分な戦略を提示する。目標を実現するための必要十分な戦略には、以下の3つの要件が求められる。
①**網羅性**
　目標実現のために最優先の戦略が、網羅的に選定されていること。
②**独自性**
　他社との競争格差を実現できる自己の「強み」が組み込まれ、勝算の根拠となっていること。
③**合理性**
　戦略群に矛盾や相反がないこと。矛盾、相反している戦略とは、たとえば、利益率

や効率を追求する戦略と、売上高や成長を追求する戦略が、相互の関連性について説明もなく同時並行的に存在しているような場合である。

(4) 動機づけのための意識設定

動機づけを行うためには、以下のような意識を持つように習慣づける。

1) ネガティブな状況や情報から機会を発見する
① 「イノベーションのジレンマ」の認識
　　変革ビジョン設計で解説した、「イノベーションのジレンマ」の認識を活用する。機会は、現状の成功モデルの否定あるいは陳腐化を知らせる情報の中に存在する。それらのネガティブな情報は、現在のビジネスモデルでは対応しきれない、新たなニーズの市場が生まれ始めている予兆を示す情報でもある。
② 自己成長機会の認識
　　自己実現欲求を意識できる限り、直面する困難は成長機会として認識できる。

2) 欲求の多様性に対応する
① 自立欲求と順応欲求の両方に対応する
　　変革ビジョン実行関係者は、自立変革型と組織順応型の2種類から構成されている。これらの両方への対応を準備する。
② 企業理念
　　企業理念を欲求の多様性の許容基準とする。企業理念に反する、あるいは企業理念が重視しない価値に対する欲求は、許容する必要がないと割り切る。

3) 不安感をコントロールする
① 学習行動
　　社会や市場の変化から積極的に学ぶ。
② 顧客ニーズ把握
　　顧客ニーズの先読みが不安感を減少させる。顧客とニーズの存在や変化に対する感度の向上を意識する。
③ 先制的な価値提供
　　新たに提供できる価値を創造することを考えずに、現在の資産を守ろうとすると不安感は増幅する。守備よりも先制的な価値提供にこだわる。

第2章第5節　動機づけの技術　まとめ

1．期待理論の活用
2つの期待連鎖を実現する。
- 目標と成果の期待連鎖
- 戦略と目標の期待連鎖

2．マズローの5段階欲求説
欲求の種類を分類して把握する。
自立革新型欲求
- 自己実現欲求
- 自己尊厳欲求

組織順応型欲求
- 認知評価欲求
- 安全確保欲求
- 生活生理欲求

3．動機づけのための意識設定
1）ネガティブな状況や情報から機会を発見する
- イノベーションのジレンマの認識
- 自己成長機会の認識

2）欲求の多様性に対応する
- 自立欲求と順応欲求の両方に対応する
- 企業理念を基準として欲求拡散を制限する

3）不安感をコントロールする
- 学習行動
- 顧客ニーズ把握
- 先制的な価値提供

第6節　変革実行管理の技術

1●変革実行管理の定義と成功要件

(1) 変革実行管理とは

　変革実行管理とは、構造変革と意識変革のスピードを維持する行動である。
　企業変革においては、事業構造の変革とともに意識まで変革できることが成功の要件である。しかしながら、意識変革は構造変革と同じスピードで実現できることはまずない。逆に、意識変革のスピードがゼロとなり、回復の見込みがなくなった時点で、変革も挫折し失敗に終わる。変革実行管理は、変革を挫折させないために不可欠な行動である。

(2) 変革実行管理の成功要件

　変革実行管理の成功要件は、「推進力の維持」というポジティブなイメージのある行動と、「抵抗力のコントロール」というネガティブなイメージのある行動の両方を、同時に確実に実行することである。
　社員の意識変革スピードを維持または加速し、変革の推進力、すなわち変革に共鳴する意欲と行動を高めるには、目標達成型あるいは人材育成型リーダーシップ行動が必要である。同時に、変革に対する抵抗力、すなわち変革に抵抗する意識と行動を抑制し、排除するには、戦略実行型あるいは価値創造型リーダーシップ行動が必要である。
　これらの相反するリーダーシップ行動を同時に実現するためには、強力な目標達成型と戦略実行型のコンビを含めた、変革実行チームの存在が不可欠となる。

2●変革実行管理の技術と留意点

　では、実際に変革実行管理を行う場合に必要な技術と留意点を見ていこう。

（1）変革の既成事実化

　社員の意識変革のスピードを維持し、加速するためには、組織と人の意識に直接働きかける行動、すなわち変革ビジョン設計、変革共有コミュニケーション、コーチング、動機づけは不可欠である。しかし、危機感が十分に浸透していない時期に、大規模組織を変革するには、感情に直接働きかけるソフト・アプローチに加えて、論理的な行動で働きかけるハード・アプローチが必要となる。ハード・アプローチを要約すれば、構造的な変革を進めることにより心理的な変革を促す行動である。

　変革実行管理では、おもにこのハード・アプローチを実行する。ハード・アプローチの具体的方策としては、1）**外部環境情報の共有**、2）**目標環境の先行実現**、3）**変革推進制度の設定と活用**の3つがある。なお、変革に対して最も大きな抵抗を示すのは、市場競争に直面している社員ではなく、高度成長期からの成功体験を捨てきれないマネジメント層であることも少なくない。したがって、後者に対してどう働きかけていくかが、変革実行管理の成功のカギとなることも多い。

1）外部環境情報の共有
　一般にどの企業でも、社員の巻き込みが変革実現の最も重要なポイントであることから、ボトムアップによる変革が効果的だとは感じている。しかし、社員の自発的な変革提案には経営層は反応しにくい。その大きな理由としては、変革提案の「妥当性に対する懸念」が挙げられる。このために、変革に着手することすらできなくなってしまう。

　　◎──**変革提案に対する懸念**

　経営層が感じる妥当性に関する懸念には、おもに次の3つがある。
　1つ目は、「部下組織の部分最適を主張している提案ではないか」「それを実行すると何らかの社内対立をもたらすのではないか」という懸念である。
　日常業務に追われている機能別組織などでは、個々の組織の最適化を追求することが最優先になりがちである。これは、全社的に見れば部分最適でしかない。部分最適を実施しようとすれば、内部組織間の対立を生み出すのみで、必ずしも全社的な価値の増加にはつながらないことが多い。
　2つ目は、「現時点での優先順位に基づいた提案ではないのではないか」「ほかに取り組むべき優先課題があるのではないか」という懸念である。
　ボトムからの単独の提案には、経営全体から見た優先順位が示されていることは少ない。提案の緊急性や重要性が、全社的な観点から大局的な視野で検討されているとは限

らない。

3つ目は、「提案は妥当だが、提案者の実行リーダーシップや意欲、コミットメントが明確ではない、単に混乱を引き起こすだけではないか」という懸念である。

提案は明快でも、提案者の実行力やリーダーシップには疑問を感じるというケースも少なくない。たとえば、戦略実行型や価値創造型の人が提案してきた場合には、提案すること自体が目的で、その後の実行まで責任をとる意識ができていないことも少なくない。また、熱意は高くとも、目標達成型の実行リーダーシップを十分に備えていないことも多い。

◎——情報の収集と共有

これらの懸念を払拭するための最も効果的で本質的な解決策が、「現在から将来にかけて、自社と市場の関係がどう変化するかを示した客観データを、ボトムアップで収集して全社で共有する」ことである。

自社と市場の将来関係に関する「機会」と「脅威」の両方について、情報が豊富に共有されれば、それらにどのように対応すべきかという考えや議論が起こらざるをえない。この議論に基づいて、前述の「部分最適でないかという懸念」「優先順位に対する懸念」を解消する。

具体的に収集する情報は、変革ビジョン設計で考察した、社会環境と市場環境についての情報である。社会環境情報には、**人口動向**、**行政規制**、**生活様式**、**経済環境**、**技術開発**などがあり、市場環境には、自社と顧客との関係を中心に、**競合他社**、**協力会社**、**新規参入者**、**代替価値**、**流通チャネル**、**行政規制**などがある。

ボトムアップ型のV字回復の成功事例では、この外部環境情報の収集と共有を、組織横断型のタスクフォースで実践している場合が多い。その後、変革実施の決定に影響力を持つ関係者で共有し、さらに全社で共有している。この結果、変革に対して障害となる人々——日常業務に追われて外部との将来関係を考える時間がとれない、組織的な部分最適に陥りがち、あるいは既存の枠組みや業務スタイルにこだわる人々——の視野を拡大させることができる。

V字回復の典型例とされる松下電器産業でも、パナソニック、ナショナルの2つのマーケティング室による新製品開発が大きく貢献した。この2つの組織の推進力が、まさに「組織横断的な市場情報の収集と共有」であった。また、相次ぐヒット商品を生み出してきたホンダも、その市場調査に対する傾倒ぶりがさまざまなメディアに取り上げられている。

なお、この方法と類似した手法では、競合他社との経営競争力比較(ベンチマーキン

グ）が90年代に注目された。しかし、これは市場環境情報の１つである「競合他社の動向」の把握のみに偏った情報収集である。これだけでは、顧客の将来について推論したり、自社と顧客との将来関係を推定したりするためには十分とはいえないし、社内的にも部分最適や部門間対立を排除するための十分な説得材料にはなりにくい。

２）目標環境の先行実現

　目指す目標の「器」となる「環境」を先に実現することで、中身となる「意識」の変革を余儀なくさせることを狙う。この手法については、以下に示した、プライスウォーターハウスコンサルタントの1994年から95年にかけての変革事例で顕著に観察できる。

◎──ケース「プライスウォーターハウスコンサルタント経営変革 1994～95」

*このケースは、倉重英樹著『企業大改造への決断』（ダイヤモンド社、1996年）を参考に作成した。

　1993年にプライスウォーターハウスコンサルタント日本法人に迎えられた倉重社長は、この日本法人が設立以来ほぼ一貫して、「コンサルタント１人当たりの売上平均が、１人当たりの人件費平均にも満たない」という驚くべき低効率で経営されてきたという事実に直面した。当然のことながらコンサルタントの稼働率もきわめて低かった。ボトルネックとなっていたのは、数人の熟練パートナーの職務とされていた、営業活動効率の低さであった。

　しかし当時は、営業活動効率の低さに対する不満や疑問、ましてや変革の掛け声などはまったく起こらなかった。コンサルティングの営業は、特に日本社会においてはきわめて特殊であり、ほかのサービス産業のように簡単ではないという考え方が、社内においてもほぼ一致していたからだ。

　数カ月間、黙って社内観察をした後で、倉重社長は「コンサルタント１人当たりの売上高の３倍増」を、手始めの経営テーマとして掲げた。またそのための最重要戦略として、「営業活動の全員責任共有」「提案件数の３倍増」「提案作成時間の大幅（ほぼ80％）短縮」が掲げられた。

　倉重社長が真っ先に取り組んだことは、この最重要戦略を実現する環境をすべて先に実現してしまうことであった。以下に実行された内容とそのおもな狙いを挙げる。

①オフィスの移転

　　それまでのオフィスを引き払って、1994年９月にオープンした恵比寿ガーデンヒルズに引っ越した。その際に、１人ひとりのスペースをパーティションで仕切っていた

のを、チームベースの間仕切りに変えてしまった。パーティションの高さも、当時の外資系企業としては先端的な、立ち上がるとフロア全体が一望できる高さに統一された。
②PCの総入れ替え

オフィス移転に伴い、例外なくすべての古いPCを廃棄させた。それまでは社内でさまざまなPCやワープロが混在して使われており、提案効率を上げるための情報共有はきわめて困難だった。新オフィスに移転すると同時に、すべてのコンサルタントは、標準化され統一管理されたネットワーク接続型PCを与えられた。

③共通ソフトによる情報共有

また、PC標準化と同時にソフトも標準化され、ロータスノートとパワーポイントの習熟が、すべてのコンサルタントに要求された。これはまだソフトウエアのグローバル標準が定着していなかった1994年時点では、きわめて先進的で異例な社内拘束でもあった。

④会議スペースと最先端機器

新しいオフィスには、チームのブース総面積に劣らない広さの会議スペースを実現した。すべての会議室には例外なく、最先端のPCプロジェクターとスクリーンが用意された。経営会議もすべてPCプロジェクターを使用し、会議室へのノートや紙の持ち込みは一切厳禁とされた。

倉重社長はモットーとする、ワン―インプット―スルー、すなわち「情報は1回作成されたらそれを徹底的に活用せよ。そのためにはすべてデジタル化せよ。紙になって引き出しに入れられた瞬間に、その情報は共有されなくなる」を繰り返し、徹底させた。同時に紙ファイルの保存も、契約書など顧客との関係で必要なものを除いて徹底的に制限され、保存スペースが従来の数分の1に縮小された。プリンターや複写機の台数も最小限に制限された。

⑤チームの組織化

物理的環境の改造と同時に、チームの編成方法も変えた。従来は、パートナーがプロジェクトを受注するごとに、コンサルタントのプールから適当にメンバーを選んでチームを作成するといった状態であった。これを平均7人前後のメンバーからなる、営業からデリバリーまで一貫して責任を持つ固定したチーム組織に変換した。また、これらのチームには、それぞれ独自の市場や技術に関する知識を保有して専門化することも要求された。

⑥チームリーダーによる営業コンサルティング

チーム組織化の結果、それまで数人のパートナーで実行されていた営業コンサルティングは、その数倍のチームリーダーとメンバーによって自発的に、自己責任で実施

されることになった。チームリーダーの選定に関しては、競争意識を高める狙いで若手の抜擢が積極的に実践された。
⑦チームベースの評価と報酬
　自己完結型のチーム組織への移行に伴って、人事評価・報酬制度もチームベースに変更された。大きな変動幅を持った変動給与が、チームの売上高と利益など、結果業績に連動して計算される制度に変更されたのである。なお、売上高を人件費の3倍にするという目標に連動して、チームの業績目標値も自動的に「各チームの人件費合計の3倍」と設定された。
⑧チーム業績リアルタイム表示システム
　評価と報酬のベースになるチームごとの売上高、利益などのデータを、リアルタイムで全社で共有するシステムも同時に稼働させた。
⑨コンサルティング能力モデル
　コンサルタントに必要とされるコンサルティング能力も、営業とデリバリーに関するコンサルティング能力を客観的に自己判定できるモデルで、明確に設定された。これにより、個々人がどのような能力強化をすべきかが、オープンに理解できるようになった。また、コンサルタントとしての固定給与部分は、この能力モデルのレベル判定で決定された。
⑩オフィスのショウウインドウ化
　最後に、会議室やオフィスのIT環境を、外部に大々的に宣伝した。IT化オフィスデザインコンペに上位入賞し、顧客経営陣のオフィス見学などを積極的に受け入れた。

　以上の10項目の実施で、設備、IT、組織、制度といった変革のためのハード環境が、ほぼ完全に目標とする状態になった。もちろん、ソフトウエア部分、すなわち、変革ビジョン設計、変革共有コミュニケーション、コーチング、動機づけについても、ある程度実行したうえで、環境を先取りして実現したのである。その結果、「もう後戻りはないぞ」という、暗黙だが強力なメッセージを放つこととなった。実はこの時点で、大部分の社員の意識も昔には後戻りできない（また、戻りたくもない）というレベルに変化させられた。

3）変革推進制度の設定と活用
　変革実行管理のハードアプローチの3つ目は、変革推進制度の設定と活用である。具体的には、以下の2点から実行される。
①標準スピード設定

変革実行管理の目的が、変革スピードの維持と（必要に応じての）加速であるとすれば、その基準となる予定（標準）実行スピードの設定は不可欠である。にもかかわらず、変革実行において標準スピードが設定され管理されている例は、必ずしも多くない。スピードを意識することなしに変革を進めることは、スピードメーターなしに車を運転することとそれほど違いはない。

　前述のプライスウォーターハウスコンサルタントの事例では、売上高を3倍にするための提案作成期間の「短縮率」が経営目標として設定されている。以前は1週間近くかかっていた提案書作成を「ともかく1日以下で作成せよ」という変革目標が、標準スピードとなっている。

②**変革管理基準と制度やシステムの活用**

　先の事例にもあるように、変革進捗スピードを管理するための業績リアルタイム把握、設定スピードの実現を評価するための人事評価・報酬制度、あるいはスピードを支援するための情報共有システム、提案制度などは、変革実行管理に不可欠なインフラである。これらを設計し活用する。

（2）変革抵抗のマネジメント

　ここでは、意図的で組織的な抵抗への対応について考察する。前述した「環境の先行実現」手法も、「変革抵抗のマネジメント」なしには、効果を実現できない。

　以下、変革抵抗のマネジメントを、1）**変革抵抗の原因理解**、2）**変革抵抗者への対応計画**、3）**変革抵抗者の分類と対応**に分けて順に考察する。

1）変革抵抗の原因理解

　変革抵抗は、多くの場合「変革が自己の生存を脅かす」と考える人々によって起こされる。そのおもな理由としては、以下が挙げられる。

・既得特権の喪失
・新たな環境への適合不安
・変革実現への疑問
・組織仲間意識（抜け駆けを遠慮する）
・習慣的あるいは感情的反感

　変革が自己の生存を脅かすという認識が強ければ強いほど、抵抗は強力である。たとえば、既得特権の喪失、新たな環境への適合不安は、それ以下の原因に比べてより強力な抵抗の原因となる。

2）変革抵抗者への対応計画

変革抵抗への対応策として、ステファン・ロビンス著『組織行動のマネジメント』（ダイヤモンド社、1997年）では次の点が挙げられている。

- ・教育およびコミュニケーション
- ・カウンセリングやスキル研修などによるサポート
- ・参加（要請などによる巻き込み）
- ・操作
- ・交渉
- ・強制

以上の対応行動のうちで、変革実行管理に該当するのは、コミュニケーションやコーチングに属する最初の2項目以外の、参加、操作、交渉、強制の4項目である。

このうち、**参加**は、抵抗者に変革戦略実行の役割分担を、職務配分として依頼する行動である。**操作**は、情報提供により変革に同意させる、あるいは巻き込む行動である。この情報提供には、言葉のみならず、環境そのものを先行して変革することも含まれる。前述の「目標環境の先行実現」などは典型的な事例である。

交渉とは、抵抗者と戦略実行者双方の利害均衡を実現することであり、**強制**とは、戦略実行者が何らかの権力により、抵抗者を服従させる行動である。ただし現実には、強制と交渉とが明確に区別されないままに、ほとんどの交渉が実は何らかの強制行動になってしまって、結果としては交渉としての効果を実現できていないことが多い。

3）変革抵抗者の分類と対応

以上のような抵抗者への対応は、抵抗者の特徴に応じて実行することで効果を生む。以下では2つの分類法と、それぞれへの対応について考察する。

◎──自立型と順応型への対応

抵抗者が、自立意識が強いか、従属意識が強いかにより分類することで、**図表2－34**に示す対応が考えられる。

自立意識の強い抵抗者には「強制」は逆効果である。また、「操作」では影響を与えにくく、操作自体が強制と受け取られる可能性もある。この場合は交渉か参加が適切な対応となる。一方で、順応型には、対立を前面に出した交渉は逆効果であり、変革への積極的な参加を期待することも必ずしも現実的ではない。順応型に対しては、強制かあるいは操作が妥当である。しかし、強制はできる限り避けるべき手段であるから、通常は妥当な選択肢として操作を適用すべきだろう。

図表2-34　自立-順応分類と対応

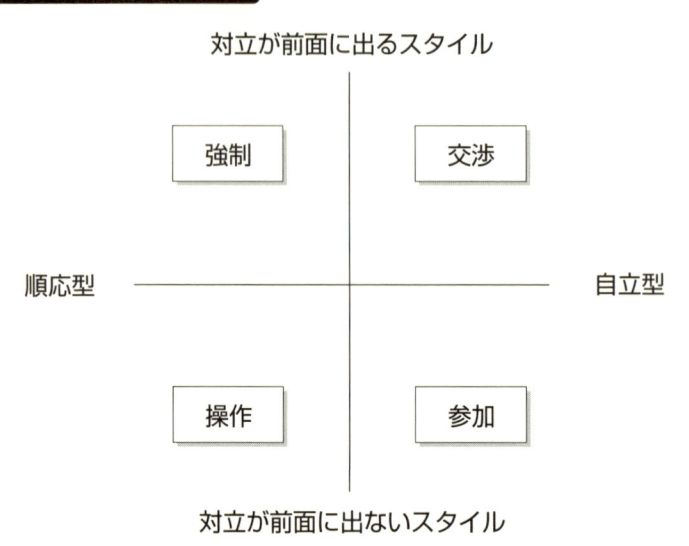

```
                 対立が前面に出るスタイル
                          │
              ┌─────┐     │     ┌─────┐
              │ 強制 │     │     │ 交渉 │
              └─────┘     │     └─────┘
                          │
  順応型  ─────────────────┼───────────────── 自立型
                          │
              ┌─────┐     │     ┌─────┐
              │ 操作 │     │     │ 参加 │
              └─────┘     │     └─────┘
                          │
                 対立が前面に出ないスタイル
```

◎──抵抗影響者グループへの対応

　変革抵抗者は、抵抗度の強弱と組織への影響力の強弱で、**図表2－35**に示す4グループに分類できる。

　その中で、抵抗度が強く組織への影響力も強いのが、「抵抗影響者グループ」である。着実に変革への賛同者を増やすためには、抵抗影響者グループをそれ以外の3グループと分断あるいは区分する。そのためには、それ以外の3グループを、変革賛同者として巻き込む必要がある。この場合に、強力な効果を発揮するのが「操作」や「参加」である。特に前述の「目標環境の先行実現」による操作は、過去への回帰を物理的に諦めさせることにより、大部分の変革抵抗者を変革に巻き込むことができる。

　3グループの巻き込みの後、抵抗影響人材に対しては「強制」が最善の手段と考えられがちであるが、現実の事例では強制はほとんど効果がない。あくまでも、それ以外の3分類の抵抗者を着実に巻き込み、抵抗影響者グループやその中でも特に影響力のある人に、できる限り限定的な存在であることを意識させる。そのうえで、「交渉」を実行することが自然な変革抵抗マネジメントである。この強制と交渉の区別については、次で考察する。

図表2-35　抵抗影響者グループの分類

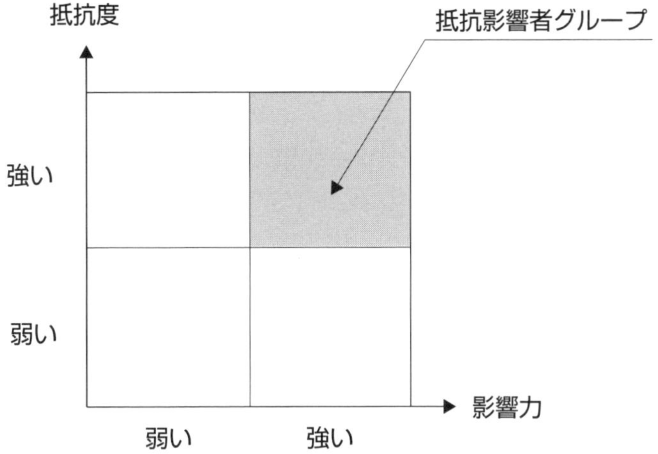
抵抗度
抵抗影響者グループ
強い
弱い
影響力
弱い
強い

(3) 対立のマネジメント

変革の既成事実化と変革抵抗のマネジメントにより、変革推進者集団を組織のマジョリティとしたうえで、最後まで残っている頑強な変革抵抗者に対して、対立を解消するための交渉を開始する。

1) 対立と交渉のパターンを適合させる

一般的に「対立」とは、個人間や組織間で、感情、価値観、信念、認識、判定、決断、要求などに関して、相反関係が生じている状態である。

対立には、2段階の異なった対立状況が存在する。1つは「いずれかが、相手の生存を否定すること以外に選択肢はないと判断する」レベルの対立、もう1つは「感情や要求などの相反は存在するが、それが必ずしも直接的に相手側の存在の否定までは意図していない」というレベルの対立である。前者を閉鎖的対立、後者を開放的対立と呼ぶ**(図表2－36)**。

図表2-36 閉鎖的対立と開放的対立

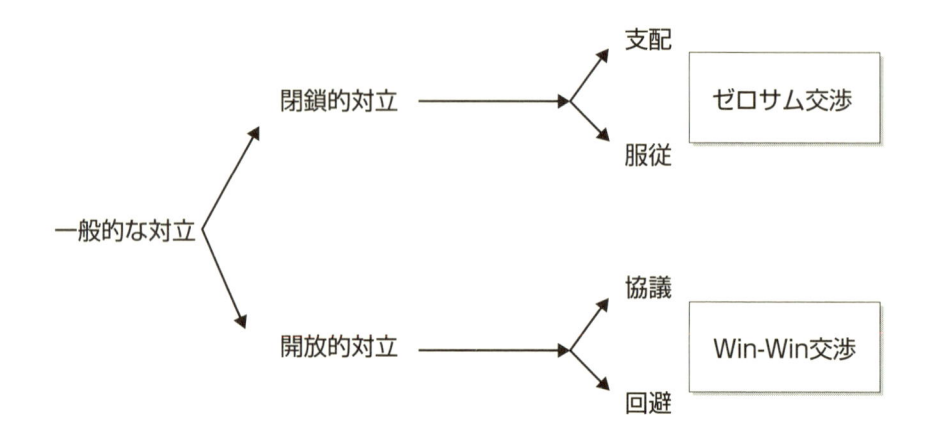

```
                        ┌─→ 支配
            閉鎖的対立 ──┤         ゼロサム交渉
           ↗            └─→ 服従
一般的な対立
           ↘            ┌─→ 協議
            開放的対立 ──┤         Win-Win交渉
                        └─→ 回避
```

◎──**閉鎖的対立とゼロサム交渉**

　閉鎖的な対立とは、「ゼロサム（Zero-Sum）認識」を前提とした対立である。ゼロサム認識とは、対立する両者の目指す対象（パイ）が、固定あるいは限定されているという認識である。

　このゼロサム認識に基づく対立では、双方いずれかのアイデアや方針を実現しようとすれば、他方は妥協するか消滅するしかない。この閉鎖的対立を前提とすると、実行策は強制になる場合が多い。またこの認識に基づく交渉は、結局両者の奪い合いを前提とし、結果として両者のいずれかの支配（的な結果実現）を想定する「ゼロサム交渉」とならざるをえない。ただし、現実のビジネスにおいては「ゼロサム交渉」が安定的な合意に至ることはありえないから、交渉としても結実しないのが普通である。まず、閉鎖的対立関係を開放的対立関係に転換すること、あるいはそれが可能となる機会を持つことが最優先となる。

◎──**開放的対立とWin-Win交渉**

　これに対して開放的対立とは、相反する両者が分配しようとしているパイは変動的で、拡大可能であるという認識に基づいた対立である。この場合には、双方の利得について、双方が満足できる案を提起できる余地が生まれ、交渉の対象をより広い視野でとらえて、複数の付加価値を組み合わせ、最終的に双方の利益を最大化しようとする「Win-Win

交渉」が可能となる。

2）Win-Win交渉の実践

以下で事例を基に、Win-Win交渉の実践について考えてみよう。

◎──変革抵抗者に対するWin-Win交渉事例

P社のCEOであるYは、品質が低下し社員の意欲も低下しているA工場の経営立て直しのために、現在の経営チームに代えて若手経営チームを実現することを考えている。当然、現経営チームメンバーからは、何らかの抵抗が予想される。なお、現経営チームのトップSは、長年海外の営業推進を成功させてきた有力な執行役員であり、ほかのメンバーはすべてA工場の品質管理、生産管理、労務管理を支えてきた生え抜きのベテランである。

この変革実行のため、次の3つの選択肢が考えられている。変革抵抗者に対する行動として、適切な選択肢はどれだろうか。

選択肢1．現在の経営チームを維持し、非公式に若手経営チームへの権限委譲を要求する。

選択肢2．現在の経営チームを解任し、若手チームを送り込む。

選択肢3．現在の経営トップに経営立て直しの期限つき目標値を示し、若手プロジェクトメンバーを活用したプロジェクトに着手することを命じる。

現在の経営チームメンバーを単に解任するだけでは強制でしかない。このメンバーを、全社経営にとっても当該メンバーにとってもメリットがあるように異動させ、適材適所の再配置を追求することでWin-Win交渉が実現できる。

生え抜きメンバーを抱えながら経営が悪化している事実からは、工場経験の乏しいS執行役員の存在が、ネガティブな影響をもたらしている可能性が高いと推測できる。また、関係者はいずれもかけがえのない人材ばかりである。

であれば、S執行役員に経営立て直しプロジェクトを実行する役を与え、若手チームを半年から1年程度の経営再建プロジェクトに配置する。再建のめどが立ったところで、S執行役員の転出と、若手メンバーの抜擢とを実行するシナリオはどうだろうか。

◎──Win-Win交渉の実現要件

Win-Win交渉には代替案創造力が重要である。この代替案創造力は、3つの要件によって実現する。第1に傾聴により交渉課題を絞り込み、対立者の本音の要求を把握すること。第2に全体状況を把握するための視野の拡大。第3に代替案策定のための自己

監視とコントロールである。
① 傾聴
　傾聴する姿勢については、本章第3節でも考察した。交渉においても傾聴には、以下の3つの効果がある。
・同意できる点を明確にし、交渉ポイントを絞り込む。
・相手に気づかせる。相手から学びたいという真摯な傾聴姿勢は、より具体的な議論に入るための潤滑油となる。この過程で相手側が自己の主張の矛盾や問題点に気づいて、それとなく対応が変わる可能性も出てくる。
・新たな発見に基づく提案ができる。傾聴姿勢は相手側のみならず、こちら側の無知や見落とし、あるいは矛盾などに気づく機会を与えてくれる。
　たとえば、変革抵抗者は、自己の既得権や将来のポジションを失う不安、あるいは自己の信念や価値観、人格が否定されることに対する反感などを持っている。これらは通常は表明されることはないが、交渉の過程で傾聴の姿勢を明確にすると、具体的に何を求めているのかを把握することができる。
② 視野の拡大
　代替案を作成するためには情報を収集する必要があるが、その情報収集の範囲を、対立している課題や相手側の本音を中心としながらも、時間軸と空間軸で拡大することで「大局的な視野」を得る。
　時間軸の拡大とは、将来の可能性を考えることである。A工場の例であれば、現在の対立の将来推移（時間が解決する可能性）を考える。現在のA工場の経営立て直しに必要な時間を考えれば、Win-Win交渉が結局は最短の解決をもたらす可能性が高いことについても納得できる。
　空間軸の拡大とは、当面の交渉課題に関連することのみではなく、社内環境、経営環境といった企業内部環境のすべてに、代替案作成のヒントを求めることである。また必要であれば、市場環境や社会環境にまで拡大して、対立当事者双方がメリットを実現できる交換条件を考える。先の例では、営業畑出身のS執行役員の工場経営能力不足を補完するために、適切なナンバー2のいる工場（別の環境）への異動も代替案となりうる。
③ 自己監視とコントロール
　代替案の妥当性を自己評価する。たとえば、最初に思いついたアイデアを受け入れないで、それを超える効果をもたらすアイデアは何かを自問する。また、自分自身がアイデアに100％満足している時に、警鐘を鳴らす。アイデアの両面性（強みと弱みがあること）が把握できていないのは、自己監視力が欠乏している状況である。こう

いった自己監視ができていなければ、仮に前述の大局的視野が持てても、偶発的に思いついた代替案にこだわってしまう。その結果、代替案の威力が乏しいという結果になる。

　また、視野の拡大が、短期的に現在の自己の既得権を脅かす状況では、視野の拡大を意図的に拒否する行動をとりがちである。しかし、これは結局、自己の選択肢の余地を狭める結果にしかならない。

第2章第6節　変革実行管理の技術　まとめ

1. **変革実行管理は、変革のスピードの維持と抵抗の排除により行う。**

2. **変革実行管理の技術**
   1) 変革の既成事実化
   ・外部環境情報の共有
   ・目標環境の先行実現
   ・変革推進制度の設定と活用
   2) 変革抵抗のマネジメント
   ・変革抵抗の原因理解
   ・変革抵抗者への対応計画
   ・変革抵抗者の分類と対応
   3) 対立のマネジメント
   ・対立と交渉のパターン適合
   ・Win-Win交渉の実践

第3章
条件適合リーダーシップの技術

第3章の概要と構成

　本章では、マネジメントの主要職務責任に対応するリーダーシップの技術を考察する。
　企業の主要なマネジメント責任区分として、本章では、フロントライン・マネジメント（第1節）、組織経営マネジメント（第2節）、事業経営マネジメント（第3節）、企業経営マネジメント（第4節）、起業マネジメント（第5節）、全社変革プロジェクトチーム・マネジメント（第6節）、グローバル経営マネジメント（第7節）を取り上げている。
　一般的には、トップマネジメントに求められるリーダーシップ行動も、ミドルマネジメントに求められるリーダーシップ行動も、同一に議論されてしまうことが少なくない。しかし、企業が効率と成長の両方を実現するためには、階層に応じてマネジメント職務区分と責任が異なることが不可欠である。その結果、職務責任に適合して、各職責に求められるリーダーシップの技術も異なる。言い換えれば、マネジメント・パイプライン（マネジメント階層別の職務責任分業体制。下記コラム参照）に条件適合するリーダーシップ行動技術が必要となる。
　職務区分ごとの解説では、その職務における最も重要な責任を抽出し、その責任を遂行するための最も重要なリーダーシップの技術を考察した。主要なマネジメント職務区分と各々の最重要な責任を**図表3－0**に示す。

コラム ◎ マネジメント・パイプライン

　「マネジメント・パイプライン」は、GEのコンサルタントを務め、同社のクロトンビル・マネジメント・スクール経営にも貢献したラム・チャランらが提唱した、「組織階層に応じた、マネジメント職務責任の分業論」である。
　マネジメント・パイプラインは、組織階層ごとに異なったマネジメント職務責任を意識することで、各階層の存在意義を明確にする。また、「マネジメント」と一言でくくられてしまうことで見逃されている、分業によるチームワークの効果と、マネジメント能力強化の成功要件を具体的に考察することに役立つ。
　マネジメント・パイプラインが提唱する内容を要約すると、以下のとおりである。

> 「企業のマネジメント人材は、最前線のフロントライン・マネジメントから、組織経営マネジメント、事業経営マネジメント、企業経営マネジメントまで4階層に分類でき、これらの職務責任を担うマネジメント人材が、マネジメント能力育成のキャリアパス、すなわちマネジメント・パイプラインを形成している」
>
> 　本書では、通常の組織階層以外に、起業マネジメント、全社変革プロジェクトチーム・マネジメント（以下略して全社PTマネジメント）、グローバル経営マネジメントもマネジメント・パイプラインの応用職務責任と位置づけて、それぞれに適合するリーダーシップ行動技術を考察している。

図表3-0　マネジメント職務分類

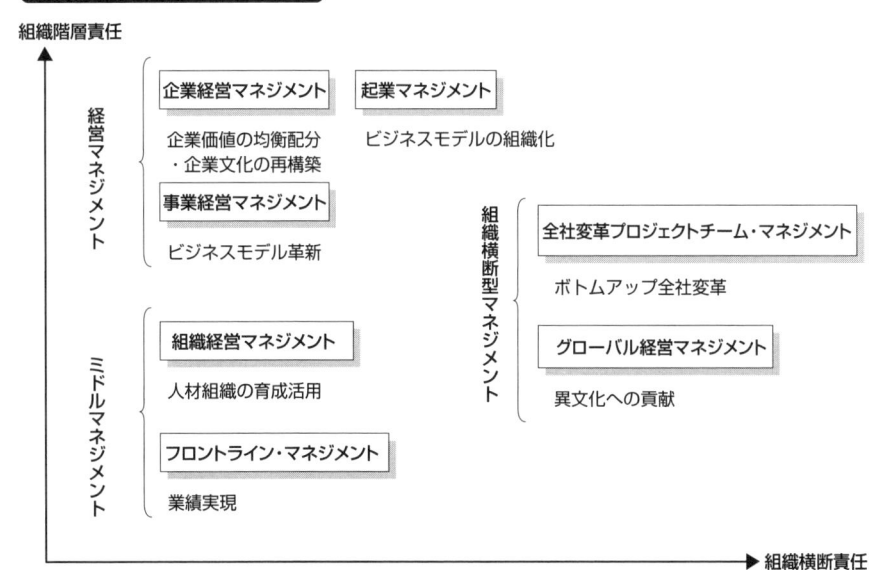

縦軸：組織階層責任／横軸：組織横断責任

経営マネジメント
- 企業経営マネジメント：企業価値の均衡配分・企業文化の再構築
- 起業マネジメント：ビジネスモデルの組織化
- 事業経営マネジメント：ビジネスモデル革新

ミドルマネジメント
- 組織経営マネジメント：人材組織の育成活用
- フロントライン・マネジメント：業績実現

組織横断型マネジメント
- 全社変革プロジェクトチーム・マネジメント：ボトムアップ全社変革
- グローバル経営マネジメント：異文化への貢献

第1節　フロントライン・マネジメント

1●リーダーシップ行動領域

　フロントライン・マネジメントは企業の最前線で社員を直接対象としたマネジメントを行う職務で、一般的には**課長職**あるいは**チームリーダー職**がこれに該当する。
　この職務の最も重要な責任は、社内外での業績実現行動である。業績実現のためのリーダーシップ行動領域は、**戦略実行型**であり、主要なリーダーシップ技術としては「**課題設定**」「**意思決定**」「**指示統率**」がある（図表3－1）。以下でそれぞれ解説しよう。

図表3-1　フロントライン・マネジメントのリーダーシップ行動領域

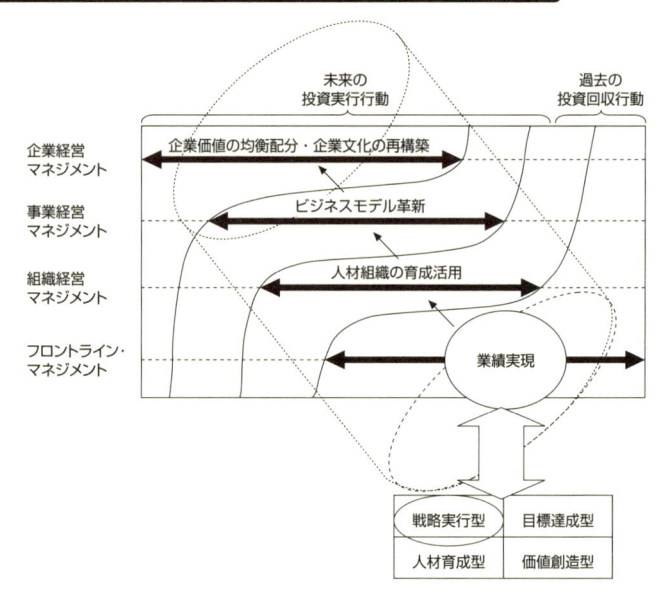

2● リーダーシップ技術

(1) 課題設定

　業績実現のために、最も基本となる行動技術は「課題設定」である。課題とは顕在的に認識される複数の「**事象**」の共通の原因となっている「**事情**」である。
　ここでは、顕在的な事象と潜在的な事情とを区別する意識が求められ、さらにその前提として、さまざまな事象に対してそれらを現実として受け入れるのみにとどまらず、それら事象の共通の原因となっている事情を推測しようとする意識が必要となる。これが、外部環境を自己と分離して、自分自身の認識と思考で分析しようとする「（狭義の）**自立意識**」である。

1) 自立意識の確立

　本節でいう自立意識とは、自身と、自身の属する組織を含めた外部とを、相互に独立した関係と認識する意識である。フロントライン・マネジメントや、その予備軍としてビジネス社会に足を踏み入れた人がまず確立すべき意識が、課題設定の前提となる自立意識である。
　自立意識を確立するためには、**自己認識**（自己を、組織に従属した存在ではなく、組織に影響を与える自立した存在と認識する）と**関係認識**（外部と自己とを分離し、その関係を認識する）を習慣化することが基本となる（下記コラム参照）。

コラム ◎ 自己認識と関係認識を身につける

①自己認識の育成
１．従順ではなく貢献を重視する
　　自立意識は基本的にどの人材にも存在するが、企業組織の中では自立よりもむしろ従順であることが美徳であり、うまくやっていけるという誤解を、いつの間にか持ってしまっていることがある。この誤解を排除する。すなわち、現代企業組織における貢献は、情報に従うことではなく情報をつくること、すなわち課題を与えられ実行する行動よりも、課題を提案して実行する行動が、より高く評価され、また企業に対して大きな貢献を実現するという事実を確認する。

2．**自己実現欲求に基づく自己の動機づけ**

　　自己の動機づけの源泉として、（マズローの5段階欲求分類の）組織順応型欲求ではなく、自己実現欲求など自立革新型欲求を意識する。ただし、自己の利益のための自己実現ではなく、社会、組織、人に対する貢献を、自己実現の目的とする意識が、より高い自己認識をもたらす。

3．**インスピレーションを大切にする**

　　インスピレーション（賜物）を大切にする。自分の頭で考えたアイデアを粗末にしない。また、アイデアが生まれる状況やタイミングを把握する。自己のアイデアを大切にする意識が、アイデア創造力を維持し結果的に自立意識を強化することにつながる。

4．**自己の感性と感情を尊重する**

　　感情や感性を大切にする。これらが支援する直感を生かす。感性や感情が納得しないことは無防備に受け入れない。

5．**自己の思考法を生かす**

　　自己の思考法を大切にする。その強みと弱みをありのままに受け入れ、活用しつつ、継続的に進化させる。視野を空間的、時間的に拡大し続ける。

②関係認識の育成

1．**仕組みを理解する**

　　ビジネス、市場、組織、社会、人間関係などの仕組みを理解する。それらの仕組みを最も効果的に動かす「ボタン」を理解する。ビジネスの仕組みとボタン、すなわちKSF（Key Success Factor：最も重要な成功要件）、ビジネスの行動定石を理解する。

2．**対象を「具体的に」分解する**

　　考察する対象を「具体的な」構成要素や原因要素に分解し、異常な現象の原因となっている「震源」を発見する。具体性への徹底的なこだわりを維持し、強化する。具体的に表現されない情報は受け入れない。

　　具体性にこだわり、具体化と抽象化の区別を理解する。また具体化に際しては、対象を3つあるいは5つの要素に分解する鉄則を課す。たとえば、「納期が遅れた」という事実に直面したら、その原因を5項目に分解して、最も重要な原因を特定する。あるいは顧客の被る損失を、規模に基づいて5項目で整理する。そのような原因分析や影響分析なしに、納期遅れの言い訳を考える行動は一種の抽象化であるといえる。

3．情報操作を感知する

常識、習慣、規定、肩書、外見、評判、宣伝などの、表面的な権威や魅力を観察するのみで考察を終えない。対象の本質、本音を追究する。また、表面的な情報で操作しようとする意図に対して、敏感さを磨く。常識や習慣に対する無意識の従属を見直す。

2）事象と課題とを区別する

自立意識を確立できた次の段階では、「事象と課題の区別」が必要となる。たとえば、ある企業で以下の①から⑩までの「事象」が観察されている場合に、これらを課題と誤解しないことが大切である。ビジネススクールのレポートにおいても、課題設定が理解できていない場合には、レポート作成のスタートラインから混乱が始まる。

◎──課題設定の事例

①顧客納期遵守率が、半年間で33％低下した。
②マーケティング部門の販売予測誤差率が、ここ１年低迷したままで縮小されない。
③新製品の開発プロジェクトの半数が、予定よりも３カ月以上遅れている。
④最新の顧客満足度が、前年同期比10％下がっている。
⑤営業社員の１人当たりの売上高が減少し始めている。
⑥官需製品部門の全社売上比率が、３年間で70％から40％にまで急速に減少した。
⑦官需の減少分に対応して、民需製品部門の売上げが急速に伸びている。
⑧民需製品部門の利益率が、過去３年間で15％から６％に低下した。
⑨不良返品率が今年に入って過去平均の10％から、今年上半期のみで25％に急増した。
⑩直接受注し始めた部品協力会社に、既存顧客のシェアを取られ始めた。

以上の事象が示唆している「事情」を推測してみよう。

まず、⑥⑦からこの企業は官需から民需への市場セグメントの変化に直面していることが推測される。ただし、増加している民需部門では⑧に示すように利益率が低下している。何らかの市場における力関係の変化が推測される。その１つの事象として、⑩では従来は自社の協力会社であった部品供給メーカーが、直接顧客に対して取引を開始し、自社の競合となっている状況も示されている。

また、顧客との関係を直接的に示す事象として、④⑨が挙げられている。⑤は営業効率の低下を示し、①②③は、いずれも顧客の要求に応えられない内部体制の事情を示唆している。

これらのすべての事象に共通な事情が「課題」である。以上から「自社の主要な対象市場が、従来の官需から民需に移行しているにもかかわらず、民需顧客に対する対応が実現できていない」という課題が推測できる。

3）従属課題を階層・体系化する

前述の①から⑩までの事象に関しては、部分的に共通する原因（事情）も考えられる。①からは製造体制、②③からは製品開発やマーケティング体制、⑤からは営業体制の、それぞれの民需への対応に関する乖離（ギャップ）課題が発見できる。

これらは先の統合課題に対する従属課題である。ここで従属課題を統合課題と並列で表現してしまうと、論理階層表現が崩壊してしまう。事象範囲の広さや重要性による**課題の主従関係を明確にする**ことが必要である（図表3－2）。

従属課題は、統合課題を実現するための戦略ともなる。第2章第2節「変革ビジョン設計の技術」の「戦略展開の技術と留意点」の項で示した領域分解モデルを活用して考えると、企業としての**組織構造**（たとえば機能別の請負管理重視の高階層組織から、製品別の提案創造重視の低階層組織への変換）、**マネジメントスタイル**（たとえばトップダウンの指示命令型から、ボトムアップのエンパワーメント型への変換）、**設備**（たとえば官需と民需のロケーション分離）、**人材育成**（たとえば提案型の人材や、製品別事業部門マネジメント人材の育成）、**人事制度**（たとえば事業経営職務に対する業績連動型報酬の導入）などが従属課題として推測できる。

以上のように、事象から導き出される戦略としての従属課題を追加することで、統合

図表3-2　課題群の複数並列から論理階層への表示変換

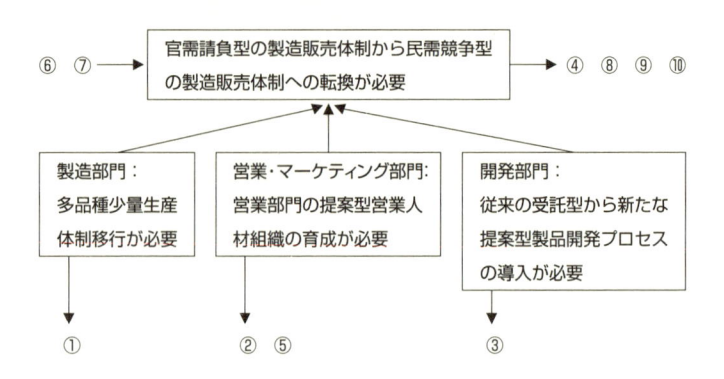

⑥ ⑦ → 官需請負型の製造販売体制から民需競争型の製造販売体制への転換が必要 → ④ ⑧ ⑨ ⑩

- 製造部門：多品種少量生産体制移行が必要　→ ①
- 営業・マーケティング部門：営業部門の提案型営業人材組織の育成が必要　→ ② ⑤
- 開発部門：従来の受託型から新たな提案型製品開発プロセスの導入が必要　→ ③

課題とMECE関係にある従属課題の展開が完成する。

(2) 意思決定

フロントライン・マネジメントの意思決定で重要な点は、「合理的な」意思決定を行うことである。合理的な意思決定とは何か、さらに、合理的な意思決定の前提となる、優先順位づけのための定量判断技術を理解しよう。

1) 合理的な意思決定

意思決定の様式には、定常的な意思決定と、非定常の意思決定の2種類がある。後者はさらに合理的意思決定と限定された合理性の意思決定に分かれ、さらに後者は、思い込みによる恣意的意思決定と、経験に基づいた直感的意思決定に分かれる **(図表3－3)**。

定常意思決定とは、文字どおり意思決定のプロセスと判定基準が経験に基づいてルール化されている意思決定である。非定常意思決定とは、前例を直接に適用できない状況で、個々の状況に応じた課題選定や手段選定を行うものである。

合理的意思決定とは、意思決定のために必要十分な情報を認知し、考慮したうえでの意思決定である。言い換えると、直面している事象から、プラス面とマイナス面の両方の情報を、重要度順に見逃さずに把握したうえでの意思決定である。

限定された合理性の意思決定とは、前記の「プラス・マイナス両方」の「優先度順」の判定情報を十分にそろえないまま実行する意思決定である。たとえば、前述の課題設

図表3-3 意思決定の種類

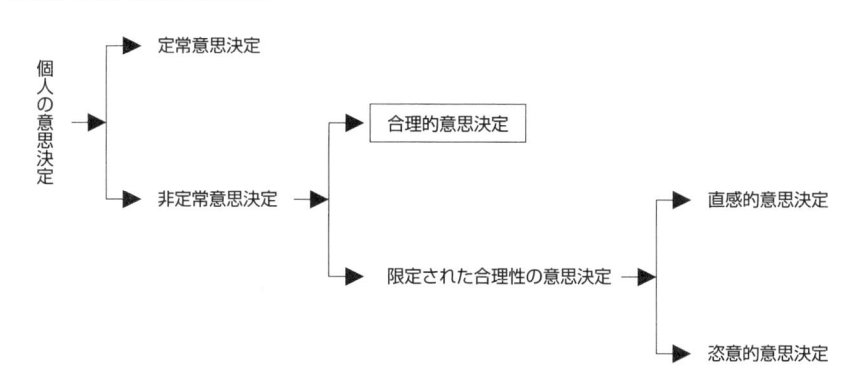

個人の意思決定
- → 定常意思決定
- → 非定常意思決定
  - → 合理的意思決定
  - → 限定された合理性の意思決定
    - → 直感的意思決定
    - → 恣意的意思決定

定の事例で、「主要顧客セグメントが官需から民需へシフトしている」ことを課題と判定することは、「官需市場が縮小傾向にあるのに対して、民需市場は爆発的に伸長している」というプラス情報を視野に入れていないので、限定的な合理性の判断といえる。

◎──合理的か否かの判断

意思決定の合理性がどこまで実現できているかを自身で判定するには、「機会（プラスの状況）に直面して、その状況がもたらす逆の脅威（マイナスの状況）を認識できているか否か」を考える。さらにこれら脅威の中から、トップ3を優先順位順に認識できていれば合理性の確度は高まる。また逆に、「脅威（マイナスの状況）に直面して、その状況がもたらす逆の機会（プラスの状況）を認識できているか否か」でも判定できる。さらに、これら機会の中から、トップ3を優先順位順に認識できていれば合理性の確度は高まる。

2）不足している情報を収集する

意思決定能力を高めることは、多くのマネジャーの願望であり、意思決定に戸惑ったり躊躇したりすると、「自分の意思決定能力が低い」と考えがちだ。しかし、必ずしもそのような自己評価は妥当とはいえない。

むしろ、明快な意思決定ができないのは、合理性を証明する「情報が不足している」からだと考えることが現実的である。外部情報が不足していることと、内部情報を見落としていることが原因である。また、意思決定できないという認識は、むしろ自己監視力と外部感知力に関する健全な判断であり、制御力が機能している状況でもある[26]。

すなわち、いかに早く意思決定課題を発見して、先行して情報収集に着手できるかが、意思決定力を左右するといってよい。マイケル・デルも、著書で次のように述べている。

「データがなければ、誰よりも早く最善の判断を下すことなど不可能である。どんな競争優位であっても、そのカギとなるのは「情報」である。だが、オフィスで待っていても情報が向こうからやってくるわけではない。自分で集めに行かなければならないのだ。そのために私は、社内をあちこち歩き回っているのである」

（前出『デルの革命』）

◎──合理的意思決定の障害を把握する

不足情報の収集には、自分自身の気づいていない合理的意思決定の障害を認識することも含まれる。合理的意思決定の障害には、個人に起因するものと、集団に起因するも

のがある。

　個人に起因するおもな障害としては、
　①現実を直視することを避ける
　②過去うまくいった意思決定パターンに依存する
　③時間的なプレッシャーを過剰に意識する
などがある。
　集団に起因するおもな障害としては、
　①前例を尊重したり踏襲したりする組織文化
　②対人関係を重視しすぎる組織文化
　③外部情報入手手段の貧困さ
などがある。

◎——情報不足を言い訳にしない

「意思決定は、情報不足を補うことで強化できる」という考え方は、一方で、情報不足を言い訳にして意思決定を先延ばしにしたり、時間稼ぎをしたりする、「逃げ」をもたらしがちである。

　ここで留意しなければいけないのは、不足している情報を的確に見つけるには、情報を探しに行く前の状態で可能な、最良の意思決定を具体的にやってみることである。そうすると、実はほとんどの場合、情報が不足しているのではなく「自分自身の記憶の整理ができていなかったか、記憶をうまく活用できていなかっただけにすぎない」ことがわかる。

　コンサルタントの大前研一は初期の著書の1つで、彼自身が課題解決能力（課題を設定した後で、その最良解を選択する「意思決定」）に目覚めた瞬間についてのエピソードを記述している[27]。

　MITの大学院生であった時、教授の質問に答えられなかった大前研一は、「図書館で足りない情報を調べて改めて回答を準備してくること」を提案するのだが、教授はそれを許さずに「いまここであなたが持っている情報で、答えられる範囲で解を作成しなさい」という指示を出した。その指示に従って、その場でしぶしぶ考えてみると、実にそ

26　「意思決定に不安がある、あるいは、意思決定を躊躇するのは、むしろ感情が発信する『情報不足に注意』という警告を認識できていることであり、それは意思決定の健全性を証明している」——この考え方は、ゴールマンらの提唱するエモーショナル・リーダーシップで強調されている。

27　大前研一著『遊び心』学習研究社、1988年

の時点までに所有している情報で、自分なりの解に到達してしまった。教授は大前の説明する解とともに、その解に到達した大前をほめた。同氏は、この経験が彼の思考技術開花の大きなきっかけの1つになっているという。

　これがまさに、意思決定の不足は「情報不足に起因する」と同時に、その不足情報という青い鳥を外に求めるのではなく、自分自身の記憶の中に求める「逃げない」姿勢の重要さを示している。

3）優先順位決定のための定量思考技術

　合理的な意思決定を意識して実行するためには、定量思考技術も不可欠である。以下に、おもな定量思考技術の概要を示す。

〈パレート発想〉

　限られた時間内ですべての課題に対応することは、必ずしも現実的ではない。そのような網羅的なアプローチにより、重要課題の見落としが起こったり、課題や戦略の実行がすべて中途半端になるような場合には、まず目標の大部分（80％）を実現することを最優先として、課題を選択して取り組む。この発想は、細かな枝葉の課題に目を奪われて大目標を見失うことを避けるために、あるいは最低限の意思決定効果を確実にするために有効である。たとえば、緊急な提案作成においては、まずプレゼンテーションを受ける側の最大のニーズから、順にその大部分（80％）を満足できるように準備する。

〈リービッヒ最小律〉

　パレートとは逆に、「個別の課題としてのインパクトは小さいが、その課題を放置することで全体目標が崩壊してしまう」ような、「蟻の一穴」的な課題。たとえば、新たに開発した部品を試験的に購入採用した顧客からの緊急のクレームなどがこれにあたる。規模としては小さいが、新製品の品質に対する風評効果としては、今後の拡販に向け大きな脅威となる。このような課題には、緊急に対応する。

〈効果弾力性〉

　目標実現に対して投資効果、レバレッジ（梃子）効果の高いものから実施するという発想。この場合に定量的な投資効果と、定性的・感情的な投資効果の2つの見方がある。たとえば、新たな手法導入に抵抗する人材を職場異動という強制手段で排除することは、定量的な投資効果としてはそれほど目覚ましいものではないかもしれないが、変革リーダーのコミットメントを感情的、象徴的に示す行動としての投資効果は大きい。

また、コスト削減などについても、同様に、定量的には意味のない削減項目が象徴的な意味を持つことも少なくない。

〈クリティカル・パス〉

最終目標実現のために、クリティカル・パス（Critical Path）、すなわち「最短の目標実現期間を構成する不可避なプロセス」に関する課題から先に意思決定する。あるいは、「最もリードタイムの長いプロセス」に関する課題から順に意思決定を行う。

それ以外の項目に関する意思決定は、クリティカル・パス・プロセスの意思決定の後で取り組めば、余裕を持って対応できる場合も出てくる。

（3）指示統率

課題設定、意思決定の後には、その内容を周知する「指示統率」行動が必要となる。「指示統率」は、第2章第3節で解説した「変革共有コミュニケーション」の技術、および第2章第4節の「コーチング」の技術が基本となる。

フロントライン・マネジメントは、業績の実現に関する現場の最終責任を持つので、変革共有コミュニケーションでは、部下のコミットメントを確認する最終の参画フェーズが重要となる。ここでは、全員の変革ビジョン実行への参画コミットメントを確認する。またコーチングに関しても、どれだけ適切な情報が提供できたかという結果を重視するために、最終の情報支援フェーズを特に意識する。選定した場の特徴に対応して、指示、指導、協働、委任の4形態から適切な形態を選択して情報支援する。

また、これらの情報発信に関しては、それ以前に必要とされた課題解決の論理志向から、組織活用の感情志向に意識を転換する必要がある（図表3－4）。すなわち、リーダー個人の課題解決能力で貢献する行動から、組織を活用する行動への転換である。戦略実行型リーダーシップ行動は、要因と論理を重視する行動技術群であり、課題設定や意思決定はおもにこの領域に属する行動技術である。一方、指示統率は、変革共有コミュニケーションやコーチングとの関連からもわかるように、目標達成のための組織活用から、人材の成長や変革を意識した「感情情報」までを考慮した行動技術である。この点で、指示統率は、目標達成型や人材育成型のリーダーシップ行動への能力拡張の機会を伴っている。

指示統率の前段階に生じている、課題設定や意思決定の論理志向からの意識転換なしに、指示統率の情報を発信してしまうことは少なくない。戦略実行型行動から、目標達成型や人材育成型への意識的な切り替えが、指示統率の重要な成功要件となっていることも見過ごさないようにしたい。

図表3-4　指示統率における論理志向から感情志向への転換

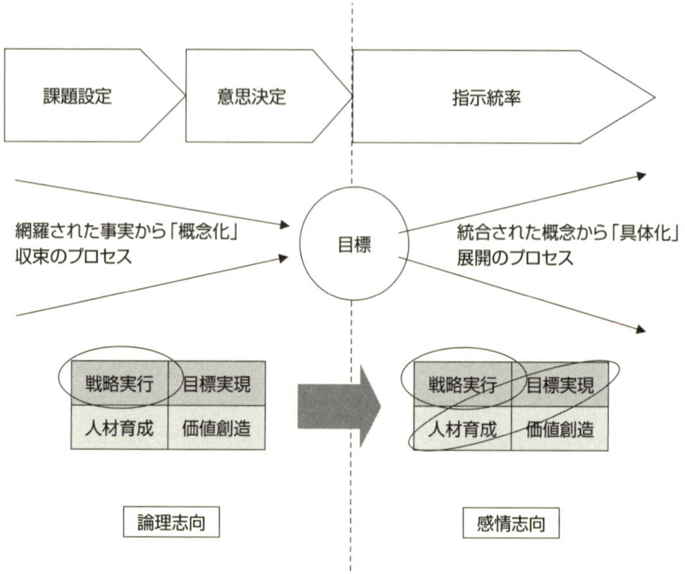

課題設定 → 意思決定 → 指示統率

網羅された事実から「概念化」
収束のプロセス

目標

統合された概念から「具体化」
展開のプロセス

戦略実行	目標実現
人材育成	価値創造

論理志向

戦略実行	目標実現
人材育成	価値創造

感情志向

第2節　組織経営マネジメント

1● リーダーシップ行動領域

　組織経営マネジメントとは、一般的には**部長職**に該当する職務で、**事業部門や管理部門の1つの機能組織を統括する**職務である。フロントライン・マネジャーに率いられた組織を統合する職務でもある。

　組織経営マネジメントの職務責任は、現状の業績実現を実行しているフロントライン・マネジメントとその部下を含む組織を育成強化し、**競争力を組織化する**ことにある。したがって、組織経営マネジメントのリーダーシップ行動領域は**人材育成型**であり、おもな行動技術としては、人・組織の「**能力把握**」「**配置活用**」「**育成継承**」がある（**図表3－5**）。

2● リーダーシップ技術

（1）能力把握

　人・組織の能力把握には、コーチングの技術で考察した、技術－意欲分布分析を活用する。現実には、フロントライン・マネジメントの組織ごとに、**図表3－6**に示すような分布図を作成させる。そのために、まず技術と意欲に関する評価データを準備する。

1）技術レベルの評価

　技術レベルの評価に関しては、基本技術（業務遂行のために必要不可欠な基本技術）と業績技術（業績実現のために必要不可欠な応用技術）の2つに区分して評価する。たとえば、「自社の商品の説明力」を基本技術とすれば、「顧客ニーズに対応した商品の提案力」が業績技術となる。

　また、区分する指標としては、①卓越している、②十分である、③ほぼ十分だが状況

図表3-5 組織経営マネジメントのリーダーシップ行動領域

（企業経営マネジメント／事業経営マネジメント／組織経営マネジメント／フロントライン・マネジメント）

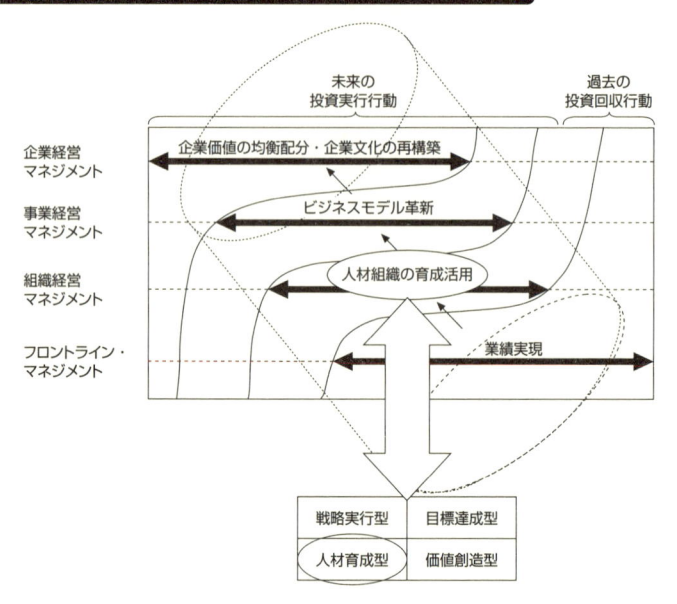

未来の投資実行行動　　過去の投資回収行動

- 企業価値の均衡配分・企業文化の再構築
- ビジネスモデル革新
- 人材組織の育成活用
- 業績実現

戦略実行型	目標達成型
人材育成型	価値創造型

図表3-6 技術-意欲分布分析

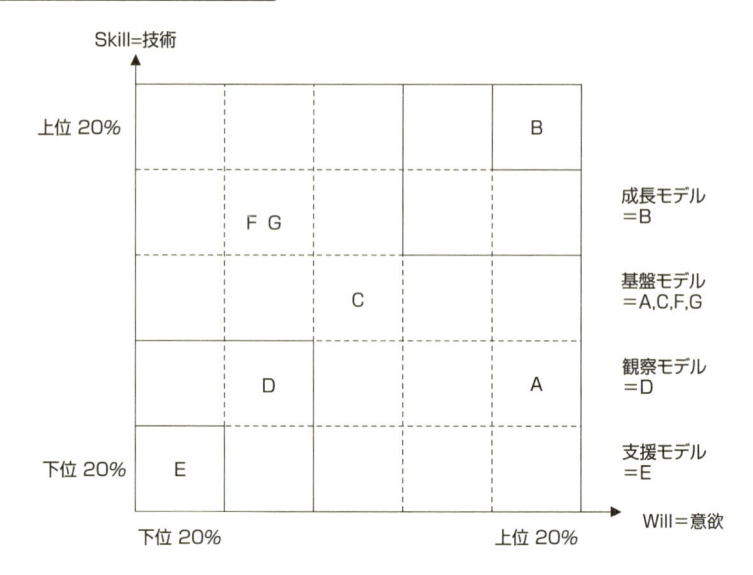

Skill=技術（上位20%／下位20%）、Will=意欲（下位20%／上位20%）

- 上位20%：B
- F G
- C
- D、A
- 下位20%：E

成長モデル＝B
基盤モデル＝A,C,F,G
観察モデル＝D
支援モデル＝E

図表3-7 技術レベルの評価

	（基本技術）スキル定義： 他社との比較に基づいて自社商品の 説明ができる
5	卓越している
4	十分である
3	ほぼ十分だが状況に応じた支援が必要
2	継続的な強化が必要
1	根本的な強化が必要

	（業績技術）スキル定義： 顧客ニーズに適合した商品の提案が できる
5	卓越している
4	十分である
3	ほぼ十分だが状況に応じた支援が必要
2	継続的な強化が必要
1	根本的な強化が必要

	基本技術レベル	業績技術レベル	総合技術レベル
A	3	2	2.5
B	5	5	5.0
C	3	3	3.0
D	3	2	2.5
E	2	1	1.5
F	4	3	3.5
G	4	4	4.0

に応じた支援が必要、④継続的な強化が必要、⑤根本的な強化が必要、などの5段階評価を適用する（**図表3-7**）。

2）意欲レベルの評価

　意欲レベルの評価についても、技術力と同様に、①卓越している、②十分である、③ほぼ十分だが状況に応じた支援が必要、④継続的な強化が必要、⑤根本的な強化が必要、などの5段階が設定できる。なお、これらを適用して評価する項目としては、たとえば**図表3-8**のマトリクスから、適切なスポットを数箇所選定する。

3）技術－意欲分布の把握

　技術レベルの評価、および意欲レベルの評価の2つのデータをX-Y軸上で表示して**図表3-6**で示したような、部下の技術―意欲分布分析図を作成する。
　これらの技術―意欲分析情報は、次に説明する「配置活用計画」、および「育成継承計画」で活用する。

図表3-8　意欲レベルの評価：社員Aのデータ

	言行一致	正確性	スピード	網羅性	大局観	柔軟性
洞　察						
思　考		② 5				
質　問			④ 5		⑥ 4	
提　案						
討　議		③ 4				
決　定			⑤ 5			
交　渉						⑦ 5
報　告	① 5					⑧ 5
学　習						
先　見						

	①	②	③	④	⑤	⑥	⑦	⑧	総合意欲レベル
A	5	5	4	5	5	4	5	5	4.75
B	5	5	5	5	5	5	4	4	4.75
C	3	3	2	4	3	2	4	3	3.0
D	1	2	2	2	2	1	3	3	2.0
E	1	1	1	2	2	1	1	1	1.25
F	4	2	2	2	2	2	2	2	2.25
G	3	3	3	1	1	1	1	1	1.75

（2）配置活用

　組織経営マネジメントは、技術－意欲分析情報を活用して、市場競争環境に対して最適な内部組織を編成し、組織と市場環境条件との適合（組織コンティンジェンシー）を実現する。これにより、人・組織の競争力を活用し育成する（**図表3－9**）。

1）市場競争環境と内部組織環境の把握

　市場競争環境は、**市場環境**と**業務環境**の2つに大きく分類される。市場環境のおもな構成要素としては、**競争の高低**と**重要度の高低**があり、業務環境のおもな構成要素としては、**定常**と**非定常**、**直接**と**間接**などがある。これらを組み合わせることで、重要度やリスクを設定する。

図表3-9 組織コンティンジェンシー

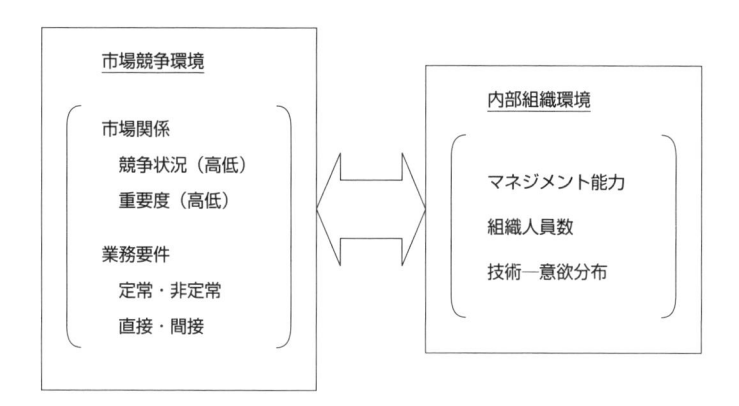

市場競争環境
- 市場関係
  - 競争状況（高低）
  - 重要度（高低）
- 業務要件
  - 定常・非定常
  - 直接・間接

⇔

内部組織環境
- マネジメント能力
- 組織人員数
- 技術―意欲分布

これらに対して、内部組織環境のおもな構成要素としては、**マネジメント人材の能力、組織人員数、組織の技術－意欲分布**などがある。マネジメント能力は、リーダーシップ行動4行動領域のバランスで把握する（**図表3－10**）。なお、**図表3－10**では、各マネジ

図表3-10 フロントライン・マネジャー能力分布

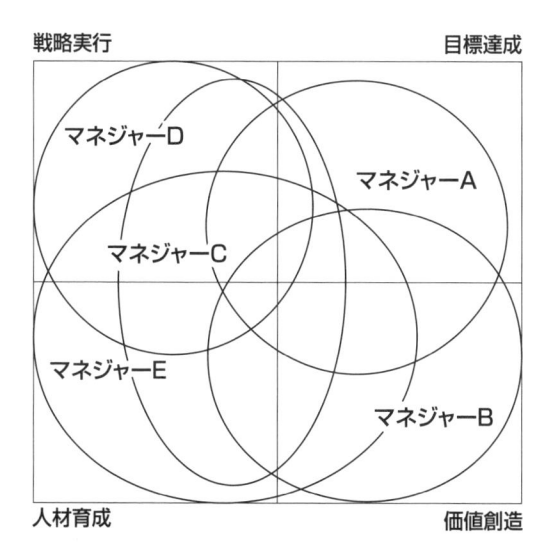

（縦軸：戦略実行／人材育成、横軸：目標達成／価値創造、マネジャーA、B、C、D、Eの能力分布）

図表3-11 組織ごとの技術―意欲分布

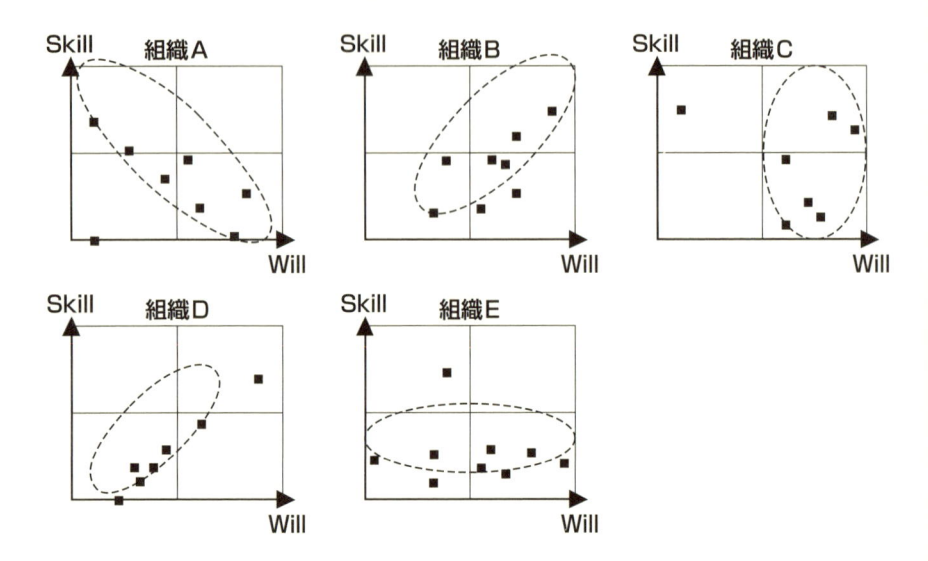

(組織A、組織B、組織C、組織D、組織Eの Skill-Will 分布図)

ャーの強み領域を示している。たとえば、マネジャーAは、目標達成型領域の行動が日常的となっているのに対して、マネジャーB は価値創造型領域の行動が日常的となっている。

フロントライン・マネジメントの部下の技術―意欲分布も**図表3－11**に示すようなかたちで把握する。たとえば、組織C（マネジャーCの組織）は、現状では技術レベルは低いが意欲レベルが高い部下から構成されていることを示している。一方で組織Bでは、部下の技術レベルと意欲レベルがほぼ相関し、高レベルから低レベルまでが存在していることがわかる。

2）組織コンティンジェンシー設定

市場競争環境と内部組織環境が把握できたら、両者の最適な組み合わせを実現する。たとえば、**図表3－12**のような組み合わせを設定する。

事例1：市場競争が激しく、かつ自社にとって重要度が高いが、ビジネスモデルとしては確立されている定常的な業務を示している。この業務を、技術・意欲に関してかなりのばらつきが見られる部下組織で遂行していく場合には、明快な目標を示して実行可能な組織体制を構築できる、目標達成型リーダーが必要となる。

図表3-12　市場競争環境と内部組織環境の組み合わせ

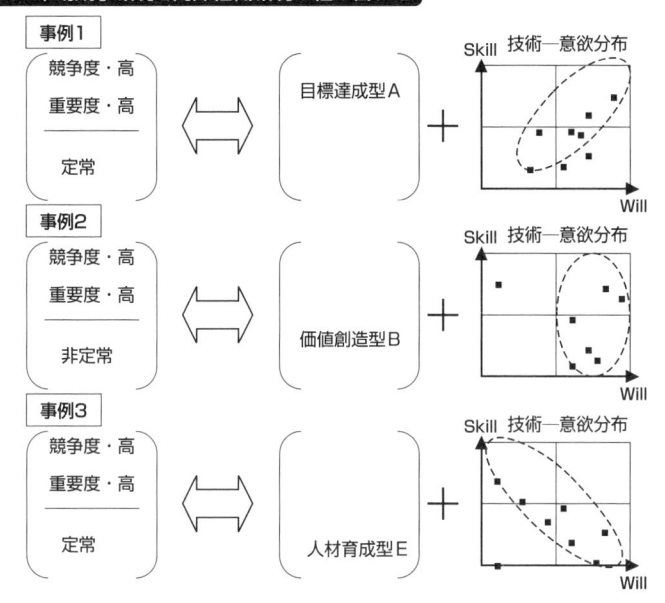

事例1
競争度・高／重要度・高／定常　⇔　目標達成型A　＋　技術—意欲分布（Skill-Will：右上がり分布）

事例2
競争度・高／重要度・高／非定常　⇔　価値創造型B　＋　技術—意欲分布（Skill-Will：右側に分布）

事例3
競争度・高／重要度・高／定常　⇔　人材育成型E　＋　技術—意欲分布（Skill-Will：右下がり分布）

　事例2：市場競争も自社にとっての重要度も高いが、非定常型の業務で構成されるビジネスである。このような場合、臨機応変に状況に応じた目標設定や、状況打開のためのアイデアが出せる価値創造型リーダーが有効であることが多い。ただし、この場合には部下組織には、変化から学習する意欲の高い人を主として構成することも考慮すべきだろう。

　事例3：事例1と同様の市場競争が激しく自社にとっての重要度が高い、確立された定常業務によるビジネスモデルを、中核となる部下が育っていない状況で遂行する場合を示している。このような場合には、まず組織の中にモデルとなるトップ人材を育成しながら、組織全体の能力レベルも底上げしていくような、人材育成型リーダーが望ましい。

（3）育成継承

　組織経営マネジメントは、管轄する組織全体の育成計画と継承計画をフロントライン・マネジメントごとに作成させ、それらの情報に基づいて、組織全体の育成計画、継

図表3-13　継承計画フォーマット例

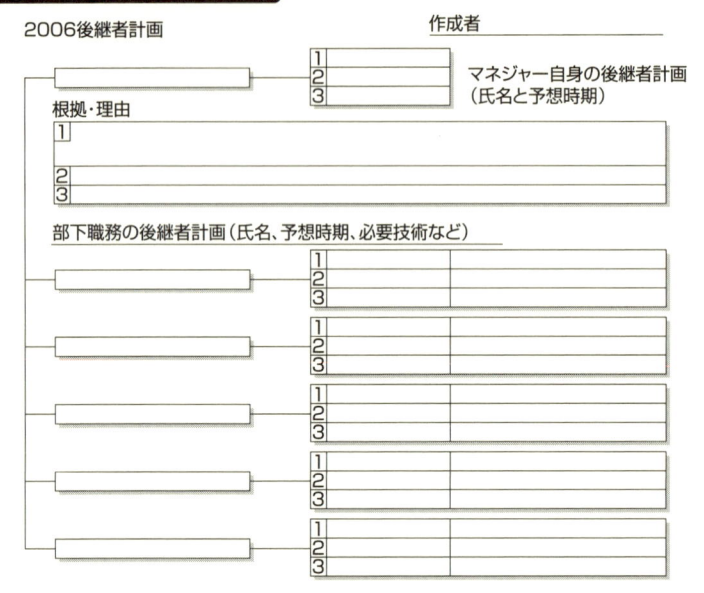

2006後継者計画　　　　　　　　　　作成者＿＿＿＿＿＿＿＿＿＿

マネジャー自身の後継者計画
（氏名と予想時期）

根拠・理由

部下職務の後継者計画（氏名、予想時期、必要技術など）

図表3-14　育成計画フォーマット例

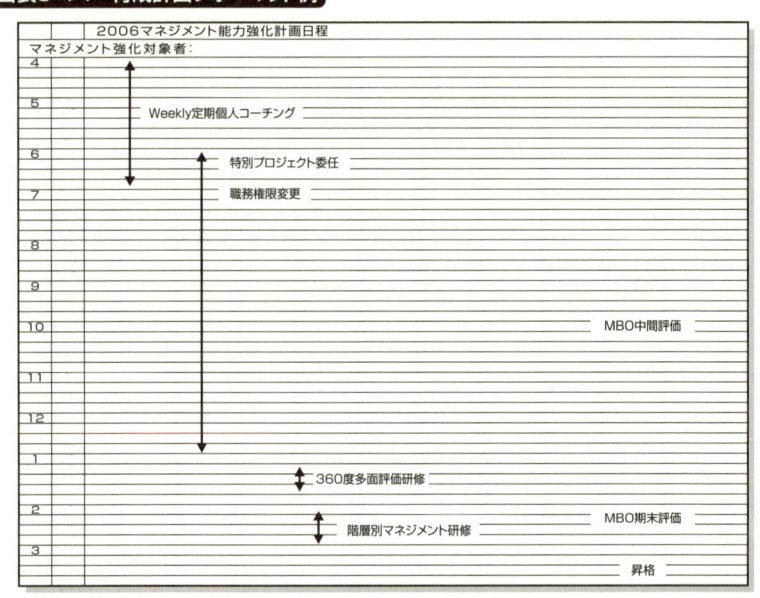

2006マネジメント能力強化計画日程
マネジメント強化対象者：

Weekly定期個人コーチング

特別プロジェクト委任

職務権限変更

MBO中間評価

360度多面評価研修

MBO期末評価

階層別マネジメント研修

昇格

第3章 条件適合リーダーシップの技術

承計画をフロントライン・マネジメントおよび事業経営マネジメントと協議する。

以上の、(2) 配置活用と (3) 育成継承の計画作成を、全社的に年度の一時期に実施している事例としては、GEのセッションCが知られている（下記コラム参照）。組織経営マネジメントの継承計画、および育成計画のフォーマット例を、**図表3－13**、**図表3－14**に示す。

コラム◎「セッションC」

ジャック・ウェルチ時代のGEでは、フロントライン・マネジメントを含む全社マネジャーの評価、育成、継承の計画策定のための「セッションC」制度運用に、ほぼ1カ月が集中的に費やされていた。

セッションCとは、前年度の360度評価実績をベースに、GEの全マネジャーが組織マネジメント能力に関する自己評価を提出し、新年度の強化策を上位マネジメントとともに協議するプロセスである（**図表3－15**）。

セッションCの特徴は、マネジャーの組織課題を把握し解決するために、マネジャー個人の組織マネジメント力強化のみならず、マネジャーの組織と人材全員に関する育成、配置転換、後継者選別、組織変革に関する年間計画も同時に立案させている点である。セッションCの運用を通じて、GEのマネジャーは、業績実現のみならず人材組織育成も求められていることを納得させられる。

図表3-15　GEセッションCプロセス概要

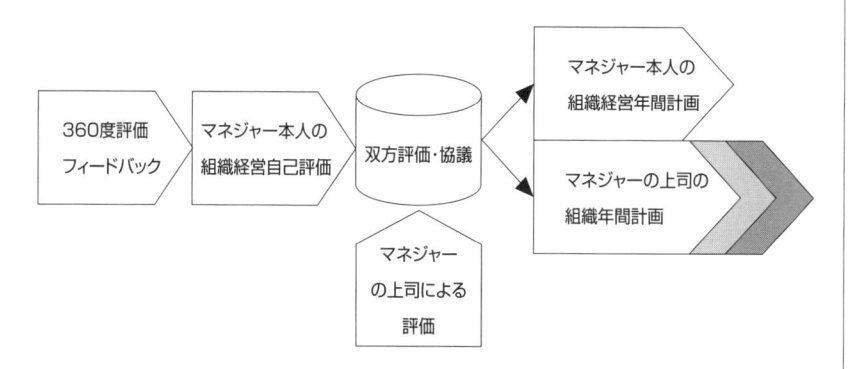

360度評価フィードバック → マネジャー本人の組織経営自己評価 → 双方評価・協議 → マネジャー本人の組織経営年間計画／マネジャーの上司の組織年間計画

マネジャーの上司による評価

出典：ノエル・M・ティシーほか著『ジャック・ウェルチのGE革命』東洋経済新報社、1994年　を参考に作成

第3節　事業経営マネジメント

1● リーダーシップ行動領域

　事業経営マネジメントとは、一般的には**事業部長、事業本部長、事業担当役員**などに相当する職務で、特定の製品やサービスのビジネスモデルを統括する。
　事業経営マネジメントの責任は、**ビジネスモデルの維持と革新**であり、既存ビジネスの利益の最大化と新規ビジネスの立ち上げの最速化を同時に実現する。この条件に適合するために、事業経営マネジメントには、イノベーション実現のための価値創造型リーダーと、イノベーションのジレンマ克服のための戦略実行型リーダーに支援された**目標達成型**リーダーであることが求められる（図表3－16）。
　事業経営マネジメントの主要なリーダーシップ行動技術としては、新たなコア・コンピタンスを実現する「**変革ビジョン設計**」と、イノベーションのジレンマを克服する「**変革実行管理**」がある。

2● リーダーシップ技術

（1）新たなコア・コンピタンスを実現する「変革ビジョン設計」

　事業経営マネジメントの変革ビジョン設計には、新たなビジネス・ニーズに対応する製品・サービス仕様を具体化するのみではなく、最終的にそれを実現する**コア・コンピタンス**の設計までを含む。すなわち、新たなコア・コンピタンスの実現が、事業経営マネジメントの変革ビジョン設計の最終目的となる。
　また、新たなビジネス・ニーズを具体化するのは事業経営マネジメントの個人的作業ではなく、彼の事業部門の経営チームによる共同作業である。したがって、事業経営マネジメントの本質は、価値創造よりもその価値を実現するコア・コンピタンスを生みだす「目標達成型」リーダーシップにある。**事業経営マネジメントチームは、変革ビジョ**

図表3-16　事業経営マネジメントのリーダーシップ行動領域

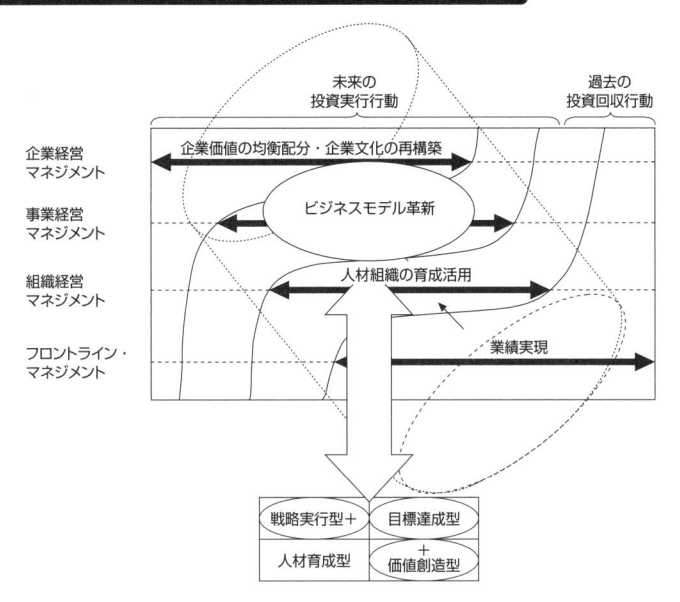

（図：企業経営マネジメント／事業経営マネジメント／組織経営マネジメント／フロントライン・マネジメントの4階層と、未来の投資実行行動・過去の投資回収行動の軸。「企業価値の均衡配分・企業文化の再構築」「ビジネスモデル革新」「人材組織の育成活用」「業績実現」の矢印。下部に「戦略実行型＋人材育成型」「目標達成型＋価値創造型」）

ン設計に取り組める環境を構築し、事業部門のコア・コンピタンス革新をリードする。

1）変革ビジョン設計の時間と機会を共有する

　ここで忘れられがちなのは、「チームが変革ビジョン設計に取り組める環境を構築する」行動である。ゲーリー・ハメルは、事業経営マネジメントの醍醐味は、日常業務すなわち過去の投資の回収や投資実践の手続きに追われて「てんやわんや」していることではなく、その繁忙の中で「未来を考える時間と機会を実現すること」であるとし、以下のように述べている。

「私たちの経験からの結論は、未来に対する明確な視点を持つためには、上級役員はもっと多くの時間をそのために割り当てるべきである。未来に対する明確な視点を確立するために、まず大量のエネルギーをつぎ込むべきであり、しかるのちに、その展望が現実のものとなるように具体的な調整努力を行うべきである」
　　　　　（ゲーリー・ハメルほか著『不確実性の経営戦略』ダイヤモンド社、2000年）

図表3-17　ゲーリー・ハメルの事業経営マネジメントの将来展望に関する7つの質問

事業経営マネジメントの……

1.未来に対する視点を競合他社と比較すると	実績重視型 状況対応型	独創重視型 長期展望型
2.特に関心を持つ事業課題は	プロセス リエンジニアリング	ビジネス再生戦略
3.競合他社はこちらをどう見ているか	ルール追従者	ルール設定者
4.事業部門の強みは	事業経営効率	技術革新と成長
5.優位構築努力の焦点は	キャッチアップ中心	業界をリードする
6.将来計画は何に最も影響を受けている	競合企業	自部門の将来展望
7.時間の大部分は	管理リーダーとして	変革リーダーとして

出典：ゲーリー・ハメルほか著『不確実性の経営戦略』ダイヤモンド社、2000年

　変革ビジョン設計の時間と機会の共有ができているか、さらには恒常的に事業経営マネジメントチーム・メンバーに、そのような文化が定着しているかをチェックする質問として、ゲーリー・ハメルは**図表3-17**の7つの質問項目を挙げている。これらの質問に対する答えが左側に偏っていれば、過去の実績を守ることに多くのエネルギーをつぎ込んでいる、あるいは現状の忙しさにかまけて、十分に未来の創造のための時間と機会を共有できていない可能性が高い。

2）外部情報をボトムアップで収集・整備させる

　事業経営マネジメントチームで、新たなビジネス機会を具体化する議論の前提として最も重要なことは、チームメンバーが、それぞれの部下組織からの、内部の都合や事情などの偏見や先入観をできるだけ排除したボトムアップによる外部情報を「多様な視点から収集し」、これらを「オープンに提供させる」ことである。

　「多様な視点」からの情報の収集と提供を促すためには、組織横断型のプロジェクトチームも活用する。また、チームメンバーの自己管轄組織の事情や個人的な事情に影響されない「オープンな情報共有」を実現するには、チームメンバーに対して、変革共有コミュニケーションの関係フェーズ行動での現状共有の3つの留意点「①現実を直視する、

②本音で語る、③不安感を抑制する」を心がけるよう求める。あるいはそのような条件をクリアした人材を、チームメンバーとして継続させる。

3）コア・コンピタンスの設計と実現

　コア・コンピタンスとは、「事業の中核となる独自能力」を指す。コア・コンピタンスの概念を広めた、C.K.プラハラッドとゲーリー・ハメルは、「顧客に対して、他社にはまねのできない自社ならではの価値を提供する、企業の中核となる能力」と定義している。コア・コンピタンスには、設備や技術などのハードの能力だけでなく、人材、企業文化、プロセス、組織、特許、流通チャネル、品質管理手法、製品開発手法、生産管理手法など、ソフトの能力も含まれる。

　コア・コンピタンスの認識において陥りやすい落とし穴は、「競合他社が保有できていない」という競合比較満足、あるいは、技術水準が高いなどの内部的な自己満足である。コア・コンピタンスであるか否かを決定するのは、顧客と市場である。企業が自ら独自技術と認識しているものでも、それが実現する価値が顧客と市場にとって魅力あるものでなければ、市場からはコア・コンピタンスとは認識されない。コア・コンピタンスは、どのような独自の能力や技術、仕組みを持っているのかではなく、それに基づいて顧客に対してどのような独自の価値貢献ができているのかで判定する（詳細なコア・コンピタンスの設計プロセスに関しては、下記のコラムを参照）。

　この外部貢献イメージから、コア・コンピタンスを設計するプロセスが、第2章第2節「変革ビジョン設計の技術」で述べた**SWOT分析**である。

コラム ◎ コア・コンピタンスの設計プロセス

①法人ビジネス

　法人ビジネスでは、選抜された組織メンバーやプロジェクトチームを活用し、主要顧客の今後3～10年間の経営変革ビジョン設計をすることで、顧客法人のニーズの変化を把握し、その変化に伴って求められる製品・サービスの変化、それらを実現する新たなコア・コンピタンスを設計する。

　それには、まず「顧客法人の立場」で今後3～10年間の社会環境と市場環境の変化を考え、それが顧客法人の製品・サービスや業界競争環境にどのような変化をもたらすかを議論する。そのために収集する情報は、有価証券報告書、会社案内、業界団体による統計情報の3点、および生活消費動向予測データで十分だ。この結果

は、実際に顧客法人向けの提案作成のための基礎情報としても活用できる。

こうして作成した主要法人顧客の長期的な経営変革ビジョン設計に基づいて、自社の経営変革ビジョン設計を実施し、SWOT構成を考える過程で新たなコア・コンピタンスを設計する。

すなわち、法人ビジネスにおいても、自社の未来コア・コンピタンスを真剣に追求するには、B to Bの意識のままではなく、B to B「to C」の顧客の顧客、さらにはその先の生活者あるいは生活者の未来ビジョンを意識することが不可欠となる。

②消費者ビジネス

消費者ビジネスの場合も、最先端で顧客に接している社員メンバーまでをも巻き込んで、最新の外部情報、特に今後3～10年間の市場環境、社会環境の変化の予兆が、消費者にどのような変化をもたらすかを議論する。市場情報収集のためには低コストで簡便なWebベースのマーケットリサーチで把握した情報を活用することも効果的である。

この外部情報に基づいて設計した、主要顧客セグメントの未来の生活ビジョンや、それらの市場セグメントを包括する社会環境ビジョンに基づいて、自社の経営変革ビジョンを設計し、戦略展開のプロセスで新たなコア・コンピタンスを設計する。

4）コア・コンピタンスのソフト環境を直視する

コア・コンピタンスには設備や研究開発費などのハードと、特許や技術力、人材組織能力などのソフトがあるが、現代において競争持続力があるのは、ハードよりもソフトのコア・コンピタンスである。ハードは比較的まねしやすく、また資金投入で解決できることも多いが、ソフトは競合他社がまねするには時間がかかるからだ。特にそれが企業文化に起因するものであれば、根本的な経営変革なしには、競合他社には実現不可能といえる場合もある。

それにもかかわらず、ソフト環境の設計は最も見落とされやすい。ソフト環境育成のための現実を直視し、率直に対応することがコア・コンピタンス実現の成否を決定する。

◎──コア・コンピタンスを支える企業文化の実現

顧客サービスに関連する業界、特に顧客サービスが直接的に競争格差の重要な要因となっている鉄道業界、航空業界、ホテル業界、自動車販売業界などでは、「社員の元気」を重視する企業文化が決定的なコア・コンピタンスとなり、圧倒的な競争格差を実現し

ている事例に事欠かない。

　また、企業文化に基づく競争格差の解消や実現は、企業規模が大きければ大きいほど、一朝一夕で実現できるものではない。このネガティブな事例が典型的に現れるのが、企業合併時である。企業合併により規模が大きくなった時点で、旧組織間の生存競争や権力闘争、官僚主義が長引くと、「社員の元気」に基づくビジネスのコア・コンピタンスを根本的に破壊しかねない。このような場合のコア・コンピタンスの実現には、現状の企業文化を根本的に見直すことが求められる。具体的には、経営者やマネジメントの選抜要件や労組などの既得特権の見直しなどの、現状の経営システムの根本的な否定と見直しが求められる。

◎──コア・コンピタンスを支える技術人材の育成

　また、コア・コンピタンスの技術力を維持するには、著作権や特許による保護と同時に、コア・コンピタンスを支える技術人材の育成を重視した人事制度も必要となる。

　特に技術者育成を、短期的な株主志向の成果主義人事制度のみでコントロールしようとすることは、必ずしも適切ではない。コア・コンピタンスの判定者は株主ではなく顧客であるから、顧客志向の成果主義人事制度を、区分して適用する必要がある。

(2) イノベーションのジレンマを克服するための「変革実行管理」

1) イノベーションのジレンマとは

　イノベーションのジレンマ（矛盾）とは、「現在までの成功は、その成功を否定することによって成立する革新を阻害しようとする」という関係を示している。これは、既存の成功パターンを構成している「意識」「技術」「体制」[28]が、新たな成功パターンの「意識」「技術」「体制」と異なるのみでなく、むしろ後者が前者を否定するものであることによる。

　クレイトン・クリステンセンは著書『イノベーションのジレンマ』で、既存の成功モデルが革新の障害となった事例を豊富に紹介している。取り上げられているのは、コンピュータ・ディスクドライブの小型化競争で、それ以前のサイズのディスクドライブの主要メーカーがほとんどが淘汰されてしまった事例、アメリカのビッグスリーが大型車の成功ゆえに、それより利益率の低い日本の小型車の市場浸透を防御しきれなかった事

---

[28] クリステンセンは「ネットワーク」と表現している。

例、また燃費効率への対応に後れを取った事例などである。
　イノベーションのジレンマは、変革抵抗の本質的な原因でもある。既存の成功したビジネスモデルの意識、技術を保有している人と組織は、それを否定する理由を「納得」することなしには、自分たちの実績を否定する人と組織を許さない。既存のビジネスモデルが成功している限り、そのままでは新しい革新的なビジネスモデルの育成には賛同を得られない。
　この「納得」を実現するためには、企業変革リーダーシップの５つの行動技術、変革ビジョン設計、変革共有コミュニケーション、コーチング、動機づけ、変革実行管理のすべてが必要であるが、イノベーションの実現の最終責任を有する事業経営マネジメントには、変革ビジョン設計とともに変革実行管理の行動技術は不可欠といえる。

コラム◎「イノベーションのジレンマ」の定義

1. 「革新的[29]ビジネスモデル」に求められる価値観、プロセスと、「既存の[30]ビジネスモデル」の価値観やプロセスとは相互に対立する。
2. そのため、現在成功しているビジネスモデルが革新の障害となる。
3. 革新的ビジネスモデルは、成功している既存のビジネスモデルの価値観やプロセスを否定する。
4. 革新的ビジネスモデルは、その初期段階においては、ビジネス規模の小ささと利益率の低さゆえに、大規模組織や成功している企業には魅力的な存在と認識されにくい。
5. イノベーションのジレンマは、企業の革新投資決定には、顧客や市場のニーズのみではなく、資本提供者である株主の価値観も大きく影響することを示している。

（参考：クレイトン・クリステンセン著『イノベーションのジレンマ』
翔泳社、2001年）

２）既成事実化

　変革実行管理は、大きく分けて、変革を推進する行動（変革の既成事実化）と、変革抵抗を排除するという２つの行動で実行する。ここではおもに、既成事実化について解説する。変革抵抗勢力の排除に関しては、第２章第６節を参照のこと。

第3章 条件適合リーダーシップの技術

イノベーションを推進する行動は、その既成事実化にほかならない。「変革実行管理」でも考察したように、そのためには、「外部情報の共有と定量化シミュレーション」「目標環境の先行実現」「イノベーションを推進する制度とシステムの活用」に取り組む。

◎──**外部情報の共有と定量化シミュレーション**

通常、革新的なビジネスモデルを実現するためには、現在成功している事業を実現している価値観とプロセス、技術を否定せざるをえない。このため、現在のコア・コンピタンスに基づく事業を担当している人々からの抵抗に直面し、多くの場合頓挫する。彼らは、「何も問題がないではないか」「現在うまくいっているのに」「なぜ資源を割かねばならないのか」などの疑問を抱く。

また、現在の成功パターンを前提として考えてしまうことにより、新たな事業に必要なコア・コンピタンスを理解することも難しい。

以上のような抵抗や混乱を克服するためには、客観的で説得力のある外部データを、事業部門全体で共有することが必要不可欠となる。特に、新しい事業に対するニーズの規模やその成長速度と、現在の事業の退潮速度を示すデータが必要だ。

また、変革ビジョン設計による機会と脅威の定量化も必要である。

これは、変革ビジョン設計の技術で考察した、「変化がもたらす機会と脅威の定量化プロセス」である。既存ビジネスの凋落の「脅威」と、そのビジネスモデルを否定し凌駕する新たなビジネスの拡大の「機会」を、時間軸と空間軸の両方で定量的に把握するというプロセスがこれにあたる。この定量化では、現場社員を含む、組織横断型チームによる情報収集と提案を活用することで、より客観性を実現できる。

◎──**イノベーションの具体イメージを先行実現する**

新たに試行・開発した製品・サービスこそが、未来の自己組織と市場との関係であり、そのなかに新たなコア・コンピタンスもおのずと具体的に表現される。

事業経営マネジメントチームが、部下組織に外部情報を収集させる場合には、それらのボトムアップの機会情報を経営会議に提供するのみではなく、さらに、先行して試行レベルの製品・サービスの開発と市場投入を実践させる。

機会実現の現実的な結果や具体例を持ち込むことにより、イノベーションを既成事実化できる。

29　クリステンセンは「破壊的」と表現している。
30　クリステンセンは「持続的」と表現している。

またこれにより、せっかくの現場の最新情報を、概念的な討論で取捨選択したり、概念的議論に時間をかけすぎて、変革ビジョン設計や具体的なアクションが遅れたりする状況も避けることができる。

◎──**制度や組織を活用する**

イノベーションを既成事実化するには、制度や組織を活用する方法もある。具体的には、「評価制度と業務ルール」「組織の分割・分離」などを活用する。

①評価制度と業務ルール

例として、インテルの製造ラインの業務ルールを見てみよう。

インテルは、創立当時の基幹製品であったDRAMに関して、同社の保有していない高品質大量生産技術を基盤とした日本企業群からの価格低減、シェア争奪競争の猛追を受けていた。しかしながら、同社がDRAMビジネスから撤退して、急速に伸びつつあるマイクロプロセッサに経営資源を集中する決断を下すのには時間がかかった。同社のDRAMシェアが1974年の85％から1984年に3％以下になるまで、実に10年間にも及んで、経営トップは悩み続けた。その最大の原因は、DRAMの発明者であったインテル共同創業者、ロバート・ムーアのDRAMへの愛着と、半導体のオールラウンド・メーカーであることへのこだわりであった。

一方、10年にも及ぶ経営チームのこのような技術者的逡巡とは関係なしに、現場では、製造ライン配分ルールに従って、DRAMからマイクロプロセッサへの実質的な投資転換が着実に実行されていた。この業務ルールがMPW（Margin Per Wafer：マージン・パー・ウエハー）ルールである。MPWは、ウエハー（半導体チップの基盤を構成するシリコンのスライス切片）当たりの利益率に基づいて、製造ラインのキャパシティを配分するルールで、このルールによって、製造ラインの優先順位と生産量は、着実にDRAMからマイクロプロセッサへ転換されていた。経営のトップダウンではなく、業務ルールが、コア・コンピタンスのイノベーションを実現したのである。

（参考：アンディー・グローブ著，『*Only the Paranoid Survive*』，HarperCollinsBusiness, 1997年）

②組織の分割・分離

革新的ビジネスモデルを育成するのみでなく、現在のビジネスモデルから最高の収穫を実現することも、事業経営マネジメントの職務責任である。クリステンセンは、

両者をともに実現するためには「両者のグループを日常的な接触や交渉のない環境に隔離することが重要である」と述べている。

具体的には、相互が物理的に干渉し合えない環境に分離することに加えて、人材選別の方法、評価報酬目標を差異化することも有効とされている。既存ビジネスモデルが「利益率の最大化」を最優先で追求するのに対して、革新的ビジネスモデルは「成長率の最大化」を追求せざるをえないという、根本的な経営戦略の違いを反映するのである。

イノベーションのジレンマを克服するための事業組織分割のおもな要素は、以下のとおりである。

〈設備・施設〉

既存のビジネスモデルを維持・管理する事業組織では、効率化を目的とした「管理」に適した秩序と、役割分担を明確にした設備や施設環境を実現する。これに対して、革新的ビジネスモデルを開発する事業組織では、「創造」に適した思考と情報共有を支援する環境が効果的である。

たとえば前者では、責任分担を明確に示す固定的なデスク配置やパーティションで仕切られた個人空間、あるいは現状を共有できるリアルタイムの業績指標共有システムなどが必要だ。後者では公式・非公式に情報共有できるオープンな空間や、関係者全員のミーティングや情報交換を念頭においた柔軟なデスク配置、アイデアや外部情報などの共有システムが効果を発揮する。

〈人材・組織〉

必要なリーダーシップのスタイルも異なる。既存事業の維持・強化には、戦略実行型あるいは人材育成型のプロセス重視のリーダーシップ行動が重要な役割を果たす。これに対し新規事業開発には、目標達成型や価値創造型の結果志向のリーダーシップ行動が重要となる。

また、組織を構成する人材も、既存事業には組織順応型人材や、品質管理、問題解決に意欲を燃やせる人材がおもに必要となる一方で、新規ビジネスの立ち上げには自立意識と創造意識の高い人材を重点的に集める必要がある。前節の組織コンティンジェンシーで表現すれば、**図表3-18**に示したようになる。

〈評価・報酬〉

評価と報酬に関しても、異なる対応が必要だ。既存事業が利益率や効率を重視する「投資回収最大化戦略（Return Strategy）」であるのに対して、新規事業は「成長速度最大化戦略（Growth Strategy）」に基づくために、評価指標もそれぞれに合致した内容が必要だ。

図表3-18 イノベーションのジレンマ克服のための組織

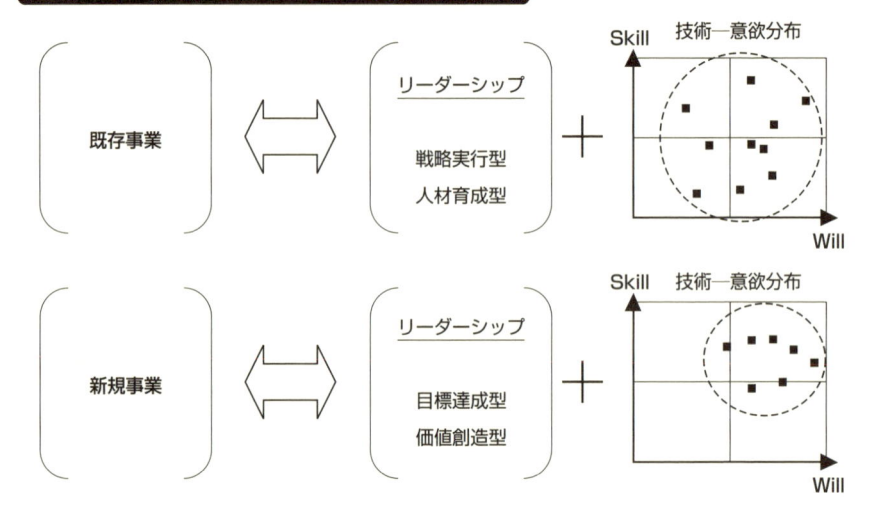

既存事業 ⇔ リーダーシップ 戦略実行型 人材育成型 ＋ 技術―意欲分布（Skill／Will）

新規事業 ⇔ リーダーシップ 目標達成型 価値創造型 ＋ 技術―意欲分布（Skill／Will）

図表3-19 イノベーションのジレンマとバランス・スコアカード業績指標区分

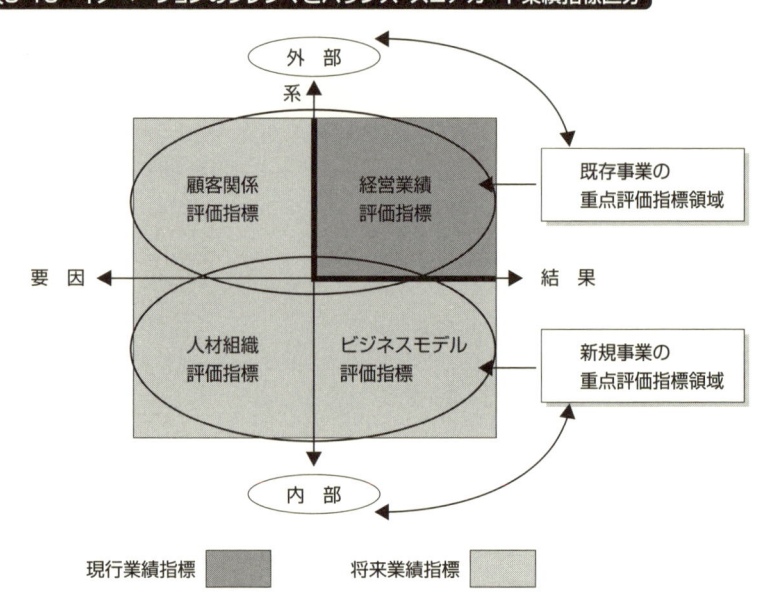

外部系／内部、要因／結果の4象限：
- 顧客関係評価指標（外部・要因）
- 経営業績評価指標（外部・結果）← 既存事業の重点評価指標領域
- 人材組織評価指標（内部・要因）
- ビジネスモデル評価指標（内部・結果）← 新規事業の重点評価指標領域

現行業績指標　　将来業績指標

たとえば、バランス・スコアカード[32]業績指標区分で表現すれば、既存事業は顧客満足や利益率、市場シェアなど外部系の業績指標が重点的に評価されるべきだが、革新事業の立ち上げ時には、必要な技術力や組織の育成、オペレーションシステムの構築など、内部系の業績指標を重点的に評価すべきである**（図表3-19）**。また、成果報酬に関しても、既存事業は短期業績連動報酬が適合するが、新規事業の立ち上げ時には長期業績連動報酬が適合する。

---

[32] ハーバード・ビジネススクールのロバート・カプランの提唱した、企業あるいは個人の業績指標区分。

第4節　企業経営マネジメント

1● リーダーシップ行動領域

　企業経営マネジメントは、**CEOおよびその経営チーム**で、企業理念に基づいた企業文化を実現し、すべての企業価値配分関係者（ステークホルダー：顧客、社員、株主、現代社会、未来社会）への**価値配分を均衡させる**ことで、企業の存在意義を実現する。
　この責任に適合した企業経営マネジメントのリーダーシップ行動領域は、戦略実行型と人材育成型に支援された、**目標達成型**である（**図表3-20**）。そのおもな行動技術は、企業理念に基づいて外部変化に対応する企業文化を維持・革新する「**体制構築**」と、企業価値配分関係者に、均衡した企業価値配分を実現する「**関係制御**」である。

2● リーダーシップ技術

（1）企業文化を維持・革新する「体制構築」

　企業文化を維持・革新する体制構築について考察するために、まず企業文化とは何かを把握し、その活用とコントロールについて考察する。

1）企業文化を把握する

　企業文化とは「企業組織を構成する大部分の人々が尊重して共有している価値観や知識、およびこれらに基づく行動パターン」である。また企業文化は、「人々が企業組織における日常経験に基づいて納得し体得した価値観、知識、および成功モデルとなっている行動パターン」でもある（**図表3-21**）。

　◎────**企業文化の分類**

　企業文化を表す言葉としては、官僚主義、前例踏襲主義、自由闊達、効率主義、失敗

図表3-20　企業経営マネジメントのリーダーシップ行動領域

```
                              未来の              過去の
                           投資実行行動         投資回収行動

企業経営       ←──── 企業価値均衡配分・企業文化の再構築 ────→
マネジメント

事業経営       ←──────── ビジネスモデル革新 ────────→
マネジメント

組織経営       ←──────── 人材組織の育成活用 ────────→
マネジメント

フロントライン・ ←──────────── 業績実現 ────────────→
マネジメント
```

戦略実行型＋	目標達成型
人材育成型＋	価値創造型

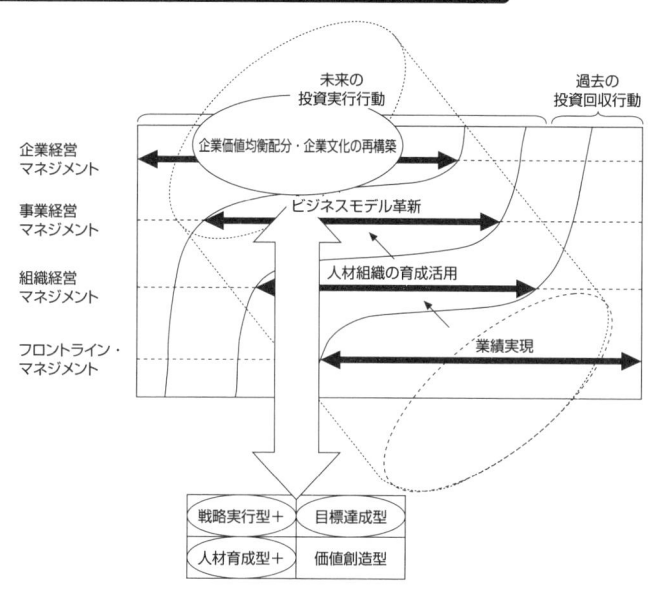

図表3-21　企業文化の定義

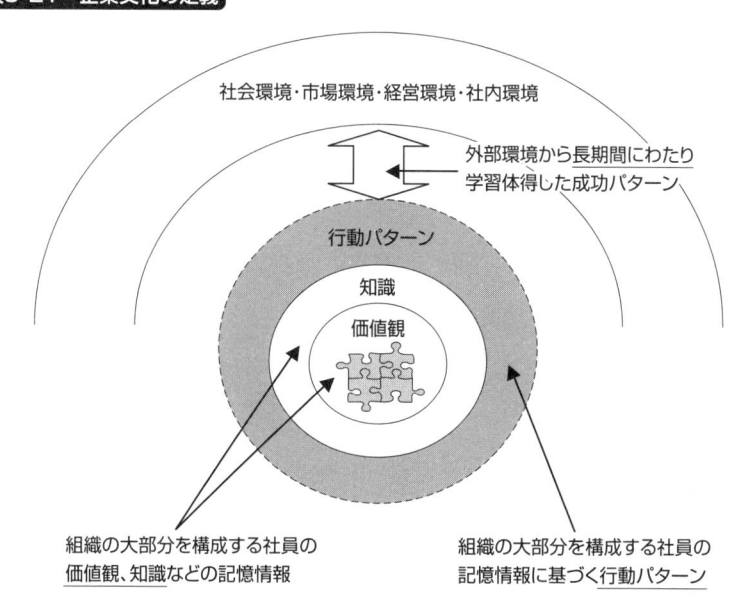

外部環境から長期間にわたり学習体得した成功パターン

- 社会環境・市場環境・経営環境・社内環境
- 行動パターン
- 知識
- 価値観

組織の大部分を構成する社員の価値観、知識などの記憶情報

組織の大部分を構成する社員の記憶情報に基づく行動パターン

図表3-22 企業文化の分類カテゴリー

定常対応行動分類

```
              論理重視
           ┌─────────┬─────────┐
           │ 戦略実行型│ 目標達成型│
  要因重視  │ 企業文化 │ 企業文化 │ 結果重視
           ├─────────┼─────────┤
           │ 人材育成型│ 価値創造型│
           │ 企業文化 │ 企業文化 │
           └─────────┴─────────┘
              感情重視
```

非定常対応行動分類

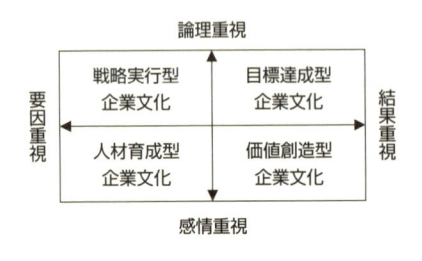

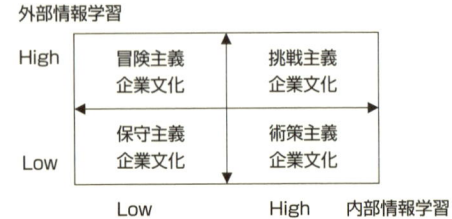

```
              外部情報学習
       High ┌─────────┬─────────┐
           │ 冒険主義 │ 挑戦主義 │
           │ 企業文化 │ 企業文化 │
           ├─────────┼─────────┤
           │ 保守主義 │ 術策主義 │
           │ 企業文化 │ 企業文化 │
       Low └─────────┴─────────┘
              Low        High    内部情報学習
```

の奨励、減点主義、加点主義、権威主義、内部志向、顧客志向、フラット関係志向、上下関係志向、技術重視など、価値観を総括的に表現したものが多い。

このように企業文化は一見多種多様に見えるが、価値観の種類に基づいて分類把握することができる。企業文化は、「定常対応行動分類」と「非定常対応行動分類」に分けられる（図表3-22）。

定常対応行動分類とは、組織や企業が定常的に行動する際に示す企業文化の分類である。この分類は、結果重視と要因重視、論理重視と感情重視の2軸4領域に基づくもので、リーダーシップ行動の4領域と同一である。

非定常対応行動分類とは、組織や企業が何らかの変化に対応して行動する際に示す企業文化の分類である。組織や企業の内部情報を積極的に学習しているか否かと、社会や市場の外部情報を積極的に学習しているか否かの4種類の組み合わせで、挑戦主義、冒険主義、保守主義、術策主義に分類される。

以上の分類に基づく企業文化の事例を、図表3-23に示した。

◎──**企業理念と企業文化の関係**

企業文化を形成しコントロールする要素の1つが企業理念である。企業理念とは企業の存在価値を表明した情報であり、それが企業を形成する大多数に受け入れられて浸透した場合に、企業理念に合致する企業文化が生まれる。したがって、企業文化が必ずしも、創業者や後継経営マネジメントが設定した企業理念に合致しているとは限らない。

図表3-23 企業文化の事例

定常対応行動分類の企業文化事例

1. 目標達成の企業文化
   - 言い訳を嫌う
   - 簡潔明瞭なコミュニケーションを尊重
   - 行動の自由を尊重する
2. 戦略実行の企業文化
   - 詳細や手続きを尊重する
   - 課題解決にこだわる
   - 原因究明を徹底する
3. 人材育成の企業文化
   - 人々の個性を尊重する
   - 人々の意欲を尊重する
   - 人々の育成を重視する
4. 価値創造の企業文化
   - 形式主義を嫌う
   - 前例主義を嫌う
   - 理想を重視する

非定常対応行動分類の企業文化事例

1. 挑戦主義の企業文化
   - 信賞必罰が明確で納得性がある
   - 成果主義が積極的かつ的確に運用されている
   - 失敗を認め加点主義
   - 社員の自立的成長を前提とする
   - リスク挑戦行動を重視する
   - フラットな組織とコミュニケーション・スタイル
2. 冒険主義の企業文化
   - 顧客要求にNoといわない
   - 成果主義の導入によって保守化しやすい
   - 縦割り主義で組織横断的な協力行動に乏しい
   - 技術や経験を重視する
   - 感情的な行動を重視する
   - 革新意欲や行動を重視する
3. 術策主義の企業文化
   - 社内論理能力を駆使する
   - 外部事情より内部事情を重視する
   - 社内決定を慎重に実行する
   - 総論賛成各論反対
   - 冒険主義を排除する
   - リスク挑戦主義を抑制する
4. 保守主義の企業文化
   - 伝統と前例重視
   - 上下の本音の意思疎通が乏しい
   - 本質的には減点主義
   - 短期的な傾向に影響されない
   - 投資意思決定の短期的失敗が少ない

2）企業文化の役割を理解する

先述したように企業文化は、組織を構成する大部分の社員が受け入れ実践している価値観、知識、行動モデルであり、社員の**記憶**として存在している。この記憶によって、社員と組織は個々の指示や命令がなくとも、現在までの企業の成功を支える価値観や行動パターン（企業理念など）を反映した行動ができる。企業文化は、特定の価値観の共有により、能力集積、コミュニケーション効率、相互信頼を実現し、企業理念を媒介する（**図表3-24**）。

〈能力集積の実現〉

組織が特定の価値観を均質に保有することにより、まず必要な知識や情報の集積度が高くなる。共有する特定の価値観に基づいて、必要な知識や情報を選択して集中的

図表3-24 企業文化の役割

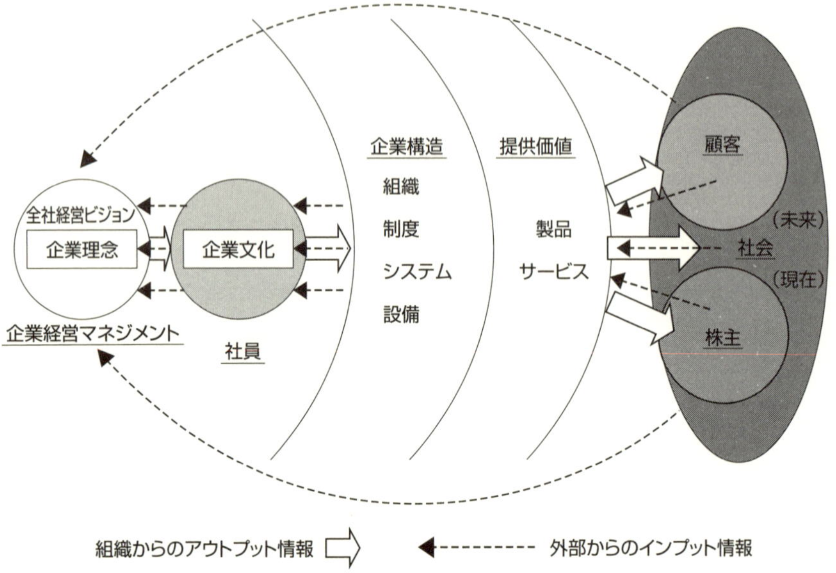

全社経営ビジョン / 企業理念 / 企業文化 / 企業構造 組織 制度 システム 設備 / 提供価値 製品 サービス / 顧客（未来）/ 社会（現在）/ 株主 / 企業経営マネジメント / 社員

組織からのアウトプット情報 ⇨　　◀------ 外部からのインプット情報

に学習することで、知識や情報が効率的に集積される。

〈コミュニケーション効率の実現〉

　また、共通の価値観と知識に基づいて相手の思考を推測することにより、効率的な双方向コミュニケーションが実現できる。これにより、意思決定、提案交渉、課題解決などの効率とスピードが高まる。

〈相互信頼感の醸成〉

　さらに、仲間意識と相互の信頼感の醸成が期待できる。価値観、知識、行動パターンを共有している集団とその構成メンバーであるという相互認識が、メンバー間の信頼感を高め、共同作業やチームワークあるいは相互学習への動機づけとなる。

〈企業理念の伝搬〉

　企業文化は、企業理念を市場と顧客に対する価値に転換する媒体の役割を果たしている。企業理念が製品やサービスに反映されるには、企業理念が組織を構成する人の大部分（マジョリティ）によって共有され、思考と行動に組み込まれる必要がある。すなわち企業理念は、これを受け入れた企業文化によって、組織、システム、制度、

設備などの企業構造に反映され、さらには製品・サービスに反映され、最終的には、顧客への貢献価値、ブランドとして市場と顧客に提供される。

3）企業文化を評価する

　企業文化は均質性実現により、組織の思考と行動の効率を高めるのみでなく、企業の価値連鎖に不可欠な存在である。一方で企業文化は、あくまでも「社員の大多数が認識した、企業組織内においての成功パターン」であるから、経営者の意図と連動しているとは限らない。すなわち現実には、企業理念と企業文化が連動している場合とそうでない場合がある。

　企業文化と企業理念が連動していない場合には、製品やサービスが企業理念と異なるのみでなく、企業行動の制御も難しくなる。さらに、企業理念と連動しない企業文化は、その均質性が逆効果となり、企業本来の価値とは異なる価値の追求に偏重した行動をとり、企業存続の障害ともなりうる。

◎──企業文化変革の判定基準

　企業文化が経営に貢献しているのか、障害となっているのか。あるいは、企業文化が陳腐化し、変革が必要か否かは、企業文化と企業外部および企業内部との適合性が存在するかどうかで判定する。外部との適合性は、顧客市場、社会規範、資本市場の3者との適合性であり、企業内部との適合性とは、企業理念との適合性である。

〈外部との連動性から判定〉

　企業文化は（企業の価値配分関係者のうちの）社員のみが保持する過去の成功パターンの記憶である。したがって、社員以外のほかの価値配分関係者、社会、顧客、株主の期待に適合できているかでその正否を決定する。

　顧客や市場に、社会環境や市場環境の変化により新たなニーズが生じた場合に、企業文化はその変化に自動的に連動することはない。一方で、社員の記憶情報である企業文化が変化するまでには長期間を要する。また外部変化に対して、過去の成功の記憶が意図的に抵抗を示すことも稀ではない。このように過去の成功の記憶が、現実の外部環境からの要求と関係なく一人歩きしている状況が、「企業文化の陳腐化」であり、変革を必要とする状況である。

〈企業理念との連動性から判定〉

　さらに、企業文化が企業理念と乖離し、形骸化していないかどうかも重要な判定要件である。企業理念との乖離とは、企業の創業者とその賛同者、株主や社会の価値観からの乖離でもある。

企業理念は、企業の存在価値を示す情報であり、また顧客、株主、社員、現代社会、未来社会という企業価値配分関係者への価値の配分を定義している。企業理念が定義する配分からの乖離のレベルにより、企業文化を変革する必要があるかないかを判定する。

4）企業文化を再構築する

　企業文化は直接的に目に見える存在ではないため、その変質や陳腐化もなかなか認識されない。製品やサービスが市場に受け入れられなくなることにより、初めて認識される場合も少なくない。すなわち、製品・サービスの売上げが伸び悩むようになった時点で、その原因をさかのぼって企業文化の変質や陳腐化が原因であると判断された場合に、初めて認識される。そのような遡及的な分析と判断がなければ、企業文化に対する取り組みは始まらない。
　この判断に基づいて企業文化を再構築する行動が、企業経営マネジメントの行動課題である。企業文化の陳腐化をいち早く察知して企業変革に取り組むことにより、企業価値の維持と革新を実現することができるのである。
　企業文化をトップダウンで変革しコントロールするおもな要素としては、**企業理念、経営ビジョン、企業経営マネジメントの言行、企業経営シンボル（ロゴ、式典、伝説など）、人事評価制度**がある。
　いずれも一般的には、企業経営マネジメントが最終決定権限を持つ要素である。言い換えると、企業経営マネジメントが企業文化の事業環境適合性を最終的に判断し、その結果に基づき、企業理念、経営ビジョンなどを変革しない限り、企業組織内のだれも企業文化を変革できない。以下は、それぞれの要素を用いた再構築の事例である。

　◎——**企業理念**

　企業理念は企業文化の基盤となる設計図であるから、企業文化の変革に最も直接的に関係する[33]。したがって企業文化を再構築するためには、企業理念を再設計せざるをえない場合もある。前述のように企業理念とは、顧客、株主、社員、現代社会、未来社会という5者の企業価値配分関係者に対しての貢献を表現した情報である。企業理念の再設計とは、これらの5者に対する価値配分の再調整にほかならない[34]。
　ホンダの1951年の「ホンダ月報」に掲載されている「社是」の再構築を分析してみよう。**図表3－25**の①に示された数行の社是の中に、企業価値配分関係者への貢献が表現されている。②では、社是の40年後の変更内容を検討することができる。1992年では経営理念が、より社員個々人を重視し（わが社からわたしたちへ）また、グローバルな社

図表3-25　ホンダ　社是

① 1951年の社是

わが社は世界的視野に立ち、顧客の要請に応えて、性能の優れた、廉価な製品を生産する。
わが社の発展を期することは、ひとり従業員と株主の幸福に寄与するに止まらない。
良い商品を供給することによって顧客に喜ばれ、関係諸会社の興隆に資し、さらに日本工業
の技術水準を高め、もって社会に貢献することこそ、わが社存立の目的である。

② 1992年の社是との比較

1951年	1992年
わが社は、世界的視野に立ち、 顧客の要請に応えて、 性能の優れた廉価な製品を生産する。	わたしたちは、世界的視野に立ち、 世界中の顧客の満足のために、 質の高い商品を適正な価格で供給することに 全力を尽くす。

会貢献を意識した内容に設定し直されていることがわかる。

◎──経営ビジョン

　経営ビジョンは、目的、目標、戦略の3種類の情報から構成される、「自社と外部社会との未来関係の設計図」（第2章第2節参照）である。このうち「目的」は、ビジョンの示す目標と企業理念との関連を表すもので、重視すべき価値観を改めて全社員に確認するための情報となっている。

33　企業文化の変革が必要と判断されたからといって、それが直接に企業理念変革の必要性につながるとは限らない。前述のように、企業文化は企業理念と連結している場合とそうでない場合がある。連結していれば、企業文化の陳腐化が企業理念の見直しの必要性を示していることも考えられる。しかし連結していなければ、企業文化が企業理念と乖離してしまっているだけで、企業理念そのものを見直す必要はないという可能性も高い。

34　企業理念が企業価値の配分というイメージに合致していないことも少なくない。その場合は、企業理念の表現が概念的すぎるか、あるいは、特定の企業価値配分関係者のみに焦点を当てた内容となっていることが多い。前者の場合には、配分の中身が概念的すぎていて明確でないということであり、後者の場合には、特定の企業価値配分関係者以外への価値配分は相対的に小さいと見なされている。
前者の例としては、かつて米国企業で流行した「World Classの会社を目指そう」といった経営理念がこれに相当するだろう。世界のどこでも競争力を持ち称賛される会社を目指すという意味であろうが、具体的なイメージはわきにくい。結果としてだれに貢献しようとしているのか、すなわち、どの価値配分関係者にどのような価値配分を意図しているのかが見えにくい。後者としては「お客様は神様」「会社は家族」といった表現があるだろう。もし仮に、経営理念がこれらのうちの一語のみに限定されているとすれば、他の企業価値配分関係者への価値配分は、表現上では無視されている。

また、目標を実現するための戦略のなかで、ビジョン実現のために必要とされる人材と組織が定義され、重視すべき価値観、意識、情報、行動も設定され、目指すべき企業文化がその具体的な構成要素で示される。したがって、経営ビジョンを設計することにより、その時に必要な企業文化を改めて提示することができる。

◎——企業経営マネジメントの言行

企業経営マネジメントの言葉や行動も、企業文化の再構築に大きく影響する。以下の2つの事例で具体的に見てみよう。

〈GE企業倫理遵守行動改革〉

　1992年、GE恒例のフロリダ州ボカラートンにおける年頭グローバル・マネジメント会議は、冒頭から緊張感が漂っていた。ジャック・ウェルチ会長（当時）が全世界のGEのトップ400名のマネジメントに対して、前年度GEを揺るがした世界的な企業倫理違反行為の再発防止をどのように命ずるのか、すべての上級マネジャーが固唾をのんで見守っていた。壇上に上がったジャック・ウェルチは大きく息を吸い込み、そして吐き出すと同時に"Nothing"と一言、大きな声で言った。その後は、まるで次の言葉を失ってしまったのではないかと会場の大部分が思い始めるくらいの間、沈黙を続ける。そしてようやく、彼独特の早口でハスキーな声で"is more important than integrity."（誠実さが最も大切である）と叫んで、最初のセンテンスを結んだ。

　1992年度、GEの世界中の社員が企業倫理遵守に最優先で取り組むことになった。この大規模な活動の前に、このボカラートンでのスピーチのビデオが全世界に配布され、新たな企業文化構築が始まった。

〈成果主義人事制度の導入〉

　成果主義人事制度が日本に導入され始めた2000年前後には、この制度はミドルマネジャークラスを中心に適用された。しかし、導入を決定した企業経営層、つまり役員クラスには、役員賞与規定の拘束もあり、成果主義は適用されなかった。このため多くの社員には、成果主義人事制度は単に人件費の削減のみを意図したものだと受け取られてしまった。

　近年、ストックオプションをはじめとする長期的なインセンティブも含めて、企業経営チームメンバーも、厳然たる成果主義を自らに適用し始めた。その結果、成果主義の本来の意図も着実に定着し始めている。

◎──企業経営シンボル（ロゴ、式典、伝説など）

　事業年度冒頭の全社マネジメント会議、社員集会、あるいは創業者の墓参、年初の神社仏閣への祈願、成績優秀者の公開表彰、企業伝説の文書化など、基軸となる企業理念や新年度の経営ビジョンを確認する行動も、企業文化の再構築や再認識に効果がある。1990年代初頭には、日本企業の間でも社章やロゴの改変ブームがあったが、これも企業文化への回帰や変革を意識したものであった。
　ロゴや標語で新たな価値観を訴えた歴史的に著名な事例としては、「カンバン方式（トヨタ自動車）」「ワイガヤ議論（ホンダ）」「リバイバル（日産自動車）」「シックスシグマ（GEほか）」「ワークアウト（GE）」「HPWay（HP）」「Direct（直販による顧客重視主義：デル）」などがある。

◎──人事評価制度

　人事評価制度は、企業文化を構成する日常行動に直接の影響を与える。評価モデル、報酬モデル、評価連動報酬モデルと企業文化のおもな連関は以下のとおりである。

〈評価モデルによるコントロール〉

　能力評価モデルで、新たに必要とされる行動パターンを定義することにより、企業文化の構成要素である「共有されている行動パターン」に変化が起きる。
　業績評価では、バランス・スコアカードで、将来業績指標に重点を置くか、あるいは現在業績指標に重点を置くかにより、新規ビジネスと既存ビジネスのそれぞれに対応した企業文化を設定できる。

〈報酬モデルによるコントロール〉

　能力評価と業績評価に対する報酬の連動率、業績評価に対する短期報酬と長期報酬の比率などの組み合わせで、目指す企業文化に適合した報酬モデルを設定する。たとえば、既存ビジネスには短期報酬、新規ビジネスには長期報酬で対応することにより、短期業績実現の価値観と長期業績実現の価値観に報酬を適合させる。

〈評価連動報酬モデル：成果主義によるコントロール〉

　以上の能力・業績評価とこれに連動する報酬が成果主義人事制度の基本形である。
　事業マーケティング、営業、販売推進、製品開発など、戦略的な柔軟性が求められ、かつ権限と責任が与えられている組織では、個々の組織の業績に応じて短期的に大きく報酬が変動する成果主義が効果的である。そういった成果主義が実現する攻撃的な企業文化が、コア・コンピタンスの維持・革新を支援する。
　一方で、生産管理、経理、IT、購買、人事といった長期的な企業基盤を支える組織

では、全社の業績に応じて報酬が変動する成果主義が効果的だ。そのような成果主義が実現する防御的な企業文化が、企業理念の維持・実現を支援する。

（2）関係制御

企業文化の再構築とともに、企業マネジメントのもう１つの重要な役割は、企業価値配分関係者（ステークホルダー）への価値配分を均衡させることである。「均衡させる基準」は企業理念に示されるが、それは通常は概念的表現である。そのために、外部事情や企業経営関係者の事情によって、さまざまに読み取られ、時代によって変動する。この変動の波の振幅を調整する行動が、「関係制御」である。

１）価値配分均衡

企業価値を配分する関係者は、顧客、株主、社員、現代社会（社会）、未来社会（環境）の５者である（**図表３−26**）。

このうち、顧客、株主、社員が企業価値を配分する対象であるということは容易に理解され、それぞれに対する責任も十分意識されている。しかし、この３者に対する価値配分を均衡化させることは、現実には容易ではない。

その難しさの原因としては、以下が挙げられるだろう。

図表3-26　企業価値配分関係者

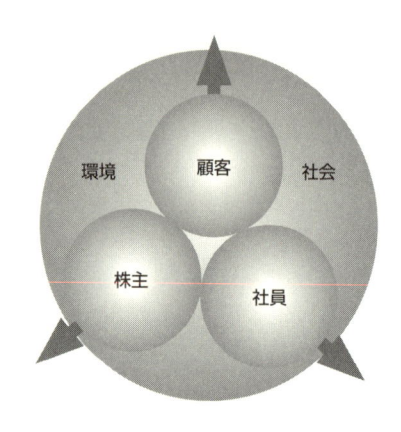

①社会環境の変化や市場環境の変化で、短期的な適正配分の感覚や要求は変動する。たとえば、高度成長時代の日本社会では、社員が価値配分者として重視されたが、近年では株主に傾斜している。また最近では、未来社会への価値配分、環境投資要求も増大しつつある。
②配分の基準は一般的に主観的であり、絶対的な適正配分基準が存在しない。
③以上の結果、ゆり戻しや是正が必要となる。

2）価値配分均衡を実現する「関係制御」

◎──外部環境変化に対応する関係制御

　1960年代以来、高度成長政策の下にあった日本では、企業は国民所得を実現するための存在であった。多くの社員を雇用でき、春闘で高い回答を実現できることが企業の存在意義であった。この時代、企業経営マネジメントは、社員に対して価値配分を傾斜していた。

　1995年のビッグ・バンによる外資の参入自由化の後では、外資とともに流入した株主価値重視の会計制度と経営評価制度に対応して、株主に対して配分を傾斜する方向へと変化している。

　現在では、短期的な利益を求めるファンド・マネジメントに代表される株主への価値配分偏重を見直そうという動きが始まりつつある。

　以上のような外部環境変化に対応するのが、関係制御である。

◎──内部環境変化に対応する関係制御

　企業経営マネジメントの関係制御は、企業ごとの事情にも対応しなければならない。最も大きな事情として挙げられるのが、企業経営マネジメントの交代である。

　企業経営マネジメントの交代時には、意識的には2とおりの選択がある。前任者の経営スタイルの継続か、あるいは変革かである。このうち、特に変革を実施する場合、関係制御が必要となる。

　継続の場合、後継マネジメントは前任者の承認と支援に基づいて選抜されることが多いので、前任者の評価基準に合致した人材が選抜される。しかし、後継者が前任者と同じ能力や価値観、性格を持っていることはまずない。異なった能力や価値観を持ちながら継続していくためには、後継者自身の自己制御行動が必要となる。

　変革する場合は、何らかの価値配分均衡の是正あるいは変更が行われる。

　典型的な事例が、GEの3代のトップ交代である。1981年にジャック・ウェルチは、

前任者の社員への配分傾斜、社員の自己満足に偏重しすぎた経営を、大きく株主の価値を重視した経営に方向転換している。その後の20年間の株主価値重視の経営は周知のとおりの大成功を収め、株主価値経営の神様とまでいわれた。しかしながら、それだけ株主価値重視の継続をした以上は、株主への価値配分の偏向傾斜の副作用がないことはまず考えられない。後任のジェフリー・インメルトが新たに提示した経営方針では、株主価値重視を調整するとはもちろん表明していないが、研究開発費が、それまでのジャック・ウェルチ時代と比較すると10億ドル、50％増加されている。明らかに株主価値実現のための顧客重視ではなく、顧客重視のための顧客価値配分が実行されている。また、2005年度に発表されたGEの全社経営方針では、エコマジネーション（Ecomagination)、すなわち環境貢献ビジネスの強化が最優先課題として提唱されている。株主価値を実現するためにという前提条件は明記されているものの、従来の短期的な株主向け業績実現とは異なった、社会への価値配分の強化となっている。

また、多くの企業では、防御型や内部管理志向のトップの後継者が、攻撃型や外部開発志向に振れることで、あるいはこの逆のパターンで、企業価値配分の適正均衡を実現しようとする。

たとえば、３Ｍで中興の祖と呼ばれたCEOのリビオ・デジモニは、その前任者で徹底的な内部管理を実行したジャコビCEOの方針に対する振り戻しを行っている。ただし、これはジャコビCEOの内部管理偏重が誤りであったということではない。価値配分の振れがあったればこそ、後継者の振り戻しが可能になっている事実に着目する必要がある。

3) 将来の価値配分均衡に備える

◎──統合価値増大による均衡実現

企業経営マネジメントの変革ビジョン設計は、企業の存在意義をより高めるための変革ビジョン設計である。これは、顧客、社員、株主、現代社会、未来社会の価値配分関係者に対する配分偏向の是正を行うと同時に、総合的な価値も増大させるものである。

たとえば、「社会の将来のために、自社は何をすべきか」という問いかけへの対応としては、これまでは環境規制をクリアすることや、社会的なメセナを実行することが考えられてきた。しかし、これは必ずしも社会に対する十分な貢献レベルではない。社会貢献そのものを新たなビジネスモデルとして取り込むことで、初めて十分な社会貢献レベルが実現するという認識も生まれ始めている。先述のGEのエコマジネーションは、まさにこれを先行して実践している事例といえる。

◎──創業時の価値配分均衡への回帰

「株主価値の最大化」と「ものつくり技術の最強化」の2つは異なっているのみではなく、短期的には明白に共存しえない関係にある。短期的な利益を求める株主からみると、長期的で革新的な技術開発やものつくり技術育成のための投資は、冗長で効率の低い行動と見なされがちである。

企業が、「ものつくり技術の最強化」を目指すのであれば、それは株主価値最大化とは異なる価値観に基づく行動になる。具体的には、技術開発や人材開発への投資を、短期の相場で差益を追求する資本運用ファンドの欲求に左右されないで、どこまで実行できるかが問われる。

ウォールストリートの本質であった、長期的な株主価値の尊重に意識が戻るまでは、ものつくり技術の最強化を目指す企業は、ウォールストリートと「和して同ぜず」を貫くべしというのが、2005年以降のアメリカ自動車メーカー（ビッグスリー）からの警鐘でもあるだろう。ウォールストリートの要求は尊重するが、価値配分関係者「全体」への配分均衡を視野に入れて、ウォールストリートの短期的要求のみに価値配分を傾斜させることは避けるという姿勢である。この場合には「最近のファンドマネジャーのきわめて短期志向の要求が必ずしもウォールストリートの要求を代表するものではない」という関係認識も必要となってくる。

コラム ◎ 企業価値配分の遂行レベル

5つの価値配分関係者に対する価値配分の遂行レベル、すなわち、価値配分をどこまで実現しているかを判断する基準を3段階で示した。第1段階が必要最小限のレベル、第2段階が積極的に価値配分しているレベル、第3段階が革新的な価値配分を試みているレベルである。

1. 顧客
第1段階＝顧客の個々の要求を的確に満たし、顧客関係を維持している。
第2段階＝顧客の本質的なニーズを満たして、安定利益を実現している。
第3段階＝未開拓の顧客ニーズから、新しいビジネスモデルを開発している。
ここでなぜ「利益」が関係してくるのだろうか。
顧客の個々の要求に的確に対応していても、競合他社との差別化がない限り、利

益は圧縮されていく。逆にいえば、「利益」は現在の顧客ニーズに対して、他社に先駆けて「先進的」に対応できていることの証明なのである。

　第3段階は、顧客のニーズを先取りして、将来に向けてのビジネスモデルの開発に取り組めているレベル。顧客に対する責任遂行の最高レベルとしては、ここまでが求められる。

２．株主
　第1段階＝個々のビジネスで損失を被らないようにしている。
　第2段階＝予算を達成し、今年度の利益を実現している。
　第3段階＝今年度の配当を確保したうえで、長期投資も十分にできている。
　第3段階は、来年度以降の継続的な業績実現のための人材や組織への投資、設備投資などができている状態。未来の株主価値に対する具体的な責任を果たしている。

３．社員
　第1段階＝必要な知識や意識に関する情報を提供している。
　第2段階＝自立的に学べる環境（時間および制度）が与えられている。
　第3段階＝自己の成長と革新のために、挑戦する機会を与えている。

４．社会（現代社会）
　第1段階＝社会規範、企業倫理に反した行動が生じないように管理している。
　第2段階＝社会規範、企業倫理の遵守を、人材と制度を活用して定着させている。
　第3段階＝自社のビジネス能力を活用した社会貢献を実現している。

５．環境（未来社会）
　第1段階＝環境汚染や廃棄物処理の規制、ルールに準拠している。
　第2段階＝資源の再利用あるいは節減に、積極的に取り組んでいる。
　第3段階＝資源の再利用、再生を自社のビジネスモデルに組み込んでいる。

第5節　起業マネジメント

1●リーダーシップ行動領域

「イノベーションのジレンマ」を直接・間接の原因として、既存の企業が参入しにくいビジネス領域にビジネスモデルを確立し、さらにそのビジネスモデルを組織構造化して永続的な基盤を育成するのが、起業マネジメントの責任である。

　このうち、初期段階を担当するのが価値創造型リーダーシップ行動であり、後続段階を担当するのが目標達成型リーダーシップ行動である。この2つは、感情重視と論理重視という相反する関係にある。起業家のビジネスモデルを組織構造化するための最大の関門が、価値創造型から、目標達成型への**リーダーシップ行動スタイルの転換**である。このためには「**自己制御**」行動が重点行動領域となる（**図表3−27**）。また起業初期段階の価値創造領域行動では、**ビジネスモデルを組織構造化**するまでの「**変革ビジョン設計**」の行動技術が重要となる。

2●リーダーシップ技術

（1）起業第1段階：ビジネスモデルを確立する「変革ビジョン設計」

　前述したように、起業の第1段階で最も重要な行動技術は「変革ビジョン設計」であるが、なかでも変革ビジョンの3つの成立要件やコーチングの節で紹介した「起業FSトライアングル」に基づいた、客観的な吟味ができることが不可欠である。

　3つの要件とは以下のとおりである。

　まず、市場のニーズに対応しているか（市場ニーズのポテンシャルを定量的に確認しているか）、2つ目は自己の強みと弱み（一般的には技術力などの強みと、資金力や信頼性に関する弱み）を合理的に活用あるいは解決しているか、3つ目はビジネスモデルの中心となる製品・サービスの実現が自己の人生観や価値観に合致しているかである。

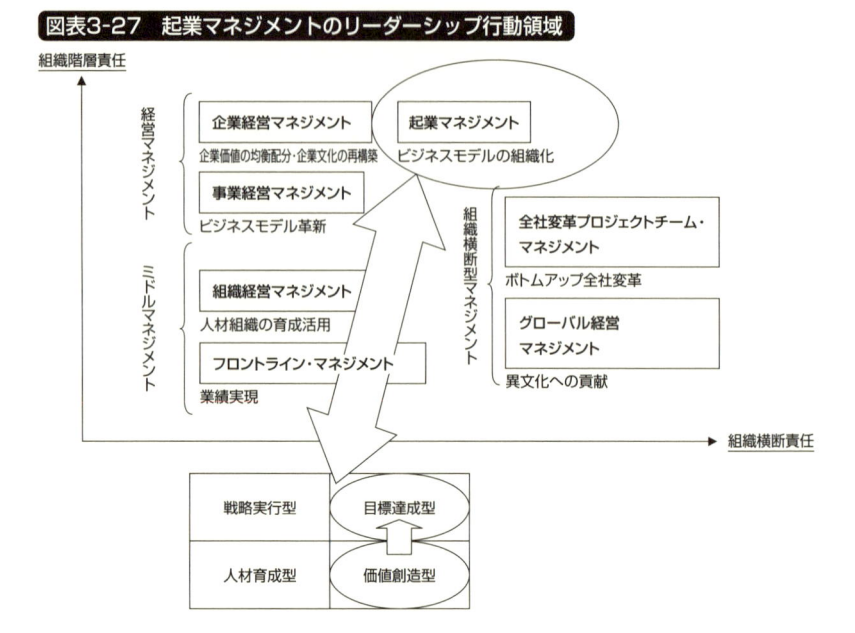

図表3-27 起業マネジメントのリーダーシップ行動領域

（組織階層責任／組織横断責任の2軸上に、経営マネジメントとミドルマネジメント、および組織横断型マネジメントを配置）

経営マネジメント
- 企業経営マネジメント：企業価値の均衡配分・企業文化の再構築
- 事業経営マネジメント：ビジネスモデル革新

ミドルマネジメント
- 組織経営マネジメント：人材組織の育成活用
- フロントライン・マネジメント：業績実現

起業マネジメント：ビジネスモデルの組織化

組織横断型マネジメント
- 全社変革プロジェクトチーム・マネジメント：ボトムアップ全社変革
- グローバル経営マネジメント：異文化への貢献

（下部）戦略実行型／目標達成型／人材育成型／価値創造型

1) 既存のビジネスモデルが対応できていない市場ニーズをとらえる

　起業マネジメントがニーズを把握すべき市場は、既存の企業がリスクの高さや当面の市場規模の小ささ、過去の成功体験による制約などによって参入を躊躇している市場である。その市場が、将来的な拡大の余地のある市場であることを確認し、具体的にどのようなニーズがあるかを把握する。

　たとえばデル・コンピュータは、ほかの先行コンピュータ・メーカーが初期の急速な成長を実現する要因となったディーラー網に拘束され、直販ビジネスに参入できずにいるという状況に着目した。さらに、市場では「第2次世代ユーザー」が誕生しつつあることもわかった。第2次世代ユーザーは企業内IT技術者で、「無駄な中間マージンを排除した低コストで、必要な仕様のみを提供してくれるPC」を求めていた。デルは、この大規模企業ニーズをとらえて創業している。

2) 強みの活用と弱みの解消

　ニーズをとらえたとしても、それを自社でビジネスモデル化できる根拠、すなわち強

みの活用と弱みの解消が必要だ。これは、常識や固定的な考え方では実現できない。資金力の弱さや、ブランドあるいは信頼性の脆弱さは起業の初期段階に共通で不可避な状況である。これをいかに独自の合理的な発想で克服するかが分かれ道となる。

この点においても、デル社は著名な事例となった。すなわち、受注生産販売という、顧客にとって魅力的であると同時に、自己の資金力の弱みを解決するビジネスモデルに取り組んだのである。

3）人生観や価値観との合致

もう1つ確認すべきなのは、起業マネジャーの人生観あるいは価値観とビジネスモデルが適合しているかどうかである。市場ニーズがあり、実現するための強みがある場合でも、そのビジネスをやりたいという意欲がビジネスモデルと合致していない場合には、失速の可能性が高くなる。

またこの意欲が、提供する製品・サービスの実現そのものではなく、株式市場への上場益や他者への売却益の実現に向けられている場合にも、顧客と市場への集中力が弱くなることが考えられる。

（2）起業第2段階：ビジネスモデルを組織構造化する「変革ビジョン設計」

ビジネスモデルの組織構造化のために必要なリーダーシップ行動は、目標達成型の変革ビジョン設計である。価値創造型の変革ビジョン設計は、新たな製品・サービスを設計する行動であるのに対して、目標達成型の変革ビジョン設計は、立ち上げた製品・サービスを成長させる組織構造を設計する行動である。

ビジネスモデルが軌道に乗り始めると、そのビジネスモデルを組織構造化する起業の第2段階が始まる。この時点で、価値創造型リーダーシップ傾向の強い創業者は、目標実現型リーダーへと転換するか、あるいは、目標達成型の人材を企業経営マネジメントとして活用することが必要となる。これらが的確に実行できないために、この段階で多くの失速が起こっている。最も一般的なケースでは、創業者が製品・サービスの開発と育成に直接かかわり続けながら、組織構造化も片手間でできると考えた結果、両方がおろそかになってしまうというものだ。また、せっかく組織構造化の共同経営者を採用しても、分業に失敗する事例も少なくない。

1）製品開発から企業経営への意識転換

起業の第2段階で創業者は、製品開発マネジメントとしてのキャリアに没頭したいの

図表3-28　アップル社組織表1984年10月

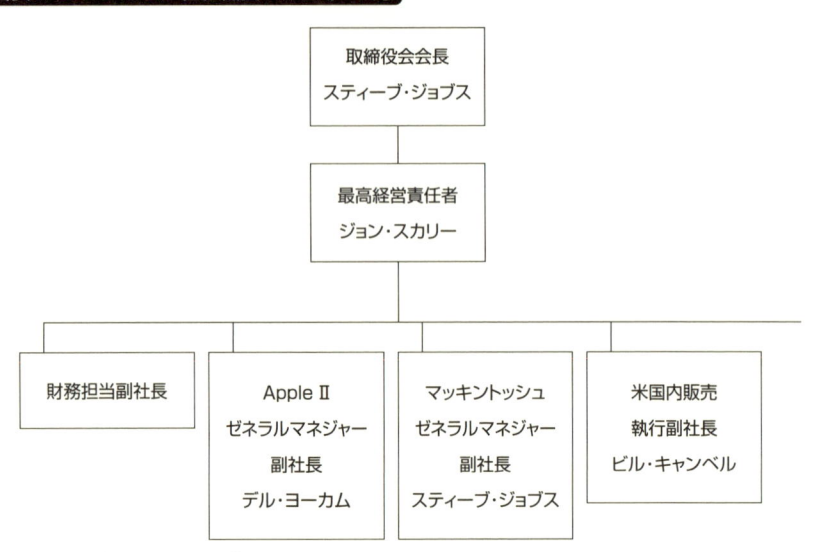

```
                    取締役会会長
                  スティーブ・ジョブズ
                         │
                    最高経営責任者
                    ジョン・スカリー
                         │
   ┌─────────────┬─────────────┼─────────────┬─────────────┐
財務担当副社長    Apple II      マッキントッシュ    米国内販売
              ゼネラルマネジャー  ゼネラルマネジャー   執行副社長
                 副社長          副社長       ビル・キャンベル
              デル・ヨーカム    スティーブ・ジョブズ
```

出典：アップル　アニュアルレポート

か、企業経営者としてのキャリアに転換するのかを明確に決断する必要に迫られる。この転換が、その後の成功を決定づける最大の要因ともなりうる。この二者択一で悩んだ形跡を示す事例が、1984年のアップルである**（図表3-28）**。

　この組織表上では、創業者のスティーブ・ジョブズは取締役会会長とマッキントッシュ・ゼネラルマネジャーを兼任している。しかも、兼任職務の間の階層に、本人以外（ジョン・スカリー）が入っており、その点できわめてユニークであった。ジョブスの現代に至るまでの一貫した姿勢を見れば、彼の興味がマッキントッシュという当時の画期的なPC開発にあったことは想像に難くない。80年代から90年代にかけてのアップルが企業組織の構築で試行錯誤し続けざるをえなかったのは、ジョブスの二者択一の迷いが原因の1つであったともいえるだろう。

　また、アップルと対照的に、起業家が事業の進展に伴って、製品マネジメントから企業経営マネジメントへと変身した典型的な事例が、HP創業者のデービット・パッカードであろう。これは、「私の製品はHPという企業である」（『HPウェイ』日本経済新聞社）という著書での述懐からも読み取れる。

2）企業経営チーム・ビルディング

　それでは二者択一をどのように実現するのか。

　創業者があくまでも製品と技術開発にこだわって成功した事例としては、ホンダ（本田宗一郎）、ソニー（井深大）が挙げられる。また、企業経営に転換した事例としては、松下電器産業（松下幸之助）や、マイクロソフト（ビル・ゲイツ）らが挙げられる。

　これらを含めた多くの成功事例に共通するのは、経営パートナーの選定と経営チームの活用である。成功のポイントとしては、次の３点が挙げられる。

　１．企業経営パートナーが職務機能的にも能力的にも、明確な補完をしている。
　２．経営理念や企業理念が明快である。
　３．経営理念や企業理念を本音で共有した人をパートナーとして選定している。

　以下でそれぞれ説明しよう。

◎──補完能力のある経営パートナーの選択

　起業家は一般的な傾向として、初期段階では、価値創造型領域に集中する。自己のアイデアを少ない人数の仲間との阿吽（あうん）の呼吸と、組織化されていないがゆえに可能なハードワークと柔軟性で実現していく。しかし、この価値創造型の行動では、起業の第２段階に必要な組織構造化や企業業績の追求となると、目標達成型や戦略実行型ほどの強みが発揮できない。そればかりか、これらを必要とする職務を兼任することで、価値創造行動の強みまでも希釈してしまうことが少なくない。

　この弱みを補完する役割を担うのが、経営パートナーだ（**図表３-29**）。ホンダでは藤沢武夫副社長、ソニーでは盛田昭夫共同経営者と組むことで、ビジネスモデルの組織構造化に必要な要素を補っている。

◎──明快な企業理念の設計

　優秀な経営パートナーを引きつけるには、魅力のある起業理念が必要である。ソニー、ホンダのいずれも、明快で魅力的な企業理念を掲げて実践している（**図表３-30**）。

　HPの成長期には、後に「HPウェイ」と呼ばれる企業理念が実践された。デルでは、「Direct（顧客との直接取引によりニーズを的確に把握する）、Segmentation（ビジネスの対象市場選別をゆるがせにしない）、Learning（積極的、継続的に学ぶ）」といった、マイケル・デル会長の信念が、徹底的に経営において具体化されている。

　松下電器産業にも、水道哲学と呼ばれた起業理念を源泉とした経営哲学が存在しているし、マイクロソフトも、自社ソフトで世界を独占・標準化する理念、そのために自社の著作権を侵害する行為を徹底的に糾弾する哲学がその存立基盤になっている。

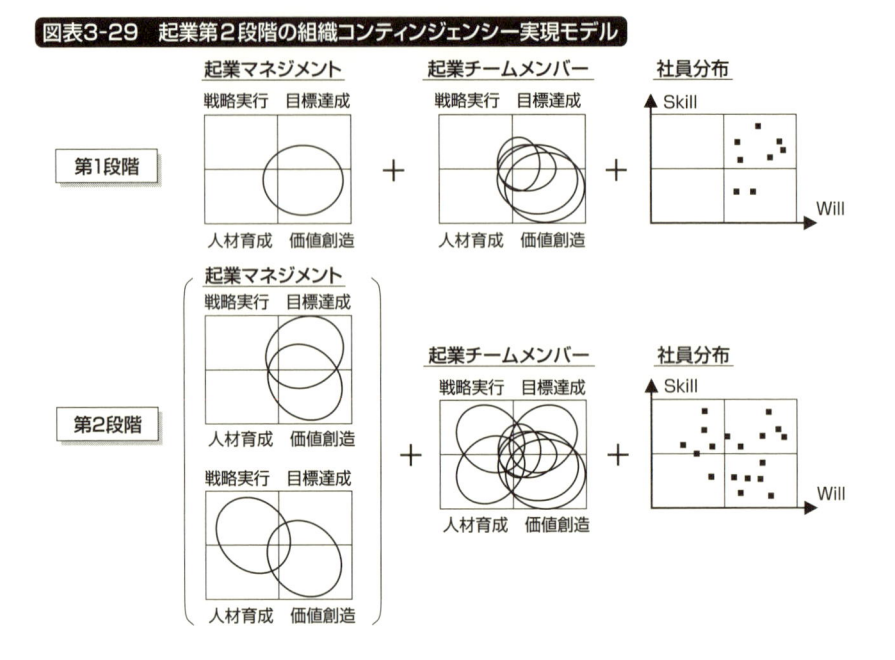

図表3-29　起業第2段階の組織コンティンジェンシー実現モデル

◎──**経営理念の徹底的な共有**

　マイケル・デルの自伝には、モートン・トップファーを共同経営者として採用する前に、「何度も何度も食事を共にしながら、お互いに価値観や人生観を共有できる相手であるかを確認し合った」という記述がある。
　ソニーの井深と盛田の間でも、同様の共有がさまざまなかたちで行われた。また、現在ホンダ社内で成文化されている、本田宗一郎の遺訓ともいうべき「ホンダ・フィロソフィー」の少なからぬ部分は、パートナーであった藤沢武夫の手によって本田の没後作成されたものだ。
　これらのパートナー同士は、一見正反対の性格を持ち、それゆえの補完効果を実現しながらも、経営に対する本質的な価値観においては共有ができていたといえる。

図表3-30　ホンダとソニーの創業時企業理念

ホンダ創業時企業理念（社是）1951年

わが社は、世界的視野に立ち、顧客の要請に応えて、
性能の優れた、廉價な製品を生産する。
わが社の発展を期することは、ひとり従業員と株主の幸福に寄與するに止まらない。
良い商品を供給することによって顧客に喜ばれ、
関係諸会社の興隆に資し、さらに日本工業の技術水準を高め、
もって社会に貢献することこそ、わが社存立の目的である。

ソニー創業時企業理念（東京通信工業の設立趣意書から抜粋）：会社設立ノ目的

一、真面目ナル技術者ノ技能ヲ、最高度ニ発揮セシムベキ自由豁達ニシテ愉快ナル理想工場ノ建設

一、日本再建、文化向上ニ対スル技術面、生産面ヨリノ活発ナル活動

一、戦時中、各方面ニ非常ニ進歩シタル技術ノ国民生活内ヘノ即事応用

一、諸大学、研究所等ノ研究成果ノ内最モ国民生活ニ応用価値ヲ有スル優秀ナルモノノ迅速ナル製品、商品化

一、無線通信機類ノ日常生活ヘノ浸透化並ビニ家庭電化ノ促進

一、戦災通信網ノ復旧作業ニ対スル積極的参加並ビニ必要ナル技術ノ提供

一、新時代ニフサワシキ優秀ラジオセットノ製作普及並ビニラジオサービスノ徹底化

一、国民科学知識ノ実際的啓蒙活動

第6節　全社変革プロジェクトチーム・マネジメント

1 ● リーダーシップ行動領域

「全社変革プロジェクトチーム（PT）」は、非定常的なアウトプットを目的とした、組織横断型のチームである。全社変革PTマネジメントの最も重要な目的は、外部情報をボトムアップで全社的に共有するポンプ型チームと、自ら変革を実行する自立型チームを実現することである。そのためには、**目標達成型**と**人材育成型**を基本とした「**エンパワーメント・リーダーシップ**」の技術が求められる（図表3-31）。

図表3-31　全社変革プロジェクトチーム・マネジメントに適合するリーダーシップ行動領域

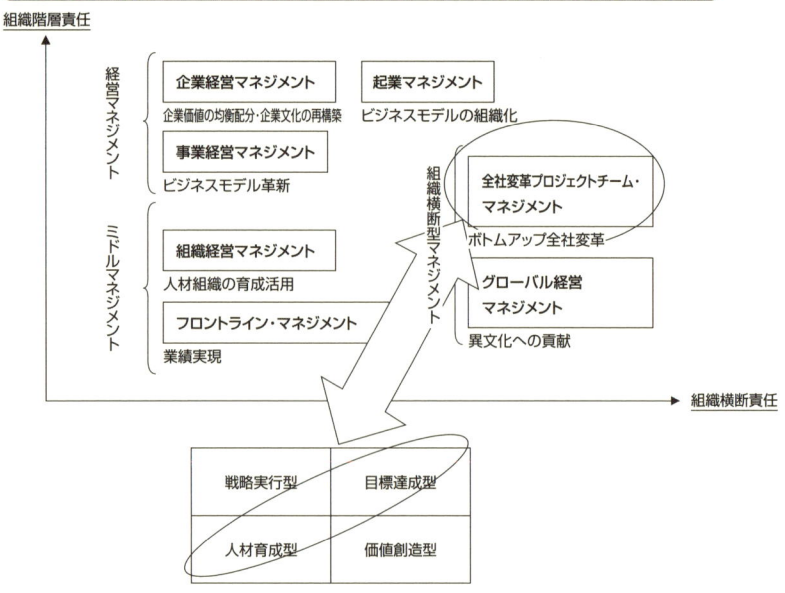

しかし実際には、(定常型アウトプットを目的とした全社管理プロジェクトチーム・マネジメントに適合する) 戦略実行型のリーダーシップ行動を適用してしまう事例がきわめて多い。その結果、多くの全社変革PTの試みが、何ら根本的な変革を実現できないままに費えている。

> **コラム ◎ プロジェクトチーム分類とリーダーシップ行動**
>
> プロジェクトチームにはいくつかの種類があり、それぞれに適したリーダーシップ行動がある。
> 企業組織横断型のプロジェクトチームには、定常型のアウトプットを目的としたものと、非定常型のアウトプットを目的としたものの2つがある。前者は管理や監査のチームなどで、後者はミドルアップやボトムアップの変革チームなどである。
> 定常型の管理・監査チームのマネジメントに求められるのは、定常プロセスの維持、統制と、現状復帰のための効果的な課題解決である。非定常型の変革型チームのマネジメントに求められるのは、目標設定とその実現のための体制構築と動機支援である。したがって、前者には主として戦略実行型リーダーシップ行動が適合し、後者には、目標達成型と人材育成型を基本とするエンパワーメント・リーダーシップ行動が適合する。
> 組織横断型でないチームとしては、組織区分領域の内部で結成されるチームがある。具体的には、定常型の行動を期待される生産型チームと、非定常型の行動を期待される解決型チームがある。生産型チームは自己組織内での生産効率向上を目指し、解決型チームは自己組織内での問題解決に取り組む。
> この場合、前者には特定の繰り返し行動に対する意欲を維持することに優れた、人材育成型リーダーシップ行動が適合し、後者には革新的な課題解決をリードする、価値創造型リーダーシップ行動が適合する (**図表3－32**)。

2● リーダーシップ技術

第1章第2節で考察したように、エンパワーメント・リーダーシップとは自立支援型リーダーシップ行動で、**目標共有**、**自由度の供与**、**支援体制**の3条件で実現する。
全社変革PTマネジメントの成否は、以下で述べる「**プロジェクトチームの発展4段**

図表3-32 チームの形態分類と目的および適合するリーダーシップ行動

```
                    組織横断型
                        ↑
   ┌────────────────────┼────────────────────┐
   │                    │                    │
   │   管理型チーム      │   変革型チーム      │
   │   戦略実行型        │   目標達成型        │
   │   リーダーシップ    │   リーダーシップ    │
定常│                    │   人材育成型        │非
業務│                    │   リーダーシップ    │定常
←──┼────────────────────┼────────────────────┼──→業務
   │                    │                    │
   │   生産型チーム      │   解決型チーム      │
   │   人材育成型        │   価値創造型        │
   │   リーダーシップ    │   リーダーシップ    │
   │                    │                    │
   └────────────────────┼────────────────────┘
                        ↓
                    組織内部型
```

階」のうちの、第2段階の**破壊**を実現できるか否かにかかっている。この「破壊」とは、過去の成功モデルへの執着を捨てきれない企業組織に対して、外部社会と市場の網羅的で偏向のない情報を充満させる行動である。具体的行動イメージとしては、ブレーンストーミングがこれに該当するが、通常のブレーンストーミングとの差異は、情報交換に先立って十分かつ客観的な外部情報の入手を前提としていることである。

　この破壊状況をつくり出すためには、プロジェクトチーム・メンバーの自立的な意識と行動を実現する、エンパワーメント・リーダーシップが重要な役割を果たす。

　以下では、典型的な組織横断型の変革チームである、GEのワークアウトやシックスシグマ活動、あるいは日産のCFT（クロス・ファンクショナル・チーム）などの、全社規模でのボトムアップ（あるいはミドルアップ）のプロジェクトチームを想定し、全社変革PTの発展4段階で求められるエンパワーメント・リーダーシップの技術を考察する。

〈全社変革PTの発展4段階〉

　変革PTのマネジメントは、まず組織横断で招集した人材で構成するチームの形成から着手する。全社組織の現状を否定し変革するには、チーム自体を全社組織から独立させる必要があるからだ。

　このような変革チームの形成から発展、目的の実行に至るまでのプロセスは、ブルー

ス・タクマンにより1963年に提唱された「プロジェクトチームの発展モデル」の4段階、**形成（Forming）、破壊（Storming）、構築（Norming）、実行（Performing）**で実行する。

「形成」段階では、チーム・ビルディング、リーダーとメンバーの設定、目的と目標の設定と共有、プロセスやルール、スケジュールの確認を行う。

「破壊」段階では、積極的に外部情報を収集し、チーム結成以前の固定観念やセクショナリズムを弱める。同時に、多角的で多様な外部情報の共有を目指す。

「構築」段階では、収集、共有した外部情報を目的と目標に基づいて優先順位づけし、必要であれば目標の再設定を行い、その実行のための戦略と施策を設計する。

「実行」段階では、戦略と施策を実行する。

（1）形成段階：目標共有と関係行動

形成段階では、チームリーダーとスポンサーによる目標共有と関係フェーズ・コミュニケーション（第2章第3節参照）が重要な役割を果たす。この段階で留意すべき行動は以下のとおりである。

1）スポンサーによるエンパワーメント・スタイルの率先

ボトムアップのプロジェクトチームを招集するスポンサーは、選定する変革チームマネジャーに対して、エンパワーメントを明確に意識し実践することが求められる。このエンパワーメントは、目標値を実現するための自由度（権限委譲）のみならず、必要に応じた支援を惜しまない意識と行動である。すなわち、変革チームのスポンサー自身が、変革チームの統括的支援リーダーの役割も果たす。

2）エンパワーメント型リーダー人材の選定

目標達成型であるのみでなく、エンパワーメント型の感情も重視するタイプをリーダーとして選定する。チームリーダー自身が総括的、創造的な思考や行動で貢献するのではなく、チーム全員の変革意欲を刺激し、チームメンバーによるボトムアップの変革提案力を最大化することを目標にできる人を選定する。特定の個人でこの両面をカバーしきれない場合は、補完的な行動のできる人材をリーダーの補佐として選ぶ。またリーダーは、主に将来の経営候補者から選定する。

3）統括的な目標の明示と共有

スポンサーおよび全社PTマネジメントは、プロジェクトチームの総括的な目的と目標を明確にする。たとえば、今後10年間の経営ビジョン策定、現状の経営危機を克服する対策の策定、財務健全性の回復、V字回復実行などである。こういった目標を、想定されるチームメンバーのみならず全社で共有する。

4）多様なメンバーの選定

メンバーの偏りをできるだけ少なくするために、全社から選定する。また、選定が偏ることが想定される特定の個人や、限定されたメンバーには選定を委ねない。最終的に、構築した内容を実行する責任と意欲、能力を期待できる人材を選定する。さらに、プロジェクトメンバーにサブチームを結成させ、情報収集力の健全化と実行段階でのスムーズな移行を実現する。

5）運営ルール・方針設定

ルールや方針、スケジュールなどは最小限にとどめる。全社変革PTの目的は、自社の根本的な、例外を排除した全社的な変革である。ルールや方針を必要最小限にとどめることにより、過去の習慣や価値観あるいは規範を持ち込むことを避ける。また、プロジェクトのスケジュール管理など、プロセス管理に過度に過敏になるマネジメント・スタイルをむしろ抑制する。目的と目標をチーム全体と各チームメンバーに設定することを最優先とする。特に、初期の情報収集段階で、多様性の実現を阻害する情報選別（フィルタリング）につながるルールを徹底的に排除する。情報収集段階での破壊的混乱（Storming）を意識的に支援する。

（2）破壊段階：提案行動と自由供与

全社変革PTマネジメントの成否は、どれだけ根本的な「破壊」を実現できるかにかかっている。現状を否定しうる豊富な外部情報をどれだけ入手できるか、またその情報を、組織内部の抵抗や政治的判断などの影響を受けずに、率直に全社で共有できるかである。これらの情報が豊富であり、かつ不整合であることが破壊段階の成功条件となる。この目的のためには、全社PTメンバーの下で、現場で直接情報収集に携わるメンバーから構成されるサブチームを活用する。

全社PTマネジメントは、チームメンバーが率直に外部情報を整理し、全員に共有させるよう支援する。また優先順位づけの際には、「市場と顧客と自社との将来関係」と

いう基準を徹底し、それ以外のさまざまな内部事情や、過去からの経緯などの論理的なインテリジェンス（知恵）に影響されないように導く。

以上には、ボトムアップ型の変革共有コミュニケーションの提案フェーズの技術、①ブレーンストーミングと②優先順位づけの技術を活用する（第2章第3節参照）。この段階を通じて全社PTマネジメントが最優先すべき行動は、エンパワーメント・リーダーシップの第2要件である**自由度供与**である。

この段階でのおもな留意点を以下にまとめる。

1）情報分類別にサブチームを区分する

破壊段階でまず行うのが、情報の収集である。サブチームごとに、市場競争のおもな要素である、顧客関係、競合他社、協力会社、流通チャネル、新規参入者、代替技術・価値、行政規制などを1つずつ担当させて情報を収集する。顧客関係については、現在の顧客とそのニーズの変化、将来の顧客とニーズの予測など、顧客セグメントに基づいたチーム区分も情報収集の客観性確保に役立つ。

また、日産リバイバル計画のCFTのように、製品開発、購買、生産管理、販売、サービスといった、社内の価値連鎖の構成単位にチームを区分する場合もある。

2）情報の不整合、混乱などをコントロールせずに情報共有する

収集した情報は、取捨選択を厳禁とし、フィルタリングや考察を加えずに分類整理する。サブチームが収集した情報を全員で共有し、驚きや当惑、動揺、発見を増幅させる。この段階での感情や意識の高まりが、現状を破壊する原動力となる。

この段階を論理性や社内との調和に基づいてコントロールすると、後半段階が無意味となる。破壊段階での混乱状況を見過ごせずに直接介入してしまうと、全社変革PTマネジメントとしては失格である。

3）市場・顧客との関係についての視点を共有する

前段階で収集した情報を、社内に対する配慮を徹底的に排除し、「自社と市場・顧客との将来関係における重要性」を基準にして整理、優先順位づけする。

（3）構築段階：共鳴行動と支援行動

構築段階は、破壊段階で収集した情報を材料に、変革ビジョンを設計するプロセスであり、「目的合意、目標合意、戦略合意」を実行する。この段階は、変革共有コミュニ

ケーションの共鳴フェーズの行動に該当する。構築段階では、以下の行動に留意する。

1）ボトムアップによる概念化を避ける

　ボトムアップの情報収集チームに、将来の「全社的な」変革ビジョンの設計を依頼することは避ける。むしろ、それぞれの「サブチームごとに」、具体的な目標設定、戦略展開を実行することを求める（第2章第6節参照）。たとえば、個別の製品やサービスの開発に取り組ませる。製品やサービスの開発は、自社と市場・顧客との将来関係の設計図を作成する行動であり、サブチームが最も力を発揮できる具体的な変革ビジョン設計である。
　収集した情報を全社的な変革ビジョンへと概念化するのは全社PTメンバーの役割で、開発した製品やサービスという既成事実を概念的、論理的に統合することで、説得力のある全社の長期ビジョンができあがる。

2）社内評価を避ける

　サブチームによる新たな製品・サービス開発に対する過剰な社内評価を抑制する。「評価は市場と顧客に委ねる」という意識を全社で共有する。社内評価は市場における成功を保証するものではなく、これを支援するための議論という位置づけを明確にする。

3）変革ビジョン形成の支援

　PTチームメンバー、サブチームメンバーに対して、分析から構築への意識転換を支援する。分析行動には必ずしも自立意識は必要ではないが、構築に向けては自立意識が不可欠となる（第3章第1節参照）。また、支援においてもファシリテーター役やチアリーダー役に徹する。自ら価値を創造する価値創造型の意識をできるだけ抑制し、ほかの人々の創造力を尊重し、活用する人材育成型の意識と行動が必要である。

（4）実行段階：参画行動と業績認知

　戦略と施策を実行する「実行」段階は、変革共有コミュニケーションの第5段階の参画フェーズの行動にあたる。参画フェーズ行動の目的は、関係者全員の変革提案への参画のコミットメントを確認することだ。そのためには、参画する意義や、参画する内容を改めて確認・共有する。さらに、実行した後での業績結果も公開する。この際、エンパワーメント・リーダーシップ行動の主旨である、自立支援行動に徹する。すなわち社内での業績認知や共有も重要であるが、これらに対する社内的な報奨は組織順応型意識に対応するものである。報奨は関係者が市場から直接手に入れるという自立革新型の意識を促して、エンパワーメント行動に徹する。

第7節　グローバル経営マネジメント

ケース 3-7

Zビール醸造上海工場　2005年7月

　2005年7月、Zビール醸造の上海工場に赴任していた永沢健治は、日本政府に対する抗議行動の一環として同工場で行われている野外社員集会を工場の2階から眺めていた。北京の日本大使館に対するデモに端を発した抗議行動は、日系レストランから企業へと拡大し、本格的な暴動などのレベルになるとは思えなかったものの、永沢にとっては少なからぬショックだった。

　対岸のN市にある外資系S社醸造工場では、そのような騒ぎとはまったく無関係に操業が行われているとのことだった。しかしそれよりも、毎日顔を合わせている現地の従業員たちが社会的な扇動に乗せられて、あたかも敵味方のような対応すら見せることに気が重くならざるをえなかった。

「自分の彼らに対するマネジメントとしての価値は、いったい何だったのだろうか」

　永沢は、中国という異文化社会における日本人のマネジメントの価値について考え続けていた。海外に工場を開設すれば、現地に就業機会をもたらすことになる。その工場を維持・成長させるために自分がここにいるのだと思えば、現地社員に対する貢献価値も決して小さくはないはずだ。

　とはいえ、中国では米国企業や欧州企業に比べて、一般に日本企業の人気は後れを取っている。欧米系企業のグローバル性と比較した日本企業の閉鎖性や、異文化対応の不慣れさも指摘されている。日本人は、グローバル経営マネジメント人材として、どのような強みを自覚して現地に貢献していくべきなのだろうか。

　目の前の抗議行動は必ずしも私企業レベルでは対応できない不可抗力だと認識はしつつも、永沢は、自分を含めて、今後この工場に赴任してくるであろう後継者たちが現地法人とその従業員に対してどのようなマネジメントを実現すべきか、そのイメージがわ

かないままにあせりと苛立ちを感じていた。

〈ケース3-7　考察課題〉
1．本ケースに関して、グローバル経営マネジメント職務の目的を自由に考察してみよう。
2．グローバル経営マネジメントとしての付加価値を考えてみよう。

1●リーダーシップ行動領域

日本社会のグローバリゼーションは、2つの方向で実現している。1つは日本企業の海外進出であり、もう1つは外資企業の日本進出である。これらのいずれかに直接関与するマネジメントがグローバル経営マネジメントである。これらのマネジメント人材の多くに共通な思いが、「日本的な社会文化を基盤とする人材が、グローバル経営マネジメントとしての付加価値を実現するためのリーダーシップ技術は何か」である。

本節では、**異文化を活用し、異文化に貢献する**職務責任遂行に適合する、**価値創造型**と**人材育成型**のリーダーシップ行動領域を考察する。これらに共通するリーダーシップ技術は**学習行動**、**共鳴行動**である（図表3-33）。

2●リーダーシップ技術

グローバル経営の目的の1つは、異文化社会の市場や人材などの資源・機会を活用することにある。そのためには、自国文化に基づいた単一的な思考から、多様な文化を理解し活用する創造的行動が必要となる。しかしながら、理解と活用のみでグローバル経営マネジメントの役割は終わらない。現地への何らかの貢献を実現することで、「Give & Take」が成立する。

その貢献としては、現地社員の所得を実現することにとどまらず、現地社員に何らかの成長を実現する「人材育成」も求められる。これは、進出企業の技術やノウハウを公開する以外でも実現できる（技術やノウハウの公開は、人材の流動性が高い地域や、著作権保護が確立できていない地域では、現実的ではない）。すなわち、日本社会の文化ともなっている学習する行動やさらにそれに基づく共鳴する行動そのものを共有することはできるのであり、それもきわめて価値の高い人材育成行動である。

図表3-33　グローバル経営マネジメントに適合するリーダーシップ行動領域

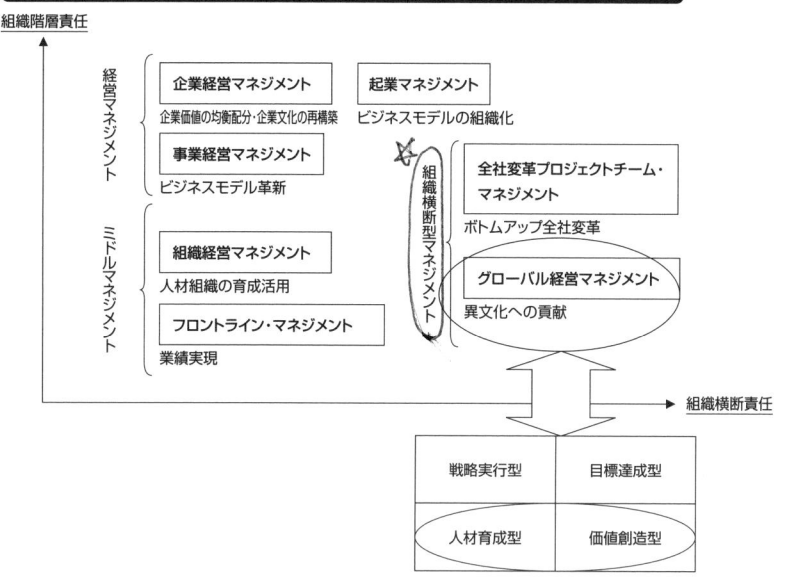

組織階層責任

経営マネジメント
- 企業経営マネジメント
  企業価値の均衡配分・企業文化の再構築
- 起業マネジメント
  ビジネスモデルの組織化
- 事業経営マネジメント
  ビジネスモデル革新

ミドルマネジメント
- 組織経営マネジメント
  人材組織の育成活用
- フロントライン・マネジメント
  業績実現

組織横断型マネジメント
- 全社変革プロジェクトチーム・マネジメント
  ボトムアップ全社変革
- グローバル経営マネジメント
  異文化への貢献

→ 組織横断責任

| 戦略実行型 | 目標達成型 |
| 人材育成型 | 価値創造型 |

（1）異文化を理解し活用する「学習行動」と「共鳴行動」

1）社会文化の多様性を把握する

　社会文化とは、その社会を構成する大部分の人々が共有している価値観、知識、行動パターンである。また、その社会に所属する人々が、経験から学び取捨選択して体得してきた、当該社会における成功パターンであり、同時にその社会が存続するための成功パターンでもある。

　社会文化のなかでもマネジメント概念に関する理解の多様性を把握することは、多様性把握の起点である。

◎──マネジメント概念の多様性

　社会によって解釈が異なるマネジメント概念としては、**図表3－34**の項目が報告されている。これらについては地域ごとに、そこでは当然と思われている定義や常識が存在する。

| 図表3-34　顕著な多様性を示すマネジメント概念の例 |

- リーダーシップ　　　　・集団意識
- 上司部下関係　　　　　・達成意識
- 問題解決手法　　　　　・権力意識
- コミュニケーション　　・自己責任意識
- コミットメント　　　　・時間感覚

出典：Stephen Rhinesmith, *A Manager's Guide for Globalization*, ASTD/Irwin, 1993　を参考に作成

　たとえば、時間感覚はわかりやすい。各社会の交通機関や種々の配達時間に関する感覚は、オフィスにおいても無関係ではない。また、自己責任の意識についても、アメリカのような個人の自由が大きく認められ尊重されている社会と、階級差や伝統、習慣が尊重されている社会とでは大きく異なる。前者では自己責任意識は非常に強いが、後者のような社会的な制約が大きい環境では、限定的あるいは条件的となる。

　また、上司部下関係に関しては1983年に行われた調査で、「上司は業務に関する部下からのどのような質問にも正確に答えることができることが重要である」に合意した人々の比率が国別に報告されている。この調査によれば、これに合意するマネジメントの比率が日本では78％であったのに対してアメリカでは18％にすぎなかった（**図表3－35**）。

◎────**ホフスティードの研究**

　ガート・ホフスティードは、マネジメント概念における多様性に関して、世界約60カ国、1万6000人のIBMグローバル・マネジャーを対象に調査を実施した。著書の*Cultures and Organizations*で、多様性が顕著なのは、以下の4項目であるとしている。
- ① 権威尊重（Power distance）
- ② 個人主義（Individualism）
- ③ 制度管理主義（Uncertainty avoidance）
- ④ 男女意識（Masculinity）

　ホフスティードによれば、マネジメント概念に対する認識の違いに伴ってマネジメント行動への期待感も異なる。したがって、それぞれの期待感を満足させるマネジメント行動を選択することにより、異文化社会の人々に対して効果的なマネジメントを実現できるという。その例としてホフスティードは以下を提示している。

　権威主義社会では、権力格差が明らかに存在することが前提となる。したがって、そ

図表3-35 上司部下関係に関する国別意識調査

「上司は業務に関する部下からのどのような質問にも正確に答えることができることが重要である」に合意した人の割合

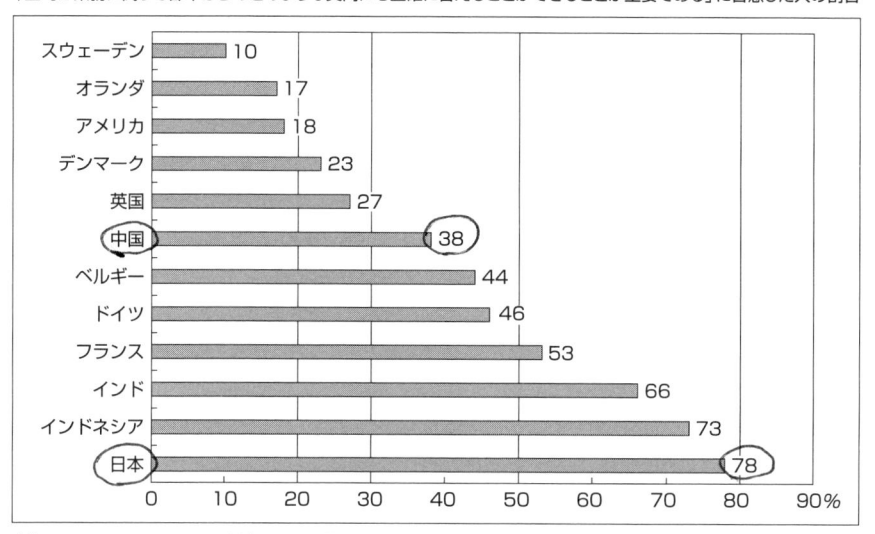

国	%
スウェーデン	10
オランダ	17
アメリカ	18
デンマーク	23
英国	27
中国	38
ベルギー	44
ドイツ	46
フランス	53
インド	66
インドネシア	73
日本	78

出典：Stephen Rhinesmith, *A Manager's Guide for Globalization*, ASTD/Irwin, 1993 を参考に作成

のような社会では、断定的な指示や上意下達型の経営が高く評価される。反対に権威主義の希薄な社会では、支援やアドバイス、参加型の経営が高く評価される。

また個人主義の強い社会では、従業員は個人的な利益感覚に基づいて行動し、個人の利益と企業の利益が合致する経営が要求される。逆に集団主義の強い社会では、個人の利益よりも集団の利益が優先され、個人の利益と企業利益との合致は必ずしも求められない。また、集団への帰属意識が尊重される（**図表3－36**）。

制度管理主義意識の希薄な社会では、従業員やチーム組織を自主的に行動させることを高く評価し、逆にその意識が高い社会では、さまざまな規定やルールで従業員やチーム行動をコントロールする。

なお、以上の考え方は、第1章で考察した条件適合理論にも合致している。ホフスティードが提唱しているのは、異文化社会という環境条件への適合を目的とする、条件適合型リーダーシップ行動モデルであるともいえるだろう。ホフスティードの研究はIBMという特定企業の社員に対する調査であり、一般的な適用を疑問視する声も少なくないが、文化の多様性とマネジメント行動との関係を学ぶための手がかりを与えてくれる。

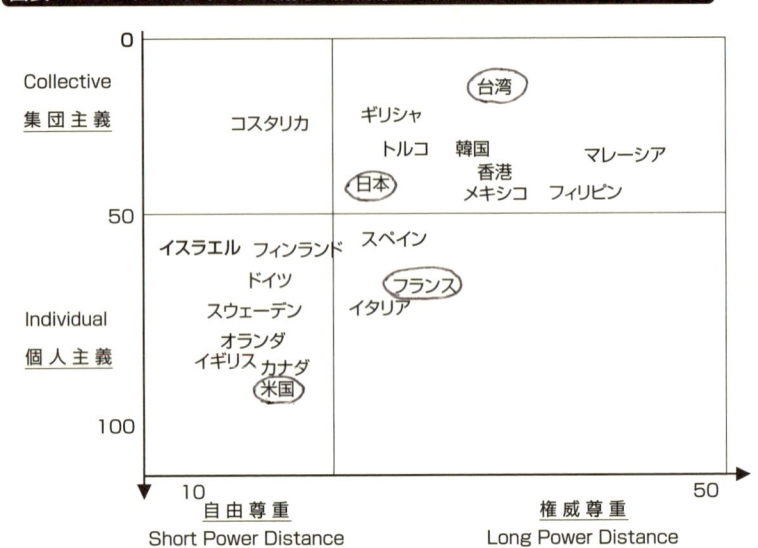

図表3-36　ホフスティードの研究　権威尊重と個人主義の国別マトリクス分布

縦軸：Collective 集団主義（0）／Individual 個人主義（100）
横軸：自由尊重 Short Power Distance（10）／権威尊重 Long Power Distance（50）

- 集団主義・自由尊重側：コスタリカ
- 集団主義・権威尊重側：ギリシャ、トルコ、韓国、香港、メキシコ、⦿台湾、マレーシア、⦿日本、フィリピン
- 個人主義・自由尊重側：イスラエル、フィンランド、ドイツ、スウェーデン、オランダ、イギリス、カナダ、⦿米国
- 個人主義・権威尊重側：スペイン、⦿フランス、イタリア

出典：Geert Hofstede, *Cultures & Organizations*, McGraw-Hill, 1991

　また、グローバル経営マネジメント行動という条件適合型リーダーシップ行動を実現するためには、環境条件や部下条件をモデル化することは必要であり、これらの観点からホフスティード理論は十分に学ぶ価値があるだろう。

２）多様性を活用する

　異文化環境に対応するためのマネジメント行動は、「双方の異なった価値観に基づく、双方が満足できる関係の維持」に集約される。これは異文化や異なった価値観、能力を理解、学習し活用する「Win-Win（を目指す）行動」である（第２章第６節参照）。
　このWin-Winを実現するための基本行動として、相手の価値観やそれに基づく異文化の能力を学ぶ**学習意欲**と、多様性を活用するための**共鳴行動**が必要となる。

◎────Win-Winの実現事例

　スティーブン・ラインスミスは著書『グローバリゼーション・ガイド』（サイマル出版会、1994年）において、異文化社会におけるマネジメントの成功要件で最も重要なも

のとして、Win-Win的な考え方を紹介している。すなわち、対立状況において「交渉あるいは合意すべき領域を限定的に考えずに、両者の異なった価値観や欲求に基づいて双方が同等の価値を実現できる」行動パターン（「限定ゲームと無限定ゲーム」）である。これは「パイを固定的に考えない発想法」に基づく行動ともいえる。

このWin-Winの発想を、日常行動の基盤として習慣化することが、グローバル経営マネジメントの中核的な行動要件となる。以下にグローバル経営マネジメントの典型的なWin-Winパターンを示す。

① 〈プロセスを委ね、結果を共有する〉

結果を実現するためのプロセスは、現地の価値観に従う。目的や目標のみを共有、合意して、プロセスは任せるという考え方である。

1990年代にHPが韓国に進出した時に、同社の有名な企業理念「HPウェイ」をどこまで共有すべきかという議論が起こった。特に社員の自由と自立、マネジメント参画を求める価値観は、韓国の提携先である財閥系企業の経営理念とは必ずしもなじまなかった。HPはこの食い違いに対して、「社員を大切にする、技術を大切にする、顧客を大切にするといった根本的な理念が共有できれば、必ずしも応用的な理念やそれに基づく行動が共有されなくともよい」という結論を出した。HPウェイの本質を共有できれば、派生的な価値観の食い違いは問わないという姿勢である。これにより提携先企業も、「自社の基本理念のなかに、本質的にはシリコンバレーの企業理念と同質のものが存在する」ということを認識でき、かつ儒教的な行動秩序も維持できるとして納得した。

② 〈現地最適とグローバル最適を両立させる〉

1990年代にアメリカ企業を中心に追求されたのが、グローバル購買による調達コストの削減であった。典型的には、グローバルな供給体制を保有するサプライヤーをパートナーに選定して、包括的なディスカウントを実現するというものだった。しかし、1社に特定してしまうと、そのサプライヤーも地域によって強弱があるために、存立基盤が弱い地域では調達コストが必ずしも低くならず、グローバル購買のメリットを享受できない。そのため地域によってはこのグローバル最適が、逆に受け入れ難いコスト増や効率悪化をもたらすことも少なくない。この場合には、購買先を1社に絞らず2〜3社として、その中から地域ごとに1社を選ぶ自由を与える。

③ 〈マネジメント人材の現地化を推進する〉

1990年代以降、欧米企業では、アジア地域に対する本社人材の派遣を抑制し始めた。これは、現地の文化が標準とするマネジメント・スタイルを実践することが、グローバル経営のWin-Win行動であることを認識した結果であるといえる。もっとも、内

部的な事情としては、特に米国系企業ではアジア地域への転勤が通常はインセンティブになりにくく、結果的に本社基準で優秀な人材は派遣しにくいということもあったようだ。

　現地人材でも、MBA取得者などは、現地の文化を十分に理解したうえにグローバル・ビジネスの価値観も理解している。また、膨大な派遣コストの節減にもなる。さらに、現地の人材がその拠点のトップであれば、社員もより効果的に採用できるなどのメリットもある。

◎——**学習行動の実践**

　異文化を理解し、活用する学習行動とは、異文化の「差異」に基づく新たなアイデアや強みの発見と活用にほかならない。

　ただし、そのレベルに到達する以前に、異文化に属する個人と対応する場合、対象者の本音、すなわち価値観、信念、欲求、知識、思考形式などの、社会文化の構成要素を的確に理解することは重要である。この点が実行できないと、Win-Winも実現できない。

　このためには、日常的なコミュニケーションを通じて、周囲の関係者の価値観、知識、行動パターンを観察し、社会の背景となっている歴史や伝統、慣習を学ぶことが必要となる。これが、異文化社会の多様な経営資源を活用するための**学習行動**である。すなわち、**現地の文化に畏敬と興味を持つこと**が前提となる。

　とはいえ、学習行動以前に、コミュニケーションが不成立であるために、学習意欲を育てられない事例も少なくない。以下はそのような状況での留意点である。

〈英語のコンテンツへのこだわりを捨てる〉

　一般的な国内教育を受けた日本人マネジャーで、英語に堪能であるとか、自信を持っている人は稀である。実際の英語力は、当人が思っている以上であることは少なくないのに、会話に弱いとか、文法にこだわって自然なコミュニケーションができないといった理由で、自身の英語力を過小評価してしまう。

　このような場合に問題となるのは、言葉そのもの（コンテンツ）を追いかけてコミュニケーションしてしまうことである。互いに外国語で話すような場合は、むしろ話している相手の表情や感情（コンテクスト）を注視したほうが、よほど理解が深まる。また、コンテンツによる情報共有が困難な場合ほど、受信側はコンテクストを観察していることが多いことにも留意すべきだろう。

〈暗黙知適用の習慣を見直す〉

　日本語は、日本人以外からは文脈（コンテクスト）を注視すべき言語、つまり言葉として表現されていない部分まで推量して、真意をくみ取らなければ理解できない言

語として見られることが多い。日本人マネジャーが「これはわかりきっている」と考えて、はっきりと表現しないのがその原因である。日本の企業に入ったのだから、日本的な文化や習慣を理解せよという主張がまかり通ることも少なくないが、それではコミュニケーションは成り立ちにくく、相手から学ぶこともできない。内容（コンテント）を明確にする意識と行動が、暗黙知の行き違い解消に効果を発揮する。

〈ステレオタイプ発想とハロー効果発想を抑制する〉

　先入観に基づいて発想すると、現実を率直に観察できなくなってしまう。そのような発想としてはたとえば、「アメリカ人は一般に」などと、所属するグループの特徴を当てはめて、個人についても推測してしまうステレオタイプ的発想がある。また、特定の情報を基にほかの情報に関しても均一に推測してしまう、ハロー効果もある。

　ステレオタイプやハロー効果にも、判断を効率的に行えるというメリットはある。しかし同時に、誤った判断を下してしまったり、現実を自分の目で確かめようとする意識を薄めてしまったりする可能性も高くなる。

◎——共鳴情報の発信

　共鳴情報の発信とは、「事情」を理解する行動である。事情を理解する最も効果的な機会には、「仕事の完了時」と「問題の発生時」がある。

　また、出来映えがもうひとつさえないレベルに対して、優秀な技術者は「改善のポイントをてきぱきと指摘して、部下がそのとおりに実践して功を奏すると、よくやったとほめる」という行動パターンをとりがちである。しかし、人材育成型を意識すると、まず対象人材の工夫の跡や、努力の跡を発見することを意識し、それを称賛することから始める。こういったプラス情報をまず認知して発信する行動が、共鳴行動である。

（2）異文化への貢献

　日本人マネジャーの「自分たちはグローバル経営マネジメントとして、優秀さを発揮できるのだろうか」という自問の声を耳にすることが少なくない。問題解決や意思決定などのマネジメント技術に関しては確実にレベルが上昇しつつあり、他国のマネジメントと比較しても大きな遜色はなくなっていて、それほど心配することはない。ただ、これでは海外の競合他社と同レベルではあっても、独自性を実現しているレベルではない。

　グローバル経営マネジメントとしての独自の付加価値を実現するためには、グローバル経営そのものについても、独自の目的を設定することが必要となるだろう。

　中世ベネチア船団から現代の株式会社に至るまで、ビジネス組織のグローバリゼーシ

ョンの目的は、貿易による利益の実現であった。

　グローバリゼーションを現地への貢献という観点から見ると、現地市場への商品提供、現地資源の活用、現地社会所得の実現への参画といった、ハード志向が観察できる。しかしここで、学習による相互の人材育成というソフト志向行動を貢献メニューに加えることで、新たな付加価値の可能性が見えてきそうだ。

◎──グローバル経営マネジメントの人材育成の方向

　人材育成のための情報提供に関しては、企業機密や著作権を危険にさらすことのない手段でも、いくつかの有効な方向がある。過去の事例を見てみよう。

〈ホンダ・フィロソフィー「買う喜び、売る喜び、創る喜び」からのヒント〉

　ホンダの企業理念（ホンダ・フィロソフィー）のなかに「買う喜び、売る喜び、創る喜び」を実現するという記述がある。これは人間行動の3つの喜びを直接的に示した表現とされている。しかしながら、この表現に含まれているのは、豊かになるために買うとか、儲けるために売るというニュアンスではなく、製品というハードとともに、ものつくりの喜び、感動というソフトを売ってもらおう、買ってもらおうという意図である。

　ここに1つの日本社会のグローバリゼーションの目指すべき方向が示されていないだろうか。すなわち、ものをつくることの感動を共有することである。グローバル経営マネジメント自身にその感動があれば、非公式なコミュニケーション・メッセージから、その感動は自然と周囲に伝搬する。これは、自らの感動を発信させて共鳴を喚起する共鳴行動である。

〈ソニーの「トランジスターラジオ」からのヒント〉

　トランジスターラジオが世界を驚かせた時代があった。単に小型ラジオにMade in Japanのラベルを貼って輸出したにとどまらず、第2次世界大戦後、日本製品が安かろう悪かろうといわれていた時代にピリオドを打って、日本社会の「ものつくり文化」を内外に示す口火を切ったのである。

　このトランジスターラジオは、トランジスターという新たな天然資源を小型ラジオに活用した事例である。外部から学び、学んだ情報をかたちにする学習行動そのものが、メーカーであれ金融サービスであれ、すべての日本企業のグローバルな人材育成の題材になりうるのではないだろうか。

〈ホンダのマスキー法適合からのヒント〉

　既存の顧客市場を意識したものつくりに加えて、環境という未来社会に貢献するものつくりの姿勢も、環境から学び環境に貢献する技術を育てることも、人材育成のグ

ローバル貢献といえるのではないだろうか。

　本田宗一郎氏のフィロソフィーでは、買う喜び、売る喜び、創る喜びに、「自分の廃棄物は自分で責任を持って処理せよ」が続いている。このメッセージに、ものつくりの技術力に立国する日本社会と日本企業のグローバル貢献の未来像、未来社会と環境への貢献も見えてくるのではないだろうか。

謝辞

　本書の上梓に際して、この本の実現を支援していただいた方々に言葉足らずを覚悟で御礼を申し上げたい。
　まずは、グロービス・マネジメント・インスティテュートの東方雅美氏と嶋田毅氏。両氏との1年半に及ぶ率直な意見交換と巧妙な質問コーチングのおかげで、本書の最終的な構成ができあがっている。
　ダイヤモンド社DIAMONDハーバード・ビジネス・レビュー編集部の木山政行副編集長と岩崎卓也編集長にも深く感謝したい。「リーダーシップの決定版にしましょう」の一言で、予定期間が倍となり、編集会議室から桜の満開を2回眺めることになったが、その結果がどうであったのかは、読者の方々のご教示を待ちたい。
　また、1995年8月以来11年目に入ったグロービス・マネジメント・スクールの人的資源管理と組織行動リーダーシップのクラスを受講された方々、3時間クラスを延べ250日、5000人以上の受講者の方々のリーダーシップへの熱意と情報が本書の内容となっている。講師という役割を務めさせていただいている執筆者自身が最も学んでいるというのは決して表面的な修辞ではない。
　さらに、同時期から開始した、「変革ビジョン設計」や「エンパワーメント・リーダーシップ」の企業研修の参加者の方々との双方向の情報交換も本書の内容となっている。企業研修も、1995年10月以来2005年度初頭で累計1000日を超えた。ほぼ延べ2万5000人以上の受講者の方々と、1日7時間の双方向の研磨を実現することができている。本書とその作成経験が、次の1000日への糧になっていると確信している。
　1975年以来の三菱商事、GE、プライスウォーターハウスコンサルタント、ヒューイット・アソシエイツでのビジネス経験とGE以降の執筆者自身のマネジメント行動の未熟さに対する限りない反省と後悔も、本書執筆の原動力となっている。この期間を通じて執筆者のマネジメントとリーダーシップ探究の興味を直接的に支援していただいた方々のすべての名前を記すことはほとんど不可能であるが、1980年にビジネススクールへの門を開いていただいた三菱商事大阪支社副支社長の故岡田秀太氏、1991年から94年までのGE横河の経営幹部の方々、とりわけ、戦略実行型に凝り固まった執筆者に、アジア各社経営人材評価（セッションC）チームメンバーとして人材と組織育成の分野に目を開かせていただいた当時のGoran Malm GE横河メディカル会長、そして、1994年以来7年間にわたり、企業経営の真髄と現代社会の本質を気迫こもったコミュニケーションで伝授いただいたプライスウォーターハウスクーパースコンサルタントの倉重英

樹会長（当時）に、いまだこれらのご好意に報いる旅の途上ながら、本書の執筆完了を一里塚として一言御礼申し上げる機会としたい。

　最後に、グロービス・グループ代表の堀義人氏に御礼を申し上げたい。堀義人氏のリーダーシップの下にグロービスはアジアナンバーワンのビジネススクールを目指すビジョンを掲げ、着実に邁進している。現在の日本における各種のビジネススクールランキングでも上位の評価が定着し、2006年には文部科学省認可の経営大学院も開校できるようになった。しかしながら、講師としてここ11年間にわたり、主観と客観の両方でグロービスを評価できる立場から表現すれば、ハーバードのケーススタディを軸として、現役のビジネスマネジメントとコンサルタントを講師として「相互に学び合い研鑽し合う場」を唯一実現できているビジネススクールとして、すでにグロービスは世界のすべての教育機関との比較を超えている。1991年に渋谷のアパートの一室から始まった彼のベンチャー・リーダーシップ行動なくしては、現代日本企業のマネジメント研修の根本的な近代化変革は実現しなかったか、あるいは気の遠くなるほどの遅れを生じていただろうし、あるいは本書が実現することもなかったかもしれない。本書がグロービスに集う方々のみならず、日本社会のすべての企業人および企業人を目指す方々への一助となることを願ってやまない。

　　　2006年3月吉日

　　　　　　　　　　　　　　　　　　　　　　　　　　　執筆・監修　大中忠夫

●あとがき

　本書は、グロービスの「MBAシリーズ」の12冊目となる（改訂版を除く）。MBAシリーズは、MBAカリキュラムで教えられる企業経営の各分野について、経営の実務に携わる者の立場から、実践的で役に立つ教科書を提供しようとするものだ。

　1995年の第1弾『MBAマネジメント・ブック』上梓以来、延べ100万人以上に愛読されてきた。

　グロービスは長年、社会人に向けて経営教育を行ってきた。1992年に開校した「グロービス・マネジメント・スクール」は、平日の夜間と週末に実践的な経営教育を実施。また、「グロービス・オーガニゼーション・ラーニング」事業では、さまざまな企業を対象に、組織力強化のためのトレーニング・プログラムを提供している。さらに、2006年4月には、文部科学省認可の「グロービス経営大学院」をスタートさせた。

　こういった経営教育のなかで、「リーダーシップ」は受講生の関心も高く、リーダーシップを冠した講座は多くの受講者を集めている。また「人材教育」を提供するというグロービスの立場からも、重要な意味を持つテーマである。

　したがって、『MBAリーダーシップ』については前々から出版の要望も多かったが、なかなか実現しなかった。「リーダーシップ論は、論者の数だけある」ともいわれるほど、その中身が多様で、MBAコースで教えられる内容も学校によってさまざまであるため、MBAシリーズとして何を取り上げるべきか、結論を出しにくかった。

　結局、さまざまな理論を濃淡なく平板に取り上げるのではなく、長年グロービスの講師を務めてきた大中忠夫氏の協力を得て、リーダーシップの要諦についてまとめてもらうこととした。

　そして、それがビジネスの現場でだれにでも使いやすく、実践的な内容となるよう、グロービスと執筆者とで検討を重ね、さらにグロービスで編集を行った。リーダーシップとは何かという概念説明よりも、具体的に何をすればリーダーシップを発揮できるのか、その「技術」についてページが割かれていることからも、「実践的内容」にフォーカスしていることがおわかりいただけると思う。

不透明で正解のない時代であるからこそ、だれもがリーダーとなるような気概を持ち、自立して行動することが求められている。一方で、「他者をリードすること」には、だれしも多かれ少なかれ不安がつきまとうものである。本書を通じて、1人でも多くの方がリーダーシップについて関心を持ち、実践して、リーダーとしての自信をつけていただければと思う。

グロービス・マネジメント･インスティテュート

● 参考文献

本書の作成にあたっては、以下の文献を参考にした。

■第1章　リーダーシップ行動モデル
J・K・ガルブレイス『権力の解剖』日本経済新聞社、1984年
青木彰『司馬遼太郎と三つの戦争』朝日新聞社、2004年
新将命『図解リーダーシップ』日本実業出版社、1995年
池田勇人『均衡財政』中公文庫、1999年
大中忠夫「エンパワーメント・リーダーシップの技法」DIAMONDハーバード・ビジネス・レビュー、1997年
大橋武夫『統帥綱領』建帛社、1972年
オーレン・ハラーリ『パウエル-リーダーシップの法則』ベストセラーズ、2002年
貝塚茂樹『史記』中央公論社、1963年
金井壽宏ほか『組織行動の考え方』東洋経済新報社、2004年
久米邦武『米欧回覧実記』岩波文庫、1978年
ケイト・ルードマンほか「Coaching the Alpha Male」Harvard Business Review、2004年
コリン・パウエルほか『My American Journey』Random House、1995年
コリン・パウエルほか『マイ アメリカン ジャーニー 全3巻』角川文庫、2001年
塩野七生『ローマ人の物語　Ⅳ』新潮社、1995年
塩野七生『ローマ人の物語　Ⅴ』新潮社、1996年
司馬遼太郎『竜馬がゆく』文芸春秋、1963年
司馬遼太郎『世に棲む日日』文芸春秋、1975年
司馬遼太郎『坂の上の雲』文芸春秋、1978年
ジョン・P・コッター「リーダーシップ強化法」DIAMONDハーバード・ビジネス・レビュー、1990年
ジョン・P・コッター『21世紀の経営リーダーシップ』日経BP社、1997年
シンシア・D・マコーリほか『Handbook of Leadership Development』Jossey-Bass、1998年
ステファン・M・ブラウンほか『Evaluating Corporate Training』Kluwer Accademic、1998年
ステファン・P・ロビンス『組織行動のマネジメント』ダイヤモンド社、1997年

ダニエル・ゴールマン『Emotional Intelligence』Bantam Books、1995年
ダニエル・ゴールマンほか『EQリーダーシップ』日本経済新聞社、2002年
陳舜臣『小説十八史略』毎日新聞社、1977年
デビッド・ガイバーほか『Best Practices in Leadership Development Handbook』Jossey-Bass、2000年
デビッド・ドトリッチほか『Why CEO s Fail』Jossey-Bass、2003年
ピーター・センゲ『The Fifth Decipline』Doubleday、1994年
ピーター・パレット『クラウゼビッツ「戦争論」の誕生』中央公論社、1988年
船川淳志『英語で仕事をする人の 思考力と対人力』日本経済新聞社、2005年
マイケル・デル『デルの革命』日本経済新聞社、2000年
マキアヴェリ『君主論』中央公論社、1966年
マキアヴェリ『政略論』中央公論社、1966年
マクスウェル・マルツ『Psycho-Cybernetics』Simon & Shuster、1960年
ラリー・ボシディーほか『経営は実行』日本経済新聞社、2003年
リチャード・レプシンガーほか『The Art and Science of 360 Degree Feedback』Pfeiffer & Co、1997年

■第2章 変革リーダーシップの技術
J・J・ギブソン『生態学的視覚論』サイエンス社、1986年
P・F・ドラッカー『チェンジリーダーの条件』ダイヤモンド社、2000年
P・F・ドラッカー『ネクスト・ソサエティ』ダイヤモンド社、2002年
池田和明ほか『実践 シナリオ・プランニング』東洋経済新報社、2002年
伊藤守『コーチング・マネジメント』ディスカヴァー・トゥエンティワン、2002年
井深大『わが友本田宗一郎』ごま書房、1991年
今井彰『プロジェクトX リーダーたちの言葉』文芸春秋、2001年
ウイリアム・ドルフィネほか『Straight from the CEO』Simon & Shuster、1998年
ウイリアム・ドルフィネほか『戦略リーダーの思考技術』ダイヤモンド社、2000年
エイブラハム・リンカーン『リンカーン演説集』岩波書店、1957年
大前研一『遊び心』学習研究社、1988年
片山修『本田宗一郎からの手紙』文芸春秋、1998年
キース・ヴァン・デル・ハイデン『シナリオ・プランニング』ダイヤモンド社、1998年
倉重英樹『企業大改造への決断』ダイヤモンド社、1996年
クレイトン・クリステンセン『イノベーションのジレンマ』翔泳社、2001年
ゲリー・ウィルズ『リンカーンの三分間』共同通信社、1995年
司馬遼太郎『21世紀に生きる君たちへ』大阪書籍「小学国語6年下」、1989年
スコット・W・ベントレラ『The Power of Positive Thinking』Simon & Shuster、1999年
ダグラス・ストーンほか『Difficult Conversations』Penguin Putnam、2000年

田原総一朗『日本コンピュータの黎明』文芸春秋、1992年
デービット・パッカード『HPウェイ　シリコンバレーの夜明け』日本経済新聞社、2000年
ディヴィッド・ハルバースタム『静かなる戦争(上)(下)』PHP研究所、2003年
ナイジェル・ギルバートほか『社会シミュレーションの技法』日本評論社、2003年
西林克彦ほか『親子でみつける「わかる」のしくみ』新曜社、1999年
ピーター・シュワルツ『シナリオ・プランニングの技法』東洋経済新報社、2000年
マーシャル・ゴールドスミスほか『Coaching for Leadership』Pfeiffer & Co、2000年
マルコム・グラッドウェル『ティッピング・ポイント』飛鳥新社、2000年
ヤン・カールソン『真実の瞬間』ダイヤモンド社、1990年
リンダ・フラワー『Problem-Solving Strategies for Writing』Harcourt Brace Jovanovich、1981年
ロバート・カプラン『The Balanced Scorecard』Harvard Business School Press、1996年

■第3章　条件適合リーダーシップの技術
板坂元『考える技術・書く技術』講談社、1973年
板坂元『考える技術・書く技術　続』講談社、1977年
岡田恵子ほか『ロジカル・シンキング』東洋経済新報社、2001年
加藤秀俊『自己表現』中央公論社、1970年
加藤秀俊『情報行動』中央公論社、1972年
ガート・ホフスティード『Cultures and Organizations』McGraw-Hill、1991年
川喜田二郎『発想法』中央公論社、1967年
ゲーリー・ハメルほか「未来創造型企業へのイノベーション」DIAMONDハーバード・ビジネス・レビュー、1994年
ジャック・ウェルチほか『わが経営(上)(下)』日本経済新聞社、2001年
スティーブン・H・ラインスミス『A Manager's Guide for Globalization』ASTD/Irwin、1993年
坪田潤二郎『国際交渉と契約技術』東洋経済新報社、1983年
ノエル・M・ティシーほか『ジャック・ウェルチのGE革命』東洋経済新報社、1994年
バートン・G・マルキール『A Random Walk Down Wall Street』Norton、1973年
バーバラ・ミント『考える技術・書く技術』ダイヤモンド社、1999年
フレデリック・ヒラーほか『Introduction to Operations』Research Holden-Day、1967年
牧野洋『最強の投資家　バフェット』日本経済新聞社、2005年
ラム・チャランほか『リーダーを育てる会社つぶす会社』ダイヤモンド社、2004年
リチャード・L・ダフト『組織の経営学』ダイヤモンド社、2002年
若山貞二郎『「革新型」問題解決のすすめ方』PHP研究所、1992年

●索引

【あ行】
池田俊雄　120
池田勇人　66
イノベーションのジレンマ　121　219
井深大　96　245
インメルト，ジェフリー　238
ウェルチ，ジャック　213　234
エコマジネーション（Ecomagination）　238
エモーショナル・リーダーシップ　28　36　55
エンパワーメント・リーダーシップ　28　43
王貞治　20
仰木彬　21　73
緒方貞子　69
オハイオ州立大学研究モデル　26

【か行】
カールソン，ヤン　48
学習する組織　89
課題解決ワークショップ　160
川上哲治　20
カンバン方式　235
起業FS（フィージビリティ・スタディ）トライアングル　155
技術―意欲分布　151　207
倉重英樹　179
クリティカル・パス　203
グローバリゼーション　256
グローブ，アンディー　222
経営競争力比較（ベンチマーキング）　178
ゲイツ，ビル　245
ゲティスバーグ演説　135　137　146
ゴーン，カルロス　20　48

コア・コンピタンス　214
効果弾力性　202
行動理論　25
コッター理論　34
コミットメント　119

【さ行】
椎名武雄　21
市場環境の7つの変化要素　119
シックスシグマ　235　250
状況応変型リーダーシップ　28　31
条件適合理論　27
ジョブズ，スティーブ　20　244
自立革新型人材　89
真実の瞬間（Moments of Truth）プログラム　47
スカリー，ジョン　244
ステレオタイプ発想　263
ストレッチ・ゴール　145　157
成長速度最大化戦略（Growth Strategy）　223
セッションC　213
ゼロサム交渉　186
組織コンティンジェンシー強化法　61　75
ソフト・アプローチ　177

【た行】
対象対応型リーダーシップ　34　154
ティッピング・ポイント　143
デジモニ，リビオ　238
デル，マイケル　72　200　246
投資回収最大化戦略（Return Strategy）　223
特性理論　24
トップファー，モートン　246

トランスフォーメーショナル・モデル　26
【な行】
長島茂雄　20
中村邦夫　20
野村克也　21
【は行】
ハード・アプローチ　177
パウエル，コリン　66　76
パス・ゴール理論　28
パッカード，デービット　44　244
パレート発想　131　202
ハロー効果　263
ビジョナリー・リーダーシップ　36
広岡達朗　21
フィードラー理論　34
藤沢武夫　245
フレームワーク　114
ブレーンストーミング　140　250
変革リーダーシップ　28
星野仙一　20
本田宗一郎　96　98　101　245
【ま行】
マズローの5段階欲求説　168
松下幸之助　245
マネジメント・パイプライン　192
マネジリアル・グリッド・モデル　26
ミシガン大学研究モデル　26
ムーア，ロバート　222
盛田昭夫　245
森祇晶　21
【ら行】
リーダーシップ行動モデル　23
リービッヒ最小律　202
ロールモデル活用法　61　65
論理階層展開　130
【わ行】
ワークアウト　145　235　250
ワイガヤ　139　235
ワン−インプット−スルー　180

【欧文】
CFT（クロス・ファンクショナル・チーム）　48　145　250
Direct　235
HPウェイ　44
KSF（Key Success Factor：最も重要な成功要件）　196
LOC（ローカス・オブ・コントロール）　158
MECE　19　130　199
MPW（Margin Per Wafer：マージン・パー・ウエハー）　222
NRP（日産リバイバル・プラン）　48
PD　150　164
SWOT分析　77　112　217
V字回復　20　44
Win-Win交渉　186
XY理論　171

【数字】
5W2H　100
6レバーモデル　105
7Sモデル　105
360度多面評価法　61　77

執筆者紹介

【執筆・監修】

大中 忠夫（おおなか・ただお）
グローバル・マネジメント・ネットワークス代表取締役。ミドル・シニア・マネジメントを対象とした変革リーダーシップ研修、360度調査（GEMS360）を活用したエグゼクティブ・コーチングを提供。1995年よりグロービス組織行動リーダーシップ講師。2004年よりCoachSource（CA, USA）エグゼクティブ・コーチも務める。東京大学工学部、カーネギーメロン大学経営修士卒。三菱商事、GE横河メディカルシステムズ、プライスウォーターハウス・クーパースコンサルティング・ディレクター、ヒューイット・アソシエイツ日本法人代表を経て、2004年2月より現職。主な著書・論文に「エンパワーメント・リーダーシップの技法」（DIAMONDハーバード・ビジネス・レビュー、1997年7月号）、「戦略リーダーの思考技術」（ダイヤモンド社、2000年）、「成果主義人事制度構築の30ポイント」（労政時報2004年5月14日号）などがある。

【企画・構成】

東方雅美（とうほう・まさみ）
慶應義塾大学法学部政治学科卒業。バブソン大学経営大学院修士課程修了（MBA）。日経BP社にて雑誌記者として勤務した後、グロービスに入社。グロービスではMBAシリーズをはじめとした書籍や、雑誌記事の企画、執筆、編集などを担当した。現在は独立し、ビジネス書を中心に出版物の編集、執筆、翻訳などを行っている。共著書に『MBAビジネスプラン』（ダイヤモンド社）、翻訳書に『論理思考力トレーニング法 気がつかなかった数字の罠』（中央経済社）などがある。

嶋田毅（しまだ・つよし）
東京大学大学院理学系研究科修士課程修了後、戦略系コンサルティングファームに入社。経営コンサルタントとして戦略立案及び実行支援を行う。その後、外資系メーカーを経てグロービスに入社。出版、コンテンツ開発などを担当。グロービス・マネジメント・スクール、グロービス・オーガニゼーション・ラーニングにおいて経営戦略、マーケティング、問題解決、クリティカル・シンキング等の講師も務める。共著書に『MBAマーケティング』『MBAビジネスプラン』『MBA定量分析と意思決定』（以上ダイヤモンド社）、『ベンチャー経営革命』（日経BP社）など。雑誌等への寄稿多数。

編者紹介

グロービス・マネジメント・インスティテュート
グロービス・グループの各事業を通じて蓄積した知見に基づき、実践的な経営ノウハウの研究・開発を進める。書籍の出版、デジタル・コンテンツの作成、経営能力の診断テストなどを行い、社会全般の経営・ビジネスに関する知的レベルの向上を目指す。
グロービス・グループには、ほかに以下の事業がある。
- グロービス・マネジメント・スクール（ビジネススクール事業）
- グロービス・オーガニゼーション・ラーニング（人材育成・組織開発事業）
- グロービス・キャピタル・パートナーズ（ベンチャーキャピタル事業）
  1号ファンド：グロービス・インキュベーション・ファンド
  2号ファンド：エイパックス・グロービス・ジャパン・ファンド
- グロービス・マネジメント・バンク（経営人材紹介事業）

http://www.globis.co.jp

MBA リーダーシップ

2006年4月6日　第1刷発行

大中忠夫　監修

グロービス・マネジメント・インスティテュート　編

©2006　Globis Corp

発行所　ダイヤモンド社
郵便番号　150-8409
東京都渋谷区神宮前　6-12-17
編集　03 (5778) 7228
販売　03 (5778) 7240
http://www.dhbr.net

編集担当／DIAMONDハーバード・ビジネス・レビュー編集部
製作・進行／ダイヤモンド・グラフィック社
印刷／八光印刷（本文）・共栄メディア（カバー）
製本／ブックアート

本書の複写・転載・転訳など著作権に関わる行為は、事前の許諾なき場合、これを禁じます。落丁・乱丁本はお手数ですが小社マーケティング局宛にお送りください。送料小社負担にてお取替えいたします。但し、古書店で購入されたものについてはお取替えできません。

ISBN4-478-72026-6　Printed in Japan

●問題解決や意思決定のためのビジネス・バイブル

[新版]MBAマネジメント・ブック
グロービス・マネジメント・インスティテュート編著
★定価2940円（税5％）

●経験と勘に頼った意思決定の時代は終わった！

[新版]MBAアカウンティング
西山 茂 監修　グロービス・マネジメント・インスティテュート編著
★定価2940円（税5％）

●マーケティングはビジネスパーソンの必修科目

[新版]MBAマーケティング
グロービス・マネジメント・インスティテュート編著
★定価2940円（税5％）

●すべては「ビジネスプラン」から始まった

MBAビジネスプラン
グロービス 著
★定価2940円（税5％）

●グランド・デザイン構築の鍵

MBA経営戦略
グロービス・マネジメント・インスティテュート編
★定価2940円（税5％）

ダイヤモンド社

● キャッシュフロー時代の経営
MBAファイナンス
グロービス・マネジメント・インスティテュート著
★定価2940円（税5％）

● 戦略的思考を鍛え、行動に活かせ！
MBAゲーム理論
鈴木 一功監修　グロービス・マネジメント・インスティテュート編
★定価2940円（税5％）

● 勝ち残るために「論理的思考力」を鍛える！
[新版]MBAクリティカル・シンキング
グロービス・マネジメント・インスティテュート著
★定価2940円（税5％）

● 業務連鎖の視点で生産性を向上させる！
MBAオペレーション戦略
遠藤 功監修　グロービス・マネジメント・インスティテュート編
★定価2940円（税5％）

● 戦略の基礎は人と組織にある！
MBA人材マネジメント
グロービス・マネジメント・インスティテュート編
★定価2940円（税5％）

● 意思決定の質とスピードを高める！
MBA定量分析と意思決定
嶋田 毅監修　グロービス・マネジメント・インスティテュート編著
★定価2940円（税5％）

ダイヤモンド社

Harvard Business Reviewの
DIAMOND ハーバード・ビジネス・レビュー
ホームページをご覧下さい

『DIAMOND ハーバード・ビジネス・レビュー』は、
世界最高峰のビジネススクール、ハーバード・ビジネススクールが
発行する『Harvard Business Review』と全面提携。
「最新の経営戦略」や「実践的なケーススタディ」など
ビジネス・サバイバル時代を勝ち抜くための知識と知恵を提供する
総合マネジメント誌です

最先端のテーマを切り取る特集主義

「内部統制の時代：『日本版SOX法』の衝撃」（05年10月号）
「インド・インパクト：第三の新大陸」（05年5月号）
「チャイニーズ・スタンダード戦略」（04年3月号）
「バランススコアカードの実学」（03年8月号）
「『学習する組織』のマネジメント」（03年4月号）
「プロジェクト・マネジメント」（03年2月号）

豊富なケーススタディを検証

「デル：『勝利する組織』の創造」（05年11月号）
「IBMバリュー：終わりなき変革を求めて」（05年3月号）
「三星：マーケティングROIの最大化」（04年4月号）
「ジャック・ウェルチのマネジメント」（01年1月号）

世界的権威が他に先駆けて論文を発表

「P.F.ドラッカー：プロフェッショナル・マネジャーの行動原理」（04年8月号）
「C.クリステンセン：よい経営理論、悪い経営理論」（04年5月号）
「チャールズ・ハンディ：株主資本主義の歪み」（03年4月号）
「M.ポーター：戦略の本質は変わらない」（01年5月号）

毎月10日発売／定価2000円（税5％）

バックナンバー・予約購読等の詳しい情報は
http://www.dhbr.net